Socialismo.info

I0040860

Edizione 2018
proprietà riservata

MIKOS TARSIS

LA DITTATURA DELLA DEMOCRAZIA

Come uscire dal sistema

La differenza fra una democrazia e una dittatura
è che in una democrazia prima voti e dopo prendi ordini;
in una dittatura non devi perdere tempo a votare.

Charles Bukowski

Nato a Milano nel 1954, laureatosi a Bologna in Filosofia nel 1977,
già docente di storia e filosofia, Mikos Tarsis (alias di Enrico Galavotti)
si è interessato per tutta la vita a due principali argomenti:
Umanesimo Laico e Socialismo Democratico, che ha trattato in homolai-
cus.com e che ora sta trattando in quartaricerca.it e in socialismo.info.
Ha già pubblicato *Pescatori di favole. Le mistificazioni nel vangelo di
Marco*, ed. Limina Mentis; *Contro Luca. Moralismo e opportunismo nel
terzo vangelo*, ed. Amazon.it; *Protagonisti dell'esegesi laica*, ed. Ama-
zon.it; *Metodologia dell'esegesi laica*, ed. Amazon.it; *Amo Giovanni*, ed.
Bibliotheka.
Per contattarlo info@homolaicus.com o info@quartaricerca.it o info@-
socialismo.info
I testi sono su Lulu.com e su Amazon.it.

Introduzione

Gli esseri umani possono davvero fare quello che vogliono? Se un singolo cerca di opporsi a delle forze collettive, assolutamente no. E non dimostrerebbe d'essere più libero neppure se si desse fuoco, nella speranza di suscitare un generale risentimento verso i poteri costituiti.

Le proteste individuali possono valere appunto come proteste, ma valgono assai poco come *proposte*: sia perché vengono col tempo riassorbite dal sistema, sia perché tendono a sgonfiarsi da sole, in quanto il singolo, obiettivamente, più di tanto non può fare.

Quindi, se è lecito protestare da individui isolati, è inutile continuare a farlo senza associarsi ad altre persone. Le cose, se davvero si vuole che cambino, possono cambiare solo se si sta insieme. È l'unione che fa la forza. E il numero rende l'unità ancora più forte. Quanto più si è, tanto più si ha la possibilità di cambiare le cose. L'unica differenza tra una riunione condominiale e uno sciopero generale nazionale sta soltanto nell'obiettivo che ci si pone.

Ma se queste cose le sappiamo, perché siamo così refrattari a organizzarci in partiti, movimenti e sindacati? Il motivo è semplice: gli italiani, per secoli, han vissuto la politica in senso lato, quella intesa come "partecipazione attiva al bene comune", in maniera frustrante e oppressiva. Sono stati per troppo tempo abituati a obbedire. E anche quando han cercato di alzare la testa, han pagato duramente questa pretesa.

Son duemila anni che andiamo avanti così. Abbiamo iniziato coi senatori romani latifondisti, poi con gli imperatori militari, poi coi re barbarici, poi coi papi teocratici, poi coi sovrani assolutistici dei principati, infine con lo Stato centralizzato. Non abbiamo mai smesso di obbedire. L'abbiamo fatto anche nei confronti di tutte quelle forze straniere che occupavano la nostra penisola col pretesto di liberarci dall'oppressione. L'unico modo di fare politica è sempre stato quello di conformarsi ai poteri dominanti, eventualmente fingendo di assecondarli. Tutte le varie forme di opposizione al sistema sono servite soltanto per passare da una dittatura all'altra: oggi, p. es., abbiamo la dittatura della democrazia parlamentare.

Sono cambiate le *forme* dell'oppressione, non la sostanza. E così gli italiani si trovano ad essere schierati in due campi relativamente avversi: i *conformisti*, che lottano per spartirsi fette sempre più grandi di potere, disposti a compiere qualunque abuso; e gli *insofferenti*, che non sopportano regole troppo rigide, non amano la burocrazia, non accettano la disciplina del partito o del sindacato, sopportano con un certo fastidio le riunioni formali o dovute e, al massimo, si riconoscono nel valore di una piccola comunità o della famiglia e di pochi amici e colleghi.

Gli insofferenti sono individualisti come i conformisti, solo che quest'ultimi, per fare carriera, hanno messo la moralità sotto i piedi. Tuttavia in entrambi i casi è il *sistema* che vince. Cioè quello che manca agli insofferenti è la capacità di aggregarsi, ponendosi come obiettivo il superamento della logica dominante. Vivono rassegnati, illudendosi che basti firmare qualche petizione di protesta o votare un candidato o un partito in luogo di un altro o non votare affatto.

Noi dobbiamo creare un sistema in cui la libertà di ognuno non si debba sentire coartata ma *potenziata* dalla libertà degli altri. Cioè un sistema in cui, pur sapendo di doversi esprimere entro determinati condizionamenti, si sia convinti di poter ottenere di più in questa maniera che agendo individualmente.

Ma un sistema del genere presume una cosa di fondamentale importanza: il *controllo reciproco*. Una qualunque democrazia non ha alcun senso se non è *localmente autogestita*, in cui i controlli siano effettivamente possibili e non puramente teorici.

I poteri che si conferiscono alle persone dovrebbero essere *inversamente proporzionali* alla distanza territoriale che separa quelle persone dalle comunità locali di riferimento o di appartenenza. Cioè tanto meno forti politicamente quanto più si è fisicamente lontani.

L'unica strada per abbattere il sistema è quella di ampliare progressivamente le prerogative delle *comunità locali*, riducendo al minimo le forme di dipendenza dai poteri centralizzati, siano essi politici o economici. Dobbiamo trovare un'alternativa per cui valga la pena vivere e, se necessario, anche morire.

p.s. I testi qui raccolti in maniera disordinata fanno parte di un diario personale costantemente aggiornato nel sito homolaicus.com

Schiavismo, servaggio e capitalismo

È famoso l'aneddoto di Plinio secondo cui l'imperatore Tiberio punì l'inventore di un nuovo tipo di vetro nel timore che la metallurgia non riuscisse a sostenerne la concorrenza.

E anche l'altro di Svetonio, secondo cui l'imperatore Vespasiano si rifiutò di utilizzare una macchina, presentatagli da un inventore, che permetteva il trasporto di pesanti blocchi di pietra, sostenendo ch'essa avrebbe privato del lavoro i salariati impiegati nell'edilizia.

Qui erano preoccupazioni dello Stato, ma gli affaristi privati non la pensavano molto diversamente. Nel sistema schiavistico romano il rapporto sfruttato/sfruttatore era diretto. Lo schiavo non era solo alle dipendenze del padrone, che lo aveva acquistato sul mercato, ma era anche uno degli strumenti del lavoro aziendale, una *res* parlante.

Certo, lo schiavo aveva la consapevolezza della libertà, soprattutto perché prima di diventarlo era stato una persona libera, ma egli sapeva bene che nel diritto romano la sua figura sociale e giuridica non aveva alcun valore autonomo. Il valore di uno schiavo era in relazione alla volontà e alla proprietà del suo padrone, che lo aveva acquistato per un certo prezzo sul mercato e che lo aveva addestrato a fare determinati lavori. La pretesa di diventare libero poteva essere pagata anche con la morte.

Essendo un oggetto appartenente in toto allo schiavista, lo schiavo non poteva nutrire alcun interesse a lavorare per lui, sicché il padrone, per poterlo far lavorare come avrebbe dovuto, era costretto a sorvegliarlo da vicino e a punirlo in caso di necessità, oppure doveva continuamente incentivarlo (e ciò fu reso inevitabile a partire dal momento in cui la scarsità di afflusso di schiavi cominciò a farsi sentire), promettendogli un aumento progressivo di momenti di libertà o un ampliamento di sfere di competenze, che comportassero l'acquisizione di determinati privilegi. Di qui la trasformazione dello schiavo in liberto e anche in cittadino libero vero e proprio.

Nel regime schiavile non aveva senso che il padrone investisse i capitali per perfezionare le tecnologie produttive. Se lo schiavista non riusciva ad assicurarsi profitti favolosi, poteva comunque vivere di rendita senza alcun problema.

Un qualunque miglioramento della tecnologia avrebbe presupposto un rapporto di sfruttamento meno diretto: il che, però, a sua volta, avrebbe comportato che lo schiavo, lavorando meglio, potesse trarre un certo beneficio dall'impiego della nuova macchina. Tutto ciò non sarebbe mai potuto avvenire senza aumentare la sfera della libertà, ovvero senza un mutamento di mentalità da parte dello schiavista. Il che in parte avvenne quando l'impero cessò di espandersi e quando il cristianesimo cominciò a rivendicare la libertà di coscienza nelle questioni religiose, ovvero la separazione di chiesa cristiana e Stato pagano.

Nel mondo romano il rapporto schiavo/padrone non era molto diverso dal rapporto salariati/Stato. I salariati erano addetti ai lavori pubblici, potevano essere cittadini romani nullatenenti che vivevano del proprio salario. Lo Stato romano doveva semplicemente limitarsi a impiegarli in qualche progetto edile, onde evitare che un'eccessiva disoccupazione sfociasse in forme di ribellione sociale. Non c'era alcun interesse a migliorare la tecnologia per rendere i lavori più produttivi.

Quando è crollato l'impero romano il rapporto schiavo/padrone s'è trasformato in servo/padrone. Tra i due rapporti vi fu quello di colono/padrone, che i romani cominciarono a sperimentare verso la fine dell'impero o comunque più che altro nelle sue zone periferiche.

Il servo feudale aveva più diritti dello schiavo. Ciò a testimonianza che la società, nel suo complesso, aveva capito quanto fosse difficile assicurare nel lungo periodo la pratica dello sfruttamento economico della manodopera senza garantirc un minimo di libertà personale. L'uomo non può essere completamente ridotto a una cosa o a un animale.

La differenza fondamentale tra schiavista e feudatario stava nel fatto che il primo usava lo schiavo per vendere i prodotti sul mercato, ricavando introiti monetari; il secondo invece usava il servo per garantirsi una rendita in prodotti agricoli.

Nel Medioevo l'uso della moneta era scarsissimo, in quanto sostituito dal baratto, e praticamente resterà tale fino a quando in Italia, nelle Fiandre, nei territori d'azione della Lega Anseatica non si svilupperanno i Comuni e i traffici commerciali, cui, ben presto, seguiranno le crociate, i movimenti ereticali, le lotte di classe ecc.

Nelle condizioni pre-borghesi lo sviluppo della tecnologia era limitato, poiché non aveva senso sfruttare un lavoratore oltre un certo livello, né aveva senso usare la tecnologia per sostituire il lavoratore meno qualificato. Non c'è mai sviluppo della tecnologia senza accumulo di capitali e senza che il lavoratore fruisca di una certa libertà personale. Questo spiega il motivo per cui la tecnologia non s'è mai sviluppata né sotto lo schiavismo (dove mancava la seconda cosa) né sotto il servaggio (dove mancava la prima).

Lo sviluppo del macchinismo ha cominciato a imporsi quando i traffici hanno reso di nuovo importante l'uso del denaro e quando si sono voluti allargare i diritti della libertà personale. Infatti, quando il rapporto salariato/imprenditore è basato su un contratto (scritto o non scritto), in cui entrambe le parti sono giuridicamente libere (il che per il salariato vuol dire "formalmente" libero), ecco che per il padrone diventa importante sviluppare la tecnologia per intensificare lo sfruttamento dell'operaio.

L'operaio moderno riceve un salario da persona giuridicamente libera, perché è lui stesso che vende la propria forza-lavoro sul mercato, e lo fa proprio perché non dispone di altro che non sia la propria capacità lavorativa. Questo tipo di lavoratore ha ampliato la sfera dei diritti personali, ha diminuito l'importanza dei rapporti di dipendenza personale, ma, non avendo beni mobili o immobili, è costretto a vendersi sul mercato del lavoro.

La trasformazione del servo contadino in operaio manifatturiero è avvenuta proprio nel momento in cui l'affermata libertà personale, derivata dal cristianesimo, servì a negare questa stessa libertà, ovvero a illudere il lavoratore che avrebbe potuto essere più libero rinunciando ai rapporti feudali di dipendenza personale. E l'imprenditore, sulla base di un certo salario pattuito in anticipo, si riserva la libertà di sfruttare l'operaio come gli pare, proprio con l'aiuto della tecnologia. Macchinismo e sfruttamento del lavoro servono per accumulare capitali, e lo scopo, il senso ultimo di questo sfruttamento sta proprio nella continua valorizzazione del capitale, che permette un potere sempre maggiore, un potere le cui basi sono sempre più astratte, più immateriali che non sotto lo schiavismo o il servaggio.[1]

Se non c'è possibilità di incrementare continuamente i propri capitali, l'imprenditore è costretto a chiudere l'azienda, a licenziare gli operai, ad abbandonare le macchine, a svenderle o a dislocarle altrove, dove il costo del lavoro è sensibilmente inferiore.

Il capitalismo, per sopravvivere, ha bisogno di "schiavi" che accettino di esserlo liberamente, proprio perché, senza di loro, un accumulo progressivo di profitti è impossibile, sia perché esiste una competizione tra capitalisti, sia perché gli operai, con le loro rivendicazioni, fanno aumentare il costo del lavoro.

Ora, avere operai che accettino liberamente (in quanto giuridicamente liberi) d'essere sfruttati quasi come schiavi non è possibile in un ambito ove s'è sviluppata una cultura della libertà individuale, che risale all'ideologia cristiana, a meno che l'illusione d'essere "spiritualmente" li-

---

[1] Si noti tuttavia che lo stalinismo (ma anche il maoismo, che è la sua variante rurale) inaugurò una forma di dipendenza ancora più immateriale, quella *ideologico-politica*. Sotto questo aspetto bisogna dire che stalinismo e maoismo fallirono perché non seppero garantire sufficiente liberà personale.

beri non sia molto forte, o non lo sia quella di potersi arricchire come l'imprenditore. Il capitale non può sfruttare qualcuno oltre il livello di coscienza della propria necessità d'essere liberi. I lavoratori possono sempre ribellarsi.

Non a caso in questo momento i paesi in cui il capitalismo ottiene i migliori risultati sono quelli che non hanno conosciuto lo sviluppo del cristianesimo, che ha introdotto il concetto di persona e di libertà di coscienza. In questi paesi la tecnologia (importata dall'occidente) si abbina con uno sfruttamento molto intensivo della manodopera, che viene abituata a lavorare senza discutere, come fosse schiava. Un capitalismo di questo genere ha necessariamente bisogno di uno Stato molto forte, capace non solo di reprimere ma anche di regolamentare l'economia. È indubbio però che se si ereditano determinati metodi produttivi, si finisce con l'acquisire anche i processi culturali che li hanno generati.

Feticismo del denaro e delle merci

La trasformazione del denaro in feticcio è tipica del capitalismo o appartiene ad ogni formazione antagonistica?

Sotto il capitalismo il denaro viene accumulato non semplicemente per acquistare proprietà o potere politico, ma per essere *reinvestito*, cioè non è soltanto un mezzo ma un *fine*. In nessun'altra epoca storica s'è mai verificato un atteggiamento così "religioso" nei confronti del dio quattrino.

In un certo senso gli strumenti del dominio personale si sono per così dire "simbolizzati", rispetto a quelli delle civiltà precedenti, ove p.es. si possedevano schiavi, terre, soldati, servi della gleba ecc. Il valore intrinseco del denaro oggi sarebbe quasi nullo se la cultura dominante non gliene attribuisse moltissimo.

La schiavitù del danaro è una sofisticazione di altre forme di schiavitù, molto più immediate e dirette, come p.es. quella del sesso, del cibo, della forza fisica, della bellezza, del gioco, della droga ecc. Col denaro si può dimostrare di possedere qualunque cosa, pur non avendola, oppure si può dimostrare che, nei suoi confronti, ogni altra dipendenza è risibile.

Un potere di astrazione così forte sarebbe stato impensabile senza lo stravolgimento degli ideali originari del cristianesimo primitivo. Tutte le altre religioni e filosofie erano troppo ingenue per permettere un processo così ambiguo e complesso.

È vero che oggi il capitalismo si trova ad essere diffuso anche in aree geografiche caratterizzate da religioni non cristiane (p.es. il Giappone o la Cina), ma tale diffusione è avvenuta nonostante quelle religioni, non certo per mezzo loro.

Il capitalismo ha universalizzato la necessità di un atteggiamento ipocrita da parte delle religioni. Si può in un certo senso dire che l'ipocrisia del cristianesimo borghese ha legittimato l'ipocrisia che qualunque altra religione poteva avere nei confronti del capitalismo. Ciò significa che là dove la religione dominante meglio si prestava a un rapporto di strumentalizzazione (politica o economica), lì è stato più facile esportare il capitalismo (previo, ovviamente, l'avallo dei poteri dominanti, poiché là dove è forte una tradizione statalistica, il capitalismo può far breccia solo se le autorità costituite lo permettono).

Viceversa, là dove il capitalismo è stato avvertito come un'imposizione dall'esterno, più frequenti sono state le rivendicazioni (più che altro "neointegralistiche") di un ritorno alle origini tribali o contadine della religione dominante (p.es. in molte regioni islamiche).

Che le religioni, globalmente intese, siano oggi impotenti a fermare la marcia trionfale del capitalismo, è dimostrato anche dal fatto che nei casi di insurrezioni vincenti (p.es. nell'Iran di Khomeini) ad un certo punto si è stati costretti a ripristinare molti metodi capitalistici, oppure (nelle aree più arretrate) a reintrodurre le contraddizioni antagonistiche più odiose del feudalesimo (p.es. nell'Afghanistan talebano).

Contro l'uso del denaro

Noi dobbiamo creare una società in cui il denaro non abbia alcun valore e l'unico modo di farlo è quello di favorire l'*autoconsumo*. Si devono porre le condizioni affinché il denaro venga rifiutato non solo come equivalente universale degli scambi, ma anche come misura del valore dei beni. E ovviamente non si può operare in questa direzione se prima non si è reso inutile, insensato, il suo utilizzo.

Ora, l'unico modo di farlo è sempre stato quello di permettere al produttore di beni di non aver bisogno, per sopravvivere, di un altro produttore di beni esterno alla propria comunità, ovvero di favorire lo scambio sulla base delle sole *eccedenze* e non delle cose essenziali, quelle appunto che permettono la riproduzione del lavoratore.[2]

Se produttore e consumatore coincidessero, il mercato diventerebbe una realtà facoltativa o comunque non assolutamente necessaria alla propria riproduzione. Per eliminare l'uso del denaro bisogna eliminare la dipendenza assoluta dal mercato. Ma per eliminare la dipendenza dal mercato occorre che ogni produttore abbia una quota sufficiente di terra per alimentarsi.

La terra può essere trovata tra i campi incolti, abbandonati, tra i latifondi e le grandi distese adibite a pascolo, i boschi e le paludi da bonificare, ma anche tra quei proprietari che mostrano interesse per il superamento della dipendenza dal mercato.

Non è importante che la quota di terra appartenga al produttore individuale, ma che gli permetta di riprodursi. Materialmente o giuridicamente la terra può appartenere anche a una comunità, a un collettivo di produttori associati.

---

[2] Anche durante le guerre il denaro vale poco e ci si affida al baratto e, quando possibile, all'autoconsumo, ma, in tal caso, i metalli preziosi (oro, argento, platino...) rivestono un'importanza eccezionale, sia come scambio di equivalenti che come misura del valore.

All'interno di questo collettivo non è necessario che tutti lavorino la terra; è però necessario che tutti svolgano delle mansioni utili alla riproduzione del collettivo. Il che significa che il collettivo deve poter respirare aria pulita, mangiare cibi sani, bere bevande sane, deve poter dormire e riposarsi in tranquillità, deve poter vestirsi, coprirsi, ripararsi, deve potersi riprodurre.

L'utilità dei lavori va decisa dal collettivo stesso. Qualunque cosa inerente al lavoro (tempi, mezzi, modalità) va decisa dallo stesso collettivo.

Se le decisioni relative all'uso del lavoro vengono prese dalla comunità, questa sarà democratica anche sul piano politico. La democrazia non sarà più delegata, se non in casi molto particolari, ma *diretta*.

Una volta garantito il soddisfacimento dei bisogni primari riproduttivi, la comunità può affidarsi come meglio crede alla creatività dei propri componenti (artistica, culturale, scientifica ecc.). In ogni caso qualunque tipologia di lavoro o qualunque esercizio della creatività umana deve essere compatibile con le esigenze riproduttive della natura.

La regola per capire quali siano tali esigenze è la seguente: una generazione non può far pagare in maniera irreversibile a quella successiva le conseguenze della propria attività, in modo tale che la riproduzione di una generazione sia più difficoltosa di quella che l'ha preceduta. Cioè non si può tagliare un albero se il tempo che ci impiega per ricrescere è superiore a quello della generazione che ne ha usato il legno.

L'associazione di produttori è volontaria. Chi non ne accetta le regole, ne viene espulso.

Il feticismo delle merci

Il feticismo delle merci è stato scoperto da Marx come fenomeno reificante della vita sociale e produttiva del capitalismo.

Marx ha cercato di spiegarne le ragioni da un punto di vista economico, ma non ha saputo spiegare quelle di origine *culturale*, anche se ne aveva intuito i presupposti nel cristianesimo protestantico.

La domanda cui ancora oggi bisogna trovare una risposta è infatti la seguente: per quale motivo, ad un certo punto dell'evoluzione storica dell'Europa occidentale, le merci hanno cominciato ad acquisire un carattere feticistico? Quali sono state le ragioni culturali che hanno favorito questo processo sociale, in grado d'influenzare tanta parte del comportamento umano e persino della psicologia degli individui?

A questa domanda il socialismo potrà trovare una risposta davvero adeguata soltanto quando s'immergerà nello studio del *fenomeno reli-*

gioso. Infatti le origini culturali del capitalismo, esattamente come quelle della filosofia borghese (da Cartesio a Hegel), vanno ricercate nella religione.

Con Gramsci il socialismo ha appena iniziato il grande lavoro di *lettura sovrastrutturale* della formazione capitalistica. In particolare occorre andare oltre l'interpretazione meramente "politica" del fenomeno religioso e accingersi ad affrontare quella più propriamente *culturale* (che riguarda scienze come l'antropologia, l'ontologia, la psicologia sociale ecc.).

P.es. sarebbe interessante dimostrare come il feticismo delle merci tragga in ultima istanza la propria origine da quella concezione trinitaria che a partire da Agostino è venuta affermandosi in Europa occidentale, quella secondo cui l'identità delle persone divine, e quindi umane, dipende dalla *funzione* che ricoprono. Il concetto di "persona" in occidente è stato ad un certo punto subordinato a quello di "ruolo". L'unità della natura divina - dicevano i padri occidentali della chiesa - non è che l'organizzazione dei rispettivi ruoli, quindi sostanzialmente un consesso di tipo politico-contrattuale.

Naturalmente ci si potrebbe chiedere il motivo per cui il sorgere del feticismo delle merci va fatto storicamente risalire al XVI sec, cioè a quel secolo che secondo il socialismo scientifico ha visto generare la civiltà capitalistica. La risposta a questa domanda può essere trovata solo in uno studio dei rapporti tra cattolicesimo-romano e protestantesimo.

Infatti il cattolicesimo-romano ha saputo porre soltanto le basi *culturali* del feticismo delle merci, ma la vera realizzazione *pratica* di questa idee, assicurata da una vasta diffusione sociale, è avvenuta ad opera del protestantesimo, il quale in un certo senso ha saputo trasferire nella vita quotidiana dei credenti quanto sotto il cattolicesimo-romano era patrimonio dei soli ceti clericali e nobiliari.

*

Il socialismo scientifico ha mostrato per la prima volta quanto sia ipocrita quell'atteggiamento borghese che s'illude di considerare le merci come entità a se stanti, che si rapportano tra loro secondo una logica del tutto avulsa dal contesto sociale. Tale atteggiamento infatti torna comodo a chi non vuole scorgere nel nesso di capitale e lavoro la principale contraddizione antagonistica del capitalismo.

Se esiste uno scambio equivalente delle merci - sostenevano gli economisti borghesi -, i difetti del capitalismo non sono strutturali ma solo congiunturali. Tuttavia, il feticismo delle merci - Marx lo dice chiaramente - non è solo "personificazione delle cose", ma anche "reificazione delle persone".

L'origine di questa deformazione risiede nell'ideologia cattolico-romana, che attribuisce più "fede" a quel credente che la baratta con le "opere di salvezza" che gli offre la gerarchia.

Il culmine di questo processo reificante, nel tipico ambito superstizioso del cattolicesimo feudale, lo si può riscontrare là dove s'impose la *vendita delle indulgenze*, che costituisce, se vogliamo, lo spartiacque tra cattolicesimo e protestantesimo. Nel senso che il protestantesimo non ha fatto altro che trasferire sul piano economico, legittimandola sul piano sociale, una prassi che la gerarchia cattolica tollerava solo in chiave politica, come emanazione diretta del potere ecclesiastico. Le indulgenze per la remissione dei peccati potevano essere vendute soltanto dalle autorità costituite.

Il protestantesimo non ha reagito alla reificazione proponendo l'*umanizzazione dei rapporti sociali*, ma si è limitato a togliere a quella reificazione il suo carattere di esclusivo privilegio (appartenente appunto alla gerarchia), e che rendeva impossibile una vera equivalenza delle merci. Se prima, col cattolicesimo, la fede del credente doveva essere scambiata con le opere ricevute dal clero, ora, col protestantesimo, le opere si scambiano tra di loro, in quanto tutti possono avere la medesima fede. Il protestantesimo non ha fatto altro che estendere la reificazione a tutti i rapporti sociali e quotidiani dei credenti. Al punto che, a partire dal calvinismo, i moderni cristiani hanno cominciato a porsi più come "borghesi credenti" che non come "credenti borghesi" (quest'ultimi sono esistiti, in campo cattolico, dall'origine dei Comuni sino alla Controriforma, che ha imposto un'inversione di rotta).[3]

Il protestantesimo non si è opposto al carattere feticistico delle indulgenze, così come avrebbe dovuto opporsi (e molte eresie medievali lo fecero) al carattere feticistico di qualunque altra "opera salvifica" sponsorizzata dal cattolicesimo, ma si è opposto al fatto che di quel feticismo l'unico vero soggetto *agente* era la gerarchia romana. Esso ha semplicemente trasferito il feticismo dalle cose sacre a quelle profane, facendo del mercato l'unico vero tempio di dio, in cui tutti sono virtualmente uguali.

---

[3] Oggi l'esperienza cinese dimostra che si può essere borghesi anche senza nessuna tradizione cristiana, in quanto i valori di questa cultura sono stati ereditati in forma già laicizzata, grazie appunto al protestantesimo, veicolato dalla cultura borghese e, per quanto riguarda lo Stato, dall'esperienza del cosiddetto "socialismo reale", il cui carattere politico il governo comunista cinese ha voluto in parte conservare.

Nessuno prima di Lutero aveva impostato il problema in termini così "borghesi", dicendo che nella prassi mercificata delle indulgenze non esisteva un vero scambio degli equivalenti. Chi le acquistava non lo faceva liberamente e, per di più, non aveva la certezza di ottenere una reale contropartita. Doveva fidarci dei poteri costituiti, i quali, quanto a moralità, erano estremamente corrotti.

Ecco perché diciamo che il cattolicesimo-romano è stato una religione essenzialmente "politica", che ha posto le basi della formazione economica capitalistica, senza però avere in sé sufficienti energie per negarsi come tale, modernizzandosi in una religione più laica e individualistica, e nel contempo più "democratica" nella gestione dell'economia, meno "paternalistica".

*

Dopo aver chiarito la questione culturale bisogna porsi quella politica e sociale: come si supera il feticismo delle merci? Qui il socialismo scientifico ha dato una risposta che s'è rivelata fallimentare: la *statalizzazione dei mezzi produttivi*.

L'alternativa a tale statalizzazione è la *socializzazione dei mezzi produttivi*. La differenza sta nel fatto che per realizzare una progressiva socializzazione (senza rischiare d'imporre alcuna statalizzazione) occorre promuovere delle comunità basate sull'*autoconsumo*, perché solo in questo modo i cittadini possono conoscere l'origine dei prodotti che acquistano o che usano.

Chi conosce l'origine dei prodotti che usa ne conosce anche il vero prezzo e quindi il vero valore (prezzo e valore qui coincidono, seppur sempre in maniera relativa, poiché un'esatta coincidenza non è mai esistita e mai esisterà finché esiste dipendenza dai mercati: essi infatti potrebbero coincidere perfettamente se tra produttore ed acquirente non esistesse alcuno scambio, cioè se ci fosse *totale gratuità* o, se si preferisce, una fondamentale preoccupazione collettiva a soddisfare anzitutto i bisogni altrui. In tal caso però non esisterebbe alcuna teoria del valore). Se non esistono mercati, non esistono neanche valori di scambio, né prezzi delle merci; al massimo può esistere un baratto delle reciproche eccedenze.

Quando nelle società fondate sull'autoconsumo esisteva solo il *valore d'uso*, il valore delle cose non era certo misurato in termini monetari o strettamente economici. Persino nel Medioevo, dove pur esisteva sfruttamento attraverso il servaggio, il valore d'uso era concepito in termini più *sociali* che economici. Una cosa aveva tanto più "valore" quanto più aiutava la comunità a sopravvivere e a riprodursi, in tutti i suoi aspetti.

Dunque la quantificazione del valore d'uso va sottratta ad un calcolo di tipo finanziario. Anzi tale valore non andrebbe neppure quantificato. Dovrebbe infatti valere il principio secondo cui il valore d'uso di un bene ha tanto meno valore commerciale quanto più il suo valore *sociale* è grande (oggi solo in maniera individuale arriviamo a dire che una cosa che per noi ha un grande valore "affettivo", in sostanza non ha prezzo, anche se questo non impedisce certamente al mercato di attribuirle un valore molto diverso da quello che noi vorremmo).

Il valore d'uso di una qualunque cosa (e quindi non solo di un mezzo produttivo) dovrebbe essere il valore che le viene attribuito dall'intera *collettività* (e quindi non solo, come oggi, da quella parte di collettività che possiede i mezzi produttivi), cioè da un determinato gruppo di persone che possiede una certa "memoria storica", una comune "sensibilità individuale e sociale", una condivisa tradizione di usi e costumi... Il vero valore delle cose è quello culturale o spirituale, quello stabilito da una collettività che si sente unita in un destino comune. Una cosa di questo genere, se venisse "comprata", sarebbe oggetto di "simonia": non si comprano le cose "sacre", neppure quando queste non hanno nulla di religioso.

Il socialismo economicistico di Giuda, che si scandalizza nel vedere Maria versare un prezioso profumo sulla testa di Gesù, non è più sufficiente per stabilire il vero valore delle cose. Il socialismo deve umanizzarsi maggiormente, per poter vedere nel valore d'uso la grandezza della libertà umana.

Il valore delle cose

Il *valore* di una qualunque cosa dovrebbe essere determinato dal *bisogno* ch'essa soddisfa. Più il bisogno è grande e più valore ha la cosa che lo soddisfa.

Quindi i bisogni più importanti possono essere determinati solo dalla *collettività* e, in seno a questa, dalle menti più illuminate o più vicine alle reali esigenze della collettività.

Perché la comunità possa decidere quali bisogni sono più importanti di altri, dovrebbe agire in piena *autonomia*. Dovrebbe anzitutto poter produrre ciò di cui ha bisogno.

In assenza di questa autonomia materiale, che è il presupposto per qualunque altra autonomia, non c'è alcun modo di sviluppare, in maniera umana e naturale, i bisogni di tipo extra-economico, cioè i bisogni culturali, etici, spirituali.

Il valore di una qualunque cosa, sia essa materiale o immateriale, può essere determinato in maniera relativamente precisa solo dall'uso che una determinata collettività, sulla base dei propri bisogni, materiali e immateriali, ne fa. Nessuno può decidere per altri. Solo la collettività può stabilire che un determinato prodotto è anzitutto un bene per tutti e non solo per chi lo produce.

Un bene può addirittura essere prodotto senza il corrispettivo utile personale immediato. Ciò che si produce può tornare utile indirettamente, in quanto il produttore fa parte di un collettivo, all'interno del quale esistono individui che possono produrre oggetti diversi, aventi però lo stesso scopo: si produce non tanto per sé, direttamente o immediatamente, quanto per gli altri.

Se ognuno si comportasse così, nessuno vivrebbe nel bisogno. Il bisogno verrebbe soddisfatto dalla cooperazione. Questa era la prassi del socialismo utopistico, che è fallita perché senza rivoluzione politica non è possibile alcun socialismo nell'ambito del capitalismo.

"Rivoluzione politica" sostanzialmente significa che a governare non ci può essere una minoranza o un ceto di privilegiati o una classe sociale che è forte solo perché detiene i mezzi produttivi, ma che sul piano numerico è irrisoria, è debolissima. A governare ci deve essere il *popolo*, cioè quella parte di cittadini che vive del proprio lavoro, senza sfruttare quello altrui.

La produzione per il consumo

Se si scegliesse la strada della produzione per il *consumo* e non per il mercato, tutta l'economia politica diverrebbe di colpo inutile, e con essa il socialismo scientifico.

Il marxismo infatti ha dimostrato che il capitalismo è intrinsecamente ingiusto e che, per questo, non ha futuro, e la variante più importante del marxismo, il leninismo, ha anche mostrato il modo come superare il capitalismo in direzione del socialismo.

Tuttavia gli errori compiuti in un senso - l'analisi economica - e nell'altro - la rivoluzione politica - oggi devono farci riflettere. Oggi abbiamo capito che non ha senso perdere tempo nel dimostrare le contraddizioni del capitalismo: sono sotto gli occhi di tutti. E non ha nemmeno senso operare delle rivoluzioni che non mettono in discussione i presupposti anche tecnologici e soprattutto scientifici su cui si basa il capitalismo.

Il capitalismo non va superato solo perché crea una divisione tra capitale e lavoro, ma anche perché *distrugge l'ambiente*, ha un rapporto devastante nei confronti della natura, è supportato dai concetti di "progresso" e di "produttività" che sono deleteri per i rapporti interumani e per i rapporti dell'uomo con la natura.

Il socialismo non deve porsi il compito di dimostrare d'essere migliore del capitalismo usando gli stessi mezzi. Anche perché, per riuscire in questo tentativo, è costretto ad accentuare aspetti che neppure sotto il capitalismo sono presenti, come p.es. l'ideologia statalistica o l'identificazione di Stato e partito.

Il socialismo deve essere democratico e per poterlo essere non bastano le soluzioni politiche, occorrono anche quelle *umane*, e la prima soluzione umana che va presa in considerazione è quella di garantire la *libertà di coscienza*, che si traduce nella libertà di pensiero, di parola, di associazione...

Raramente ci si rende conto che non c'è modo di garantire tale libertà se prima non si mette l'uomo in condizioni di poterla gestire. Tali condizioni sono l'*autonomia* nella gestione di una vita basata su un collettivo.

La vita sociale non può essere eterodiretta da forze estranee. I collettivi (di vita e di lavoro) devono potersi *autogestire*. In altre parole la produzione dei beni utili alla sopravvivenza va lasciata in gestione autonoma ai collettivi.

Lo scambio dei prodotti deve diventare un'espressione della *spontaneità* dei collettivi, non può essere regolamentato da forze esterne, siano esse economiche (i monopoli, le borse, gli istituti finanziari), o politiche (lo Stato, i partiti, i sindacati).

È ovvio che se tra i collettivi domina la spontaneità dello scambio, solo il *surplus* o il bene che, tra quelli ritenuti indispensabili, non si riesce a produrre in maniera sufficiente, sarà oggetto di scambio. Questo dovrebbe essere il vero senso del mercato.

L'uomo è un ente di natura e, come tale, non dovrebbe usare la propria intelligenza contro le esigenze della natura, in quanto questa rappresenta il confine entro cui la sua libertà può muoversi. Ed è un confine che, data la sua importanza, si può aggettivare con parole significative: ontologico o deontologico, assiologico, epistemologico... È un confine invalicabile, se si vuole restare umani e naturali.

La natura provvede ai bisogni dell'uomo, ma per soddisfare questi bisogni in maniera naturale l'uomo deve usare gli strumenti che salvaguardano l'integrità della natura stessa, ovvero quelli che le permettono facilmente di riprodursi, poiché la "riproduzione" è in assoluto il momento più importante della "produzione".

Se la produzione meccanica, tipica della rivoluzione industriale, impedisce la riproduzione naturale, le conseguenze di questa anomalia si faranno prima o poi sentire, poiché la natura tende sempre a riprendersi ciò che le appartiene; e a tali conseguenze non si riuscirà a porre rimedio proponendo soluzioni di riproduzione artificiale. Quest'ultima infatti non fa che allargare il fossato che ci separa da un'esistenza a misura d'uomo.

Valori di scambio tra schiavismo e capitalismo

I

Quando si fa un'analisi meramente strutturale (economica), e non la si mette in rapporto con la sovrastruttura (una determinata *cultura*), al massimo si arriva a dire una mezza verità, cioè una verità esteriore, fenomenica, ma non sostanziale, *ontologica*.

Prendiamo p. es. questa frase tratta dalla rivista "n+1" (n. 35/2014, interamente dedicato all'Italia nell'Europa feudale): nel mondo greco il denaro "era sì equivalente universale, ma non raffrontava valori di scambio bensì valori d'uso" (p. 14). Questo perché il "capitalismo antico" per diventare moderno "ha bisogno di un'accumulazione originaria abbinata a una liberazione sistematica di forza-lavoro. Solo così il *Denaro* diventa *Capitale*" (ib.).

Queste frasi, prese in sé, non spiegano nulla. Infatti là dove esiste un mercato con una moneta liberamente circolante e assolutamente necessaria per gli scambi, lì esiste un'*astrazione* (il denaro come *equivalente universale*, che può essere accumulato in maniera *indefinita*), e quindi esiste *valore di scambio*. Cioè gli oggetti hanno tanto più valore quanto più sono richiesti, quanto più sono rari, preziosi, ecc. e la compravendita non può essere fatta senza denaro. Qualunque bene "comprato" sul mercato è *merce*, indipendentemente dall'uso che se ne fa. E in ogni caso nessuno compra dei valori di scambio che non abbiano anche un valore d'uso. Le merci non acquistano un valore di scambio solo nei mercati capitalistici, e in ogni mercato hanno inevitabilmente un loro valore d'uso.

Se esistesse solo un mercato ove gli oggetti vengono scambiati tra loro, non ci sarebbe l'astrazione di un equivalente universale: ci sarebbe soltanto *valore d'uso*. Il mercato dei valori d'uso è quello del *baratto*, cioè quello dello scambio alla pari delle rispettive *eccedenze* (il surplus delle varie comunità che s'incontrano sul mercato, i cui contraenti possono essere liberi o sottoposti a rapporti schiavili o servili). Là dove esiste "denaro", lì esiste possibilità d'accumularlo in maniera indefinita, proprio perché nulla può impedirlo. Anche le derrate alimentari si possono accumulare, ma non in maniera indefinita, perché la cosa sarebbe materialmente impraticabile, per quanto storicamente s'incontri un accumulo eccessivo di derrate, quello ben oltre lo stretto necessario, proprio in concomitanza con l'uso della moneta.

Quindi perché il valore d'uso si trasformi in valore di scambio è sufficiente il mercato con la presenza del denaro, ma per far diventare questo valore di scambio inerente al sistema capitalistico ci vuole altro, qualcosa che lo schiavismo non aveva, appunto la "liberazione di forza-lavoro", la cui natura però va spiegata.

Nell'antichità, quella dove esisteva l'uso del denaro, si facevano le stesse cose di oggi: p. es. si accumulava l'oro per tesaurizzarlo o per investirlo, ovvero per dimostrare la propria potenza attraverso i forzieri o attraverso i propri investimenti produttivi. In quelle società schiavistiche generalmente gli scambi non avvenivano attraverso l'oro, se non per le merci più rare e pregiate, a meno che la società non fosse ricchissima. Di regola, per la compravendita o per pagare prestazioni di lavoro, si usavano argento, bronzo e rame (o, in quest'ultimo caso, una lega di rame e zinco, detta dai Romani, a partire da Nerone, oricalco). Ovviamente oro e argento si potevano depositare presso le banche per ottenere degli interessi. A loro volta le banche, sulla base di determinate garanzie, prestavano oro e argento per ottenere altri interessi. Poi c'erano i cambiavalute, che speculavano sulle oscillazioni di valore delle varie monete usate nei mercati.

Era tutto come oggi, in forme ovviamente molto diverse. Chi si limitava a tenere l'oro nei propri forzieri, come oggi chi si tiene i lingotti in casa, non contribuiva allo sviluppo dell'economia. Per aumentare i propri "capitali" bisognava fare degli investimenti, anche rischiosi, facendo bene attenzione a non sperperarli.

Oggi non abbiamo bisogno di depositare oro e argento nelle banche affinché lo investano: è sufficiente usare delle semplici banconote. La banca immediatamente le reinveste in maniera capitalistica. Da questo denaro si può ottenere addirittura una rendita a vita, ma, se investito male, si può anche perderlo, in parte o del tutto. Queste cose succedevano anche nell'antichità, seppur le banche pretendessero oro o argento: non è questo che, nella sostanza, ci differenzia. La differenza stava altrove.

L'investimento del denaro, nelle società schiaviste, avveniva sulla base di condizioni non materiali ma *immateriali* diverse da quelle di oggi. Era impossibile non tenerne conto. Ora per quale motivo oggi diciamo che non può esistere "capitalismo" senza "*liberazione* della forza-lavoro", cioè senza la presenza di "manodopera *giuridicamente libera*"? Se una manodopera del genere fosse esistita nel mondo antico, che utilizzava i mercati e conosceva la moneta come *equivalente universale*, se fosse esistita non come eccezione ma come *regola*, ci sarebbe stato il capitalismo? Non lo sappiamo, cioè non possiamo dirlo con sicurezza. Sappiamo soltanto che il capitalismo fa fatica a svilupparsi là dove domina lo *schiavismo*.

Prendiamo la situazione delle colonie americane, del nord e del sud del continente, al tempo del colonialismo europeo. Lì esisteva indubbiamente lo schiavismo. I negri lavoravano nelle piantagioni e producevano per il mercato. Producevano soprattutto per i mercati europei, che erano già capitalistici. In Europa si aveva bisogno di determinati prodotti (p.es. il cotone) e non ci si preoccupava affatto se a produrli fossero dei lavoratori liberi, schiavizzati, salariati o servi della gleba. Lo schiavismo agricolo americano era produttivo proprio perché l'acquirente europeo era *già capitalista*.

Tuttavia nell'Europa moderna non s'impose affatto lo schiavismo. Si era da tempo capito che lo schiavo era meno produttivo dell'operaio salariato. Già i Romani del tardo impero avevano compreso che molto meglio dello schiavo era il colono, specie nelle periferie più lontane. Gli schiavi erano produttivi quando le guerre vittoriose permettevano di acquistarne tanti a poco prezzo, e comunque bisognava sempre pagare dei sorveglianti che li obbligassero a lavorare. Era troppo rischioso per uno schiavista non punire duramente uno schiavo ribelle. I rapporti cambiano, tra schiavo e schiavista, quando le guerre smettono d'essere vittoriose e ci si pone sulla difensiva.

Se gli acquirenti delle merci americane fossero state delle società schiavistiche, le piantagioni americane non si sarebbero sviluppate così tanto. La domanda sarebbe stata molto più bassa e di conseguenza anche l'offerta, poiché un'offerta eccessiva comporta sempre un abbassamento dei prezzi delle merci.

Dunque il moderno schiavismo americano, che durò quasi sino alla fine dell'Ottocento, era una forma imperfetta di capitalismo. Era una forma di economia analoga a quella greco-romana, ma con più possibilità di sviluppo, in quanto gli Stati acquirenti erano *già capitalistici* e la loro domanda di beni era enorme.

Senonché, nella misura in cui cominciò a svilupparsi il moderno capitalismo anche negli Usa, ecco che lo schiavismo venne considerato *ideologicamente intollerabile*. Perché? E soprattutto perché gli schiavisti piantatori del sud non lo consideravano affatto tale, e furono persino disposti a difendere con le armi il loro razzismo? Per quale motivo si fece una sanguinosa e lunga guerra civile tra nordisti e sudisti? Che bisogno avevano i nordisti di obbligare i sudisti a "liberare" i loro schiavi?

Oggi il motivo, col senno del poi, ci appare molto semplice: *l'industria capitalistica ha bisogno di manodopera giuridicamente libera*. Lo schiavo è schiavo a tempo pieno nelle mani del latifondista, dell'agrario capitalista, padrone di terre immense. Uno schiavo a tempo pieno, che lavora su piantagioni enormi, non induce il capitalista agrario a fare una cosa che invece diventa inevitabile quando non si dispone della medesima terra: *costruire macchine per il lavoro*. Per un grande latifondista che usa manodopera schiavile, la produttività può essere messa soltanto in rapporto all'estensione delle terre e al numero degli schiavi; il resto è correlato: l'intensità dello sfruttamento, la fertilità del suolo, le competenze necessarie, la scelta delle colture...

Per tutto il mondo greco-romano lo sviluppo della tecnologia lavorativa è stato molto scarso, proprio per la presenza massiccia degli schiavi, cioè per l'assenza, in un numero significativo, di *lavoratori liberi*. Di conseguenza la ricchezza generale non ha mai potuto raggiungere livelli molto elevati: i veri ricchi erano molto pochi. Se un lavoratore era "libero", perché *proprietario* dei suoi mezzi produttivi, non era *mai* sul libro-paga di qualcuno; e se diventava schiavo perché rovinato dai debiti, continuava a non essere sul libro-paga di nessuno: *lavorava gratis*, in cambio del solo vitto e alloggio. Esistevano i salariati, ma per lavori occasionali o stagionali; in genere, là dove non esisteva proprietà dei mezzi produttivi, il lavoro era svolto da schiavi, fossero essi "schiavi privati" o "schiavi statali".

Sul piano lavorativo, in agricoltura, ci sono stati più progressi tecnologici nel Medioevo "povero" che non nel "ricchissimo" impero romano (p.es. nella tipologia dell'aratro, nella trasformazione del giogo da traino, nella rotazione delle colture, ecc.). Eppure nel Medioevo (almeno in quello che va dalla caduta dell'impero romano d'occidente al Mille) dominava il *valore d'uso* e il *baratto*. Lo dimostra il fatto che l'usura era inesistente e rarissima la circolazione della moneta, che generalmente veniva usata per articoli lussuosi provenienti dall'Asia, da Bisanzio, dalla Russia...

Come si spiega questa stranezza? La si spiega considerando che il servo della gleba era solo per metà servo, per l'altra metà era abbastanza libero, cioè non era schiavo al 100 per cento. Il contadino aveva interesse a migliorare la propria esistenza personale e familiare, ovviamente per la parte di lotto di sua competenza, o nella parte di tempo a sua disposizione, quella libera dalle *corvées*.

Nel Medioevo, fino a quando non sono rinati i mercati ove si usava la moneta, il capitalismo non ha potuto mettere radici. Le sue radici sono potute entrare tanto più in profondità quanto più diminuiva la percentuale del servaggio. Per poter avere la meglio sul nobile agrario, padrone d'immensi latifondi, l'imprenditore borghese privo di terra, ma dotato di capitali e di una certa competenza nell'uso degli strumenti produttivi di proprietà del contadino, il primo dei quali era il telaio per tessere, non aveva altra possibilità che convincere la famiglia contadina a dedicare una parte del proprio tempo libero a suo favore, affinché i capitali potessero fruttare dei profitti economici veri e propri e non soltanto delle rendite finanziarie.

I capitali li aveva ottenuti dai commerci e ora poteva investirli sulla forza-lavoro di famiglie contadine sparse nei grandi latifondi: lui forniva la materia prima che loro lavoravano a domicilio coi loro semplici telai. Col tempo sarà lui stesso a creare nuovi telai, più sofisticati e concentrati in opifici, dove avveniva tutta la lavorazione del tessuto, invitando i contadini-servi a lasciare per sempre il feudo e a trasferirsi in città lavorando come *operai salariati giuridicamente liberi*. I contadini devono arrivare a capire che per ottenere una migliore condizione di vita, devono abbandonare la terra e la casa in cui vivono, trasformandosi in artigiani specializzati o in operai salariati di una manifattura urbana. Questo trasferimento di residenza e di sede lavorativa sarà decisivo per lo sviluppo del capitalismo, tant'è che un qualunque ritorno alla vita di campagna rappresenterà un sintomo di "regresso" (come quello che capiterà in Italia durante la Controriforma).

Questo per dire che non era assolutamente necessario, per la nascita del capitalismo, un fenomeno devastante come quello delle *recinzioni* praticate in Inghilterra nel XVI secolo, così ben descritto nel *Capitale* di Marx. In Italia le basi dell'accumulazione originaria del capitalismo sono di molto anteriori a quel secolo.

Ma che cos'era che poteva indurre il contadino *servo* a diventare operaio salariato *giuridicamente libero*? Doveva esserci un'*idea* a convincerlo, una specie d'*illusione*, di ideologia ingannevole. Questa ideologia poteva essere una sola, che nell'impero greco-romano non esisteva: il *cristianesimo*. Il capitalismo non può nascere senza cristianesimo, o comunque ha bisogno del cristianesimo, come *legittimazione teorica*, per svilupparsi materialmente. Certo il capitalismo può nascere anche da un evento drammatico, violento, come appunto quello delle *enclosures* inglesi, ma il modo più sicuro per affermarsi è quello indolore, quello ideologico. Tant'è che in Inghilterra, dopo quell'evento, si fu costretti a esportare le gravi contraddizioni del sistema verso le colonie e con una efferatezza inusitata. Peraltro le recinzioni furono la risposta a un capitalismo olandese già in atto, in cui il ruolo degli ebrei espulsi da Spagna e Portogallo fu enorme. Anzi, prima ancora, le Fiandre erano uno dei luoghi privilegiati, all'estero, degli affari dei mercanti italiani, proprio a motivo della loro particolare posizione geografica (esattamente come Bisanzio, le città anseatiche, ecc.).

Ora, com'è possibile che una religione così profondamente *umanistica* abbia potuto produrre o favorire la nascita di un sistema sociale così disumano? E per quale motivo ciò è avvenuto nell'Europa occidentale e non in quella orientale e neppure in quella bizantina? È impossibile capire le motivazioni più profonde che hanno fatto nascere il capitalismo se non si comprende l'evoluzione del cristianesimo, da quello cattolico-romano a quello protestante.

In Europa orientale il capitalismo inizia a svilupparsi quando i paesi della parte occidentale, impostisi a livello mondiale, prima col colonialismo, poi, a fine Ottocento, con l'imperialismo, erano in grado di condizionare pesantemente lo sviluppo economico dei paesi agrari est-europei. Molto probabilmente il passaggio dal feudalesimo di stato al capitalismo si sarebbe verificato anche nell'impero bizantino, già abituato da secoli ad ampi commerci, se esso non fosse stato conquistato da una popolazione, quella turca, la cui *cultura* era ancora molto *feudale*. L'impero ottomano abbracciò decisamente il capitalismo solo quando si trasformò in repubblica borghese sotto Mustafà Kemal (Atatürk).

Il capitalismo dell'Europa occidentale trovò la sua legittimazione teorica anzitutto nella *teologia scolastica*, la quale, riflettendo le *ambiguità* della pratica ecclesiastica (soprattutto nei suoi livelli dirigenziali), nettamente opposta ai valori umanistici che predicava, non poteva che fare progressive concessioni alla pratica borghese. Quando queste ambiguità diventano insostenibili, al punto da richiedere la trasformazione del cattolicesimo-romano in protestantesimo, ecco che il capitalismo diventa più radicale, più risoluto, si trasforma anche materialmente, sottraendosi ai controlli dell'etica e della politica (per quanto, nella loro fase iniziale, i protestanti dicessero di voler riportare il cristianesimo alla sua purezza originaria). Le motivazioni ideali sembravano tanto più forti quanto più si voleva affermare l'individualismo in campo economico.

Il cristianesimo in veste protestantica diventa più aggressivo e tende a dare molta più importanza al *macchinismo*. Ovviamente nelle colonie, esistendo terre sconfinate da sottrarre con la forza ai nativi, il macchinismo cominciò ad avere importanza solo verso la metà dell'Ottocento, quando ormai la conquista delle terre era stata compiuta. In ogni caso il capitalismo protestante, soprattutto quello calvinista, fosse esso sviluppato in Europa occidentale attraverso le aziende industriali o in America attraverso le piantagioni schiavili, aveva moralmente molti meno scrupoli del cattolicesimo nel perseguire i propri fini. E il capitalismo industrializzato, privo di qualunque religione, ne avrà ancora meno.

Oggi siamo arrivati al punto che lo sviluppo culturale dell'*ateismo*, generalmente associato allo sviluppo del socialismo, fa in realtà da supporto a un capitalismo molto avanzato, in cui addirittura gli elementi speculativi della finanza prevalgono su quelli produttivi dell'economia, mentre là, come in Cina, dove si vuole invece sviluppare una enorme produzione materiale dei beni, il diritto è totalmente subordinato alle esigenze del profitto, senza neppure aver bisogno di salvare le apparenze. D'altra parte in Cina l'ateismo non si è sviluppato ponendosi in contraddizione al formalismo della religione cristiana, ma come naturale prosecuzione di due filosofie di vita, la taoista e la confuciana, che nei confronti dei poteri costituiti han sempre manifestato una certa piaggeria.

In altre parole si è sviluppata in occidente una forma di ateismo che, invece di avere le caratteristiche positive di emancipazione dalla religione, ha le caratteristiche negative del cinismo e della corruzione più vergognosa, tant'è che con la religione può intrattenere rapporti affaristici di reciproco interesse. Questo a testimonianza che l'ateismo in sé non favorisce affatto la transizione politica ed economica al socialismo. Anzi, non è da escludere che, a fronte di un peggioramento della crisi del capitalismo, si formino nuove religioni. Cosa che invece non potrà accadere in Cina, in quanto il potere politico è esercitato in una maniera dittatoriale e la stragrande maggioranza degli abitanti non ritiene di dover usare la religione per opporvisi.

Ecco perché chi lavora per una transizione radicale al socialismo, deve preoccuparsi anche di dimostrare che il proprio ateismo è moralmente migliore di quello borghese e di qualunque fede religiosa.

II

Per uscire dal sistema in cui domina il valore di scambio è sufficiente convincersi di due cose: non è l'individuo che ha bisogno del mercato, ma il contrario; non è l'individuo che ha bisogno dello Stato, ma il contrario.

Stato e mercato sono tuttavia due realtà *sociali*: per poterle eliminare o ridurre al minimo o trasformarle radicalmente occorrono *esperienze sociali*. L'individuo, al di fuori di un collettivo di riferimento, cui organicamente appartiene, è solo un'astrazione.

Si tratta quindi di costruire una realtà sociale democratica, egualitaria, da opporre a due realtà sociali la cui democraticità è solo apparente. Nell'ambito dello Stato la democrazia è indicata dalle *elezioni*, con cui si scelgono i parlamentari (poi vi sono i referendum, quando si tratta di scegliere tra due opzioni).

Nell'ambito del mercato la democrazia sta nello *scambio di equivalenti*, nell'uso del denaro come mezzo astratto di scambio universale. Nessuno è obbligato ad andare a comprare merci, ma se non lo fa, non riesce a vivere. Come nello Stato comandano i poteri forti (politici, burocratici e militari), così nel mercato comandano i monopoli, gli speculatori, gli affaristi, i mercanti.

Non c'è mercato senza Stato, poiché questo garantisce la difesa dei produttori, che vivono sulle spalle dei soggetti deboli (i consumatori). Non c'è Stato senza mercato, poiché il mercato garantisce ricchezza, di cui una parte significativa, attraverso le tasse e il plusvalore estorto ai lavoratori, serve a mantenere le classi parassitarie (politici, burocrati e militari), le quali devono assicurare l'ordine a favore dei ceti possidenti.

Uscire dal sistema significa saper dimostrare a se stessi, organizzati in maniera collettiva, che si può fare a meno sia dello Stato che del mercato. I modi per dimostrarlo sono due: *democrazia diretta* e *autoconsumo*. Questi due aspetti vanno considerati preliminari a tutto, cioè a qualunque dibattito, a qualunque lettura e scrittura. Ed essi non possono in alcun modo svilupparsi nell'ambito del capitalismo. Mentre la trasformazione dello schiavo in colono è potuta avvenire nell'ambito dello schiavismo, e quella da colono o servo della gleba a operaio salariato è potuta avvenire nell'ambito del feudalesimo, quella da operaio produttore libero non può avvenire nell'ambito del capitalismo, se non come eccezione che conferma la regola: *lo sfruttamento del lavoro altrui*.

Questa regola è così tassativa, nel capitalismo, che anche lo stesso lavoratore diventa a sua volta, di necessità, uno sfruttatore del lavoro altrui: è sufficiente infatti che depositi i suoi risparmi in una banca o che riceva uno stipendio statale o che produca una merce per il mercato ed ecco che la sua esistenza si lega a una prassi "borghese". Perché *tutti* i lavoratori siano *liberi* occorre uscire dal sistema. Nell'ambito del capitalismo non c'è nulla che possa anticipare qualcosa del socialismo democratico. Se lo si pensa è perché ingenuamente si crede di poter fare a meno della responsabilità di una rivoluzione: non sono pochi i soggetti pseudorivoluzionari che non vogliono combattere politicamente il sistema, ma limitarsi semplicemente ad attendere ch'esso imploda da solo, a causa delle proprie interne contraddizioni, com'è successo in Russia.

L'abbattimento del sistema è preliminare a qualunque altra cosa. Si può farlo attraverso la *cultura* - come voleva l'impostazione gramsciana -, o entrando direttamente in *politica*, ma l'obiettivo deve restare la conquista del potere per il rovesciamento del sistema. E non si può far questo come se fosse un semplice colpo di stato: occorre un'autentica *rivoluzione di popolo*. Sono due cose completamente diverse, l'una opposta all'altra. Se si tenta di creare delle "isole di socialismo", dove vige la democrazia diretta e l'autoconsumo, si ripeteranno gli stessi errori del "socialismo utopistico", i cui esperimenti alternativi sono stati tutti riassorbiti dal sistema.

Il sistema infatti ha il potere di condizionare in tutti i modi, *materiali* e *culturali*, l'intera vita sociale, e dispone inoltre della forza *militare* per porre fine, come e quando vuole, a ciò che può ostacolarlo democraticamente. Ecco perché bisogna convincersi che, in ultima istanza, il sistema può essere abbattuto solo con la *forza*, cioè con una *rivoluzione politica*, capace di usare gli stessi strumenti coercitivi del sistema per fronteggiare l'eventuale reazione violenta delle classi che non vogliono lasciarsi espropriare di nulla.

Solo quando la controrivoluzione ha avuto termine, si possono porre le basi della progressiva *estinzione dello Stato*, a favore della democrazia diretta, e, in virtù del primato del valore d'uso, si può pensare a una progressiva *eliminazione del mercato*, che è basato sul primato del valore di scambio. Bisogna porre le comunità locali in condizioni di *difendersi da sole* da chiunque possa minacciarle di distruzione.

Che ci voglia una dura e lunga transizione dal capitalismo al socialismo democratico e autogestito, è pacifico. Il capitalismo non ha solo sconvolto tutti i rapporti umani, ma anche i rapporti con l'ambiente, e l'ha fatto in un periodo lunghissimo, praticamente millenario. L'importante però è aver chiaro che l'alternativa al capitale deve essere *radicale*: qualunque concessione venga fatta anche a uno solo degli aspetti del sistema da abbattere, andrà a influire su tutto il resto. Il fallimento del cosiddetto "socialismo reale", che pretendeva di poggiare su basi "scientifiche", è un esempio da tenere sempre presente.

Fare sistema o uscire dal sistema?

"Fare sistema" o "uscire dal sistema" sono espressioni che sembrano non voler dire nulla al singolo cittadino.

Generalmente tutti noi "facciamo sistema", pur senza volerlo o pur senza saperlo. Noi tutti esistiamo ereditando un sistema di vita precedente e ne riproduciamo le condizioni della sua sopravvivenza. In tal senso, p.es., anche il proletariato occidentale è co-responsabile dello sfruttamento delle periferie neocoloniali da parte dell'imperialismo statunitense, nipponico ed euroccidentale (a questo imperialismo ora bisogna aggiungere anche quello cinese, che tiene in condizioni sub-umane i propri lavoratori, i cui prodotti possono essere venduti in tutto il mondo a prezzi stracciati).

Per "uscire dal sistema" c'è solo un modo: conquistare il potere politico e condizionare con lo strumento della politica l'attività economica. Il problema è come farlo, cioè non solo come "conquistare" il potere, ma anche - ed è ancora più importante - come "condizionare" l'economia, evitando di ripetere tutti gli errori del passato.

La storia della sinistra ha dimostrato che, sul problema della "conquista", i metodi generalmente sono due: o si conquista politicamente lo Stato dopo aver conquistato culturalmente la società civile, oppure questa si conquista "dopo" aver conquistato quello.

La prima soluzione è detta "gramsciana", la seconda "leninista". La prima non è mai arrivata a conquistare alcuno Stato; la seconda vi è riuscita in più Stati, ma è poi sempre stata tradita da una gestione autoritaria del potere.

Dov'è che si sbaglia quando si creano alternative al sistema, ovvero quando la politica vuole condizionare l'economia?

Intanto bisogna dire che la via gramsciana sbaglia nel pensare che il passaggio dalla conquista della società alla conquista dello Stato possa avvenire in maniere indolore, cioè in maniera automatica, come una logica conseguenza, una inevitabile necessità. È addirittura un errore pensare di poter conquistare una società di tipo "borghese" in maniera "progressiva", per determinazioni quantitative, senza traumatiche rotture.

Il capitale ha mezzi molto potenti per "imborghesire" la popolazione, al punto che in una società "borghese" si è tutti "corrotti", inevitabilmente. Per convincersene, è sufficiente vedere quante volte si è venuti meno, proprio durante le rivoluzioni, agli ideali di *giustizia sociale*.

Da quando è nato il socialismo, i "momenti forti" in Italia sono stati soltanto il "Biennio rosso", la Resistenza e il Sessantotto, e ogni volta gli ideali sono stati traditi. E gli altri paesi europei han fatto lo stesso: dalla Comune di Parigi alla Repubblica di Weimar, ecc.

Nell'Europa occidentale non solo è fallita la strategia gramsciana, ma anche quella pre- o filo-leninista di conquista dello Stato, che in genere si presenta quando le crisi sociali sono gravissime e insostenibili, di regola correlate a disastri bellici.

Il socialismo europeo non è mai riuscito ad approfittare delle situazioni favorevoli a una "fuoriuscita dal sistema", quelle in cui le contraddizioni del sistema esplodono. Nelle società borghesi avanzate, opulente, il socialismo non riesce a spuntarla né in situazioni pacifiche né in quelle disastrate.

Al massimo il socialismo riesce a imporsi nei paesi periferici più arretrati, nei cosiddetti "anelli deboli" del sistema, dove la povertà regna sovrana. Solo che in questi paesi, dopo aver compiuto la rivoluzione, nasce immancabilmente una dittatura. Sicché non si capisce dove stia l'errore.

In occidente il socialismo, nel migliore dei casi, rischia di diventare un puntello del sistema borghese; altrove rischia di negare più libertà di quante ne neghi il capitalismo.

Le strade da percorrere sono altre. "Uscire dal sistema" non può voler dire soltanto attendere passivamente che la sua crisi strutturale giunga a esplodere, ma non può neppure voler dire aiutare il sistema a sopravvivere compiendo singoli aggiustamenti o parziali riforme.

A livello di società civile bisogna uscire progressivamente dalla logica del mercato, entrando in quella dell'*autoconsumo*, e il giorno in cui s'imporrà l'esigenza di una rivoluzione politica, occorrerà da subito porre le condizioni perché lo Stato venga sostituito dal *governo politico della società civile*, la quale deve essere messa in grado di *autogestirsi*.

In Russia la rivoluzione venne tradita nel momento stesso in cui si svuotarono i "soviet" del loro effettivo potere. Non si può affidare a uno "Stato socialista" il compito di abbattere la borghesia, perché poi, dopo che l'avrà fatto, esso non avrà pietà neppure del proletariato.

Bisogna demandare immediatamente alla *società civile* il compito di liberarsi della mentalità borghese al proprio interno, smantellando progressivamente *tutte* le funzioni dello Stato.

Come uscire dal circolo vizioso del sistema

Il capitalismo funziona bene quando il tasso di sfruttamento del lavoro è molto elevato. Esattamente come lo schiavismo funzionava bene quando, in seguito alle guerre vittoriose, era molto elevato il numero degli schiavi sul mercato (questo spiega perché i Romani crearono la loro ricchezza sotto la Repubblica senatoriale e si limitarono a gestirla sotto l'Impero dittatoriale).

Se le guerre non sono più vittoriose o se ci si deve limitare a una mera strategia difensiva, oppure se gli schiavi si ribellano, o se cominciano a rendersi autonome le colonie (che i Romani chiamavano province), rivendicando sempre più diritti, le cose smettono di funzionare come prima.

Oggi dobbiamo dire lo stesso nei confronti delle rivendicazioni salariali degli operai e degli impiegati o nei confronti della volontà di emergere dei paesi del Terzo mondo. Il capitale non riesce più a sfruttare le cose come prima, al punto che qualcuno comincia a rimpiangere i tempi in cui c'era più dittatura.

D'altra parte quando c'è antagonismo sociale non si può vincere in due: uno deve per forza perdere. Darwin, quando pensava al mondo animale, chiamava questo processo "selezione naturale" e la definizione, applicata poi agli "umani", ha avuto molta fortuna.

Gli imprenditori oggi sono come i generali romani di una volta, che coi loro eserciti andavano in guerra per fare fortuna. Poi, quando l'avevano fatta, diventavano senatori, ricchi latifondisti, governatori di province, alti funzionari, oppure addirittura imperatori.

Oggi non si ha bisogno di fare guerre di tipo militare: è sufficiente farle con le armi dell'economia e della finanza. Tra i Romani e noi ci sono di mezzo le tecnologie, l'uso capitalistico del denaro e anche il fatto che il lavoratore gode della libertà personale, quella formale di tipo giuridico.

Le ferite che ci lecchiamo non sono più quelle procurate da una spada, ma dall'aumento dei prezzi, delle tariffe, dei tassi sui mutui, delle imposte dirette e indirette, delle perdite in borsa, dei debiti, degli affitti esosi e soprattutto sono procurate dal fatto che i salari e gli stipendi non riescono a tenere il passo del carovita.

Oggi un imprenditore sa bene che se la sua manodopera non viene sfruttata al massimo, rischia di dover chiudere (eventualmente trasferendosi in quei paesi dove il costo del lavoro è irrisorio). Questo perché deve sostenere spese sempre più ingenti per i macchinari, per la burocrazia, per le tangenti al potere politico e persino criminale, per le strategie di marketing, ecc.

La concorrenza obbliga i capitalisti a uno stress insostenibile, a dei rischi inaccettabili. La legge della caduta tendenziale del saggio del profitto - che Marx elaborò nel III libro del *Capitale* e che non ebbe mai il tempo di approfondire - li spaventa, perché, pur non conoscendola, la possono constatare abbastanza facilmente. Ecco perché tendono a dislocare le loro ricchezze dai paesi più avanzati a quelli meno, oppure dall'economia alla finanza, dove hanno problemi più facili da affrontare.

Il capitalismo ha bisogno di avere situazioni di precarietà sociale, in cui la gente è disposta a lavorare per un salario minimo. Situazioni del genere si verificano quando un paese entra in guerra, cioè quando parte della ricchezza sociale di una nazione viene distrutta molto velocemente. Le guerre infatti sono periodiche in questo sistema. D'altra parte quando i debiti sono talmente grandi che per potervi in qualche modo far fronte bisogna per forza impoverirsi, è relativamente facile che da una situazione del genere si passi all'esigenza di dichiarare guerra a qualcuno, magari anche solo per scongiurare il rischio di una guerra civile interna.

Purtroppo il sistema ci ha insegnato che solo quando le cose sono sufficientemente devastate, si può ricominciare a sperare che la situazione migliori. Si arriva a un punto oltre il quale non si può andare avanti e, se si vuole sopravvivere con i medesimi criteri e metodi, bisogna prima distruggere buona parte della ricchezza collettiva.

È come passare da un mazzo di 104 carte a uno di 52 per poter continuare a giocare. Ci vuole una specie di peste bubbonica, che azzeri tutto il surplus e ci riporti all'essenzialità, come quella che nel Trecento eliminò un terzo della popolazione europea. Fu proprio la peste che accelerò la trasformazione delle Signorie italiane in Principati: cosa resa possibile, naturalmente, anche a motivo della scarsa combattività dei lavoratori, il cui apice in Italia fu raggiunto col Tumulto dei Ciompi a Firenze nel 1378.

Questo meccanismo infernale che ha il capitalismo, di autodistruggersi parzialmente per poi rinascere come l'Araba fenice, andrebbe superato una volta per tutte. L'unico modo per poterlo fare è noto da molto tempo: togliere agli imprenditori e a tutti i gestori dell'economia finanziaria il potere di decidere da soli quali debbano essere i criteri con cui vivere la vita.

Bisognerebbe però precisare, a scanso di equivoci, che non può più essere considerato sufficiente togliere al capitale la *proprietà* degli strumenti produttivi e finanziari, senza ripensare completamente gli *stili di vita*. E, in tal senso, non dobbiamo dare per scontato l'utilizzo delle stesse tecnologie del capitalismo, seppur gestite da lavoratori-proprietari.

Dobbiamo tenerci pronti o a far saltare *tutto* il sistema (e non solo una sua parte), o ad approfittare delle sue debolezze quando sarà costretto a saltare da solo per potersi autorigenerare. Se non approfitteremo di quel momento favorevole, stiamo pur certi che il capitale farà pagare al lavoro le conseguenze della propria crisi e della propria ristrutturazione, partendo ovviamente dai ceti più deboli. La crisi infatti non è di *crescita* (quella che permette ai lavoratori, col tempo, di migliorare le loro condizioni), ma piuttosto di *autoconservazione*. Sarà un bagno di sangue soprattutto per chi ha già il corpo piagato.

Ecco perché sin da adesso dovremmo chiederci come uscire da questo inferno - che è in fondo un assurdo circolo vizioso -, partendo dai *criteri di soddisfazione dei bisogni primari quotidiani*. Se non recuperiamo un rapporto stretto, diretto, con la *natura*, se non ci riappropriamo di ciò che costituisce la *base materiale della nostra esistenza*, sottraendola a una gestione anonima, eterodiretta, incontrollabile (quale quella che si verifica negli attuali mercati di beni e servizi), noi saremo condannati in eterno a ripetere i nostri errori.

Solo con l'autogestione completa di un territorio ha senso parlare di democrazia. "Esta selva selvaggia e aspra e forte, / che nel pensier rinnova la paura", non può essere vinta coi metodi e mezzi tradizionali. Bisogna fare una *rivoluzione copernicana del pensiero*, in virtù della quale l'uomo possa finalmente camminare coi propri piedi e non al guinzaglio di qualcuno.

Il fatto è purtroppo che noi occidentali, così abituati a sentirci onnipotenti, non riusciremo mai ad accettare un rapporto *paritetico* con la natura, a meno che delle gravissime catastrofi non ci costringano a farlo. Forse l'unico momento in cui in Europa siamo stati capaci di questo, da quando sono sorte le civiltà antagonistiche, è quello che i manuali scolastici definiscono col termine di "epoca buia", e cioè l'alto Medioevo. Ma in Europa son dovuti entrare i cosiddetti "barbari" per insegnarci a recuperare con la natura un rapporto equilibrato.

Tuttavia, già a partire dal Mille si era ripreso, in Italia, un rapporto di sfruttamento delle risorse naturali, analogo a quello di epoca greco-romana. A partire dal Mille sono state tantissime le catastrofi che l'Europa ha subìto (innumerevoli guerre, terribili epidemie, carestie, devastazioni ambientali...), eppure non s'è mai avuta la forza per invertire la marcia.

In un millennio la borghesia non solo è diventata potentissima, approfittando spesso proprio di quelle catastrofi, ma, quel che è peggio, è riuscita a diffondersi in tutto il pianeta, come un gigantesco virus. Lo sviluppo della borghesia capitalistica - che ha avuto il suo esordio proprio in

Italia - è stata la più grande catastrofe dell'umanità. E ora che il testimone sta per essere preso da colossi numerici come Cina e India, il peggio, molto probabilmente, deve ancora venire. E nuovi "barbari" che tornino a insegnarci a vivere non se ne vedono all'orizzonte...

Programma minimo per uscire dal mercato

Porsi contro il denaro oggi vuol dire porsi contro il sistema in cui il denaro, nella sua forma di principale mezzo di scambio, di investimento e di accumulazione, è il fulcro di ogni forma di esistenza, nessuna esclusa. Un tempo il denaro era cosa che riguardava solo la città, non la campagna né la montagna: oggi investe il mondo intero.

Contro il sistema basato sul denaro, sia esso nella forma del capitale o nella forma di semplice mezzo di scambio, esiste un'unica soluzione: l'*autoconsumo*, cioè consumare *direttamente* ciò che si produce, senza passare attraverso l'intermediazione del mercato.

Sul mercato infatti il produttore prevale sul consumatore; nell'autoconsumo invece si equivalgono o addirittura coincidono, e là dove si diversificano è solo per cose non essenziali alla propria riproduzione, e quand'anche fossero cose essenziali, il bisogno di averle, tra produttore e consumatore, sarebbe reciproco. Questo perché in luogo del denaro domina il *baratto*, sulla base del quale entrambi i contraenti conoscono bene il valore delle merci che si scambiano. Sanno bene che il valore di un bene è stabilito dal tempo di lavoro necessario a produrlo da parte sia dell'uomo che della natura, senza interferenze di prezzi stabiliti dal mercato.

Nell'autoconsumo l'interdipendenza è solo fra produttore e consumatore, mentre quella che ci propone l'attuale sistema è una dipendenza unilaterale del consumatore nei confronti del mercato (nonché quella del produttore minore nei confronti di quello maggiore). Una delle componenti fondamentali del mercato è la borsa valori e cambi, che ancor meno del mercato può essere tenuta sotto controllo. Non solo la finanza marcia per conto proprio rispetto all'economia, ma ha anche il potere di distruggerla, in quanto fa della rendita un valore superiore alla stessa produzione capitalistica.

La comunità locale deve tornare a controllare l'uso dei mezzi produttivi locali, che le permettono di esistere e di riprodursi. Per poter controllare questo uso occorre ch'essa ne sia proprietaria esclusiva. I mezzi di produzione devono appartenere alla comunità locale.

Tutti i componenti della comunità locale devono chiedersi di cosa hanno bisogno per sopravvivere, senza dipendere dalle offerte del mercato. La produzione va finalizzata alle esigenze locali. E devono anche chiedersi, nel caso in cui avessero bisogno di qualcosa che non riescono a produrre, se sia davvero essenziale averla, o quale sia il modo migliore per ottenerla, senza arrecare danno alla natura, o quale sia il prezzo che l'autonomia può essere disposta a pagare per ottenerla, senza arrecare danno a se stessa.

Per mettere in piedi una comunità del genere vi sono solo due strade di carattere generale: o si attende che l'attuale sistema crolli rovinosamente, e allora saranno gli eventi che, in qualche maniera, costringeranno a compiere la scelta dell'autoconsumo (e questa è una strada molto dolorosa, già sperimentata, p.es., col crollo dell'impero romano); oppure si comincia subito a riflettere su come creare un'alternativa concreta, uscendo progressivamente dal mercato. Quest'ultima è una strada *pedagogica*, sicuramente molto meno dolorosa, in quanto ci si educa lentamente ma con decisione consapevole, senza particolari traumi (se non quelli artificiosi e pretestuosi della coscienza), nella convinzione che i tempi di realizzo degli obiettivi, a causa di abitudini collettive profondamente sbagliate, saranno sicuramente molto lunghi.

Bisogna partire da una riflessione *culturale* sui valori della vita, cercando però, nel contempo, di realizzare quelle piccole cose che modificano in maniera tangibile il nostro stile di vita. Noi non dobbiamo comportarci bene per far star meglio il sistema: dobbiamo uscirne, per il bene anche di chi non è consapevole della sua disumanità o della sua incapacità strutturale a risolvere i conflitti di classe, gli antagonismi sociali. È un lavoro continuativo, verso obiettivi sempre più importanti, in rapporto anche al numero di persone che si riescono a coinvolgere.

Per partire bisogna chiedersi anzitutto da dove provengono i nostri alimenti, come vengono prodotti e quante possibilità abbiamo d'intervenire sulla loro produzione e distribuzione. Il consumatore deve cercare il più possibile di stabilire un rapporto organico, non occasionale, coi produttori locali e organizzare, con questi, la produzione e lo smercio dei beni per la comunità locale. Il produttore deve sapere in anticipo ciò di cui la comunità locale ha bisogno. Produrre esclusivamente per realizzare profitti è immorale e chi lo fa va estromesso dalla comunità locale, o comunque va biasimato pubblicamente e sollecitato a cambiare atteggiamento.

Bisogna inoltre verificare se tutto quello che in questo momento stiamo usando è di fondamentale importanza per la nostra esistenza e se non è assolutamente sostituibile da nient'altro. Bisogna informarsi sulle possibili alternative praticabili. È noto infatti che, a parità di qualità, costa di più un prodotto reclamizzato o di marca. E se anche la qualità non è identica, bisogna abituarsi a considerare i vantaggi *sociali*, che non sono immediatamente quantificabili. Siamo p.es. abituati a mangiare frutta senza imperfezioni esterne, pur sapendo che una frutta del genere è stata trattata con sostanze cancerogene.

Pensiamo soltanto all'uso dei *dispenser* che sostituiscono i contenitori di plastica o di vetro che ogni volta acquistiamo quando il loro contenuto è finito: dall'acqua al vino, dal latte all'olio e all'aceto, dai saponi ai detersivi. Non è solo una questione di risparmio: è anche un modo per dire basta ai produttori di contenitori usa e getta, all'inquinamento dell'ambiente. È un modo per far capire al sistema che il consumatore vuole interagire col produttore, obbligandolo a fare scelte ecologiche e socialmente compatibili. La raccolta differenziata dei rifiuti non ha senso se, a monte, non si modificano delle abitudini sbagliate, dettate da logiche di mercato.

Ma pensiamo anche all'uso dei medicinali, in cui la chimica ha completamente sostituito la fitoterapia, una scienza durata non migliaia ma milioni di anni. E che dire di quella incredibile tragedia che abbiamo arrecato alla natura sostituendo l'energia prodotta dalla singola persona con quella prodotta dalle pile (si pensi, p.es., alla scomparsa degli orologi a carica manuale)? Cos'è più umiliante: dipendere dalla natura o da cose che, finito il loro ciclo, non si sa più come riutilizzare?

Corruzione, paura e coraggio

I

Gli intellettuali vivono un'esistenza separata da quella degli altri cittadini. Lo sanno tutti. Se si chiede loro di rendersi utili, pensano sempre a qualcosa di "intellettuale". Lo stesso concetto di "cultura" che hanno, coincide praticamente con quello di "nozione". Pensano di avere tanta più cultura quante più nozioni sanno. E poi si lamentano che, rispetto alla loro "cultura", non vengono sufficientemente valorizzati. Di qui la loro costante frustrazione, il loro male di vivere. Sono convinti che basti "sapere" per ottenere consenso, credibilità. Sotto questo aspetto non sono neppure capaci di "comunicare". Infatti si servono perlopiù di strumenti che sono adatti soltanto per altri intellettuali come loro.

Non a caso tendono a formare delle nicchie isolate, autoreferenziali, in cui il dibattito serve soltanto per confermarsi a vicenda. In queste piccole comunità vi è poi sempre la mistica del capo, cioè l'atteggiamento ossequioso verso chi mostra d'avere più conoscenze di tutti.

A scuola o all'università si servono di manuali. Generalmente usano lo strumento della parola scritta, che possono divulgare attraverso l'editoria o anche attraverso delle conferenze. Il rapporto però è sempre sbilanciato: nelle conferenze dicono molte cose e rispondono a poche domande. Non c'è tempo per un confronto alla pari, per un approfondimento di ciò che si è detto. L'intellettuale fa la sua conferenza (spesso a un pubblico che non conosce personalmente) e poi se ne va, lasciando ognuno da solo, col libro appena comprato. L'intellettuale considera il proprio scritto come una sorta di Bibbia per i suoi lettori. Per comprendere veramente il suo pensiero, bisogna prima leggersi almeno alcune sue pubblicazioni: chi non lo fa, sarà sempre in torto.

Non è però questo il modo di fare *cultura*. Paradossalmente ne fanno di più i politici, che in genere sono molto meno acculturati, ma possono vantarsi d'avere un rapporto più diretto con la popolazione, attraverso p.es. la quotidianità della televisione, oppure partecipando a tutte quelle iniziative locali e nazionali in cui vengono invitati (mostre, inaugurazioni, premiazioni, seminari, convegni...).

Inoltre i politici, nei vari luoghi di governo, hanno il grande vantaggio di poter disporre delle tasse dei cittadini, con le quali devono progettare cose per il presente, per soddisfare esigenze o interessi. È questo che li fa sentire importanti, talmente importanti che, spesso, non hanno scrupoli nel frodare la fiducia che in loro è stata riposta. I politici si sentono più vicini alla popolazione di quanto non lo siano gli intellettuali, ma non così vicini da ritenere del tutto anormale che il loro mestiere serva per arricchirsi.

Gli intellettuali detestano i politici anche per questa ragione: li vedono molto meno acculturati di loro, ma molto più potenti e benestanti. Gli intellettuali possono aspirare a dei ruoli di comando solo se i loro meriti vengono riconosciuti dai politici. Tutti gli altri devono arrangiarsi con la libera professione, cioè devono cercare di ottenere il più possibile dalle loro conoscenze (economisti, avvocati, manager...).

Un caso a parte sono i giornalisti, che rappresentano una sorta di via di mezzo tra i politici, gli intellettuali e i liberi professionisti. I giornalisti non sono dei politici, anzi, in genere, sono degli anti-politici, in quanto, avendo in mano i mass-media, si arrogano il diritto di rappresentare gli interessi dei cittadini, di tutti i cittadini, quindi non solo di quelli che hanno dato il loro voto a determinati politici.

Tuttavia i giornalisti non potrebbero sussistere col contributo economico volontario dei cittadini, neppure con gli introiti dovuti alla pubblicità. Hanno necessariamente bisogno di leggi parlamentari che prevedano uno storno delle tasse dei cittadini a favore dei mass-media. Quindi da un lato i giornalisti devono essere anti-politici per dimostrare che fanno gli interessi dei cittadini; dall'altro però hanno bisogno degli stessi politici per sopravvivere economicamente.

I giornalisti, in genere, non hanno la cultura degli intellettuali, perché sono troppo schiacciati sul presente, che è dominato da logiche politiche ed economiche. I giornalisti hanno bisogno di rincorrere l'attualità, esattamente come i politici, ed è questo che li rende importanti. Gestiscono potenti mezzi di comunicazione, pagati con le tasse dei cittadini, e si spartiscono coi politici il potere istituzionale, anche se in maniera particolare, in quanto non fanno le leggi, non le fanno eseguire, al massimo controllano se vengono eseguite.

Un giornalista deve soltanto dimostrare che ha diritto ad avere sovvenzioni statali: deve per forza creare una certa *audience*. Di qui la tendenza a esagerare, a fare di ogni caso particolare una regola. I giornalisti sono i principali responsabili dell'allarmismo sociale. Dicono che, senza di loro, non esisterebbe neppure la democrazia, ma il diritto di parola dovrebbero averlo tutti: non dovrebbe essere concesso da chi dispone di mezzi di comunicazione.

*

Quando pubblica una notizia un buon giornalista dovrebbe sempre chiedersi: "A che serve sapere tante cose se poi non riesci a interagire con ciò che conosci?". Un giornalista che volesse davvero interagire con chi intervista o con chi è oggetto del suo articolo, dovrebbe smettere di fare il giornalista. Questo vale anche per l'utente che legge o ascolta le sue news. Infatti se si interagisce, si è anzitutto politici o pedagogisti o psicologi o educatori o assistenti... tutto meno che giornalisti.

Chi non interagisce, si pone soltanto il problema di trovare qualche notizia per soddisfare una curiosità intellettuale, fine a se stessa, cioè per avere qualcosa da dire nella quotidiana conversazione: non si pone il compito di risolvere qualche problema o di modificare le cose.

Non possiamo rischiare di credere che la realtà sia solo quella che si vede o si legge o quella trasmessa dalle agenzie di stampa, nazionali e internazionali. Il giornalista si accorge della "realtà" solo dopo che qualcuno direttamente, insistentemente gliela comunica: altrimenti preferisce basarsi soltanto sulle agenzie, che dicono quello che vogliono. Lo stesso utente sprovveduto si accorge che esiste una realtà solo dopo che il giornalista gliel'ha comunicata. Anzi, ormai l'utente è così assuefatto ai drammi e alle tragedie che non si accorge della realtà neppure quando gliela comunicano. Il martellamento delle news drammatiche offre sempre di più effetti d'insopportabile insofferenza. Peraltro gli "orrori" sono talmente mescolati alle cose futili che li mettiamo sullo stesso piano, al punto che quando non li vediamo, ci chiediamo: "Com'è, oggi non è successo niente?".

La notizia non dovrebbe avere un valore in sé (come quando i giornalisti s'appellano al cosiddetto "diritto di cronaca", prescindendo da tutto), ma un valore come strumento di servizio alla collettività. Se questo è vero, allora ognuno dovrebbe avere la possibilità di essere *giornalista di se stesso*, cioè della propria vita, poiché solo una persona che vive una determinata esperienza (utile alla collettività) è in grado di raccontarla (per la forma stilistica si trova sempre qualcuno che ha studiato più di altri).

Questo significa che tutti i media andrebbero sottratti ai giornalisti di professione e restituiti ai cittadini che hanno qualcosa di significativo da dire, a quei cittadini, peraltro, che, pagando le tasse, avrebbero sicuramente *diritto* a usare i mezzi con cui esprimersi.

D'altro canto che mestiere è quello di chi "vive solo di riflesso", cioè solo quando vivono gli altri? E come si può sperare che un tale professionista, che parla (quando va bene) di esperienze altrui e non di aria fritta, abbia la precisione del linguaggio, l'aderenza alla realtà, la passione delle idee? Un giornalista rischia sempre di fare delle chiacchiere a vuoto o di fare da cassa di risonanza di idee altrui, quelle p.es. dei poteri forti.

Si badi: quando diciamo che l'informazione, per essere efficace, dovrebbe interagire con l'utente, non intendiamo che lo si debba fare su moduli precostituiti. È l'interazione medesima che deve suggerire il tipo di comunicazione adatta. Il telecomando non aumenta la democrazia quando un qualunque canale televisivo è sostanzialmente uguale all'altro, né l'aumenterebbe la possibilità (al momento irreale) di scegliere il finale di un film tra una serie di opzioni decise a priori da chi gestisce l'informazione in generale per puro business.

Il giornalismo oggi è completamente sganciato dall'idea di poter influire positivamente sulla realtà: non gli interessa l'idea di trasformare la società in un bene collettivo. Esso si è semplicemente ritagliato un proprio spazio di potere, che usa contro quello dei poteri concorrenziali: ha fatto dell'informazione il suo potere e con essa mira soltanto a generare liti e scandali, senza costruire alcunché di positivo.

Ma quando si presentano le cose negative come se non ci fosse alcuna vera alternativa, non si sta forse offrendo un'informazione disfattista, tendenziosa? Quando si presentano le cose in maniera estremistica, non s'induce forse l'utente a cercare soluzioni semplicistiche e autoritarie?

Il giornalismo sembra essere fatto da persone rancorose, che non sono state capace di entrare in politica o non hanno avuto la capacità di trovare consenso nell'ambito della gestione del potere (politico o economico). Oggi il giornalismo è così privo di regole che l'unico suo motivo d'esistere è quello di attaccare qualunque istituzione o qualunque coalizione politica si trovi a governare il Paese.

Che poi, essendo un sistema, quello giornalistico, che dipende dai finanziamenti pubblici, cioè dalle tasse di tutti i cittadini, le critiche distruttive arrivano sino a un certo punto: lo scopo dei giornalisti è soltanto quello di offrire l'illusione di un'alternativa reale, che è poi quella autoritaria, poiché a forza di parlare di cose negative è questo l'effetto che si produce, oltre a quelli quotidiani, come la corruzione, l'evasione fiscale, la criminalità organizzata...

Probabilmente il modo migliore per rappresentare democraticamente la realtà è quella di gestire l'informazione a livello *locale*, dove i bisogni e i problemi sono facilmente individuabili, dove i mezzi per trovare delle soluzioni potrebbero essere più facilmente reperibili, se non esistesse uno Stato centralizzato che fagocita tutto; dove comunque si può constatare più o meno direttamente se e quando un problema viene risolto.

Questo non per chiudersi in un gretto provincialismo, ma per un'esigenza di concretezza, di coerenza fra ciò che si sa e ciò che si può fare. D'altra parte non c'è modo migliore di aiutare un Paese in difficoltà che quello di vivere la piena democrazia nel proprio habitat quotidiano. Un giornalismo intelligente dovrebbe porsi il problema di come ripristinare l'ordine naturale delle cose, che è quello dal basso verso l'alto, cioè quello della *democrazia diretta*, partecipata, sempre meno delegata e formale.

In tal senso l'informazione dovrebbe essere pagata da chi la produce, e non dovrebbe esserci una differenza sostanziale tra chi paga i costi sociali dell'informazione e chi la produce operativamente. Non è possibile farla pagare né a chi vuole ricavarci sopra dei profitti e delle rendite, né a chi la subisce passivamente, senza poterla mai produrre.

Per poter produrre vera informazione, occorre vivere una realtà sociale, culturale e politica di un qualche significato utile alla collettività. L'informazione deve essere commisurata alla capacità di risolvere i problemi che mette in evidenza.

II

Tuttavia il mondo delle parole staccate dalla vita è rappresentato anzitutto e soprattutto dai politici di professione, che i cittadini eleggono periodicamente, assegnando loro una sorta di delega in bianco, poiché, per tutto il tempo in cui esercitano il mandato, sono praticamente liberi di fare ciò che vogliono. È vero che i cittadini possono votarne altri alle elezioni successive, ma è anche vero che si tratta di un "teatrino della politica": cambiano gli attori, ma la parte che recitano è sempre la stessa.

Il massimo della democrazia che la classe politica riesce ad esercitare è quella di controllarsi a vicenda, accusando l'avversario di qualunque cosa, soprattutto della rovina del paese. Tuttavia, di fronte all'antipolitica del paese, la casta di questi privilegiati assoluti ritrova subito la propria unità.

I politici sono padroni dell'arte oratoria e generalmente la usano per ingannare le masse. In teoria, nelle cosiddette "democrazie formali", dovrebbero essere tenuti sotto controllo, più che dai cittadini o dai loro elettori, dai giornalisti, ma - come già detto - questi generalmente vengono definiti dei lacché, in quanto dipendono, economicamente, dalla benevolenza dei politici, che fanno determinate leggi per sovvenzionare i loro mezzi di comunicazione. E se non dipendono da queste sovvenzioni pubbliche, i giornalisti dipendono sempre da quelle private, le quali, dati i grandi costi dei loro mezzi comunicativi, non possono certo basarsi sugli abbonamenti dei singoli cittadini: occorre sempre l'intervento finanziario dei grandi gruppi monopolistici. Questo quindi significa che se un giornalista non è un lacché di qualche politico o di qualche governo, lo è sempre di qualche impresa o banca.

Esiste un altro gruppo di intellettuali che dovrebbe controllare l'operato dei politici, rientrando nei propri compiti quello di controllare il comportamento di chiunque: è la magistratura. I magistrati non fanno le leggi, ma le fanno applicare e comminano sanzioni e pene quando non vengono rispettate. Il loro è un mestiere curioso, perché, indicativamente, sanno come le leggi dovrebbero essere fatte, perché le cose funzionino al meglio, ma non possono far nulla per modificarle. Devono aspettare che lo siano in Parlamento, dove però le dinamiche per approvarle sono molto complicate e i tempi troppo lunghi.

Tra magistratura e politica vi può essere un rapporto molto difficile, soprattutto quando i politici sono particolarmente corrotti. Nel nostro paese i magistrati non sono eletti dei cittadini, ma, per esercitare il loro mestiere "pubblico", devono vincere un concorso e poi devono essere scelti dal potere politico in certi ruoli di comando istituzionale.

Quando svolge le sue funzioni pubbliche, la magistratura dovrebbe, in teoria, essere separata dalla politica; in realtà ne dipende, tant'è che i politici possono servirsi di propri ispettori per controllare l'operato di quei magistrati ritenuti "scomodi". Generalmente, quanto più la politica è corrotta, tanto più vuole tenere la magistratura sotto controllo, e questa, ovviamente, cerca di difendersi con tutti i mezzi a sua disposizione (intercettazioni, confessioni dei pentiti, rogatorie internazionali ecc.), nella consapevolezza di una lotta impari, dagli esiti sempre incerti.

Per superare la corruzione e quindi l'arroganza dei politici, i magistrati hanno bisogno del consenso popolare, che per loro vuol dire soprattutto un certo appoggio da parte dei giornalisti. Quando i magistrati più combattivi s'accorgono di stare conducendo una battaglia troppo ardua rispetto alle loro forze, facilmente entrano in politica. Ma se lo fanno, quelli che credono nel valore della giustizia inevitabilmente tendono a spegnersi o finiscono con l'essere travolti da meccanismi più grandi di loro, che non sono in grado di controllare.

Il sistema politico resta sempre più perverso di quello giudiziario, proprio perché i politici devono saper dimostrare che l'incoerenza non è un disvalore quando sono in gioco i loro interessi personali. I magistrati devono cercare di applicare con coerenza le leggi che ricevono, ma i politici hanno facoltà di cambiarle come e quando vogliono.

III

Che cosa si può fare per uscire da questo *impasse*? Le strade, nella storia, sono sempre state due: o rafforzare di molto l'esecutivo, con un colpo di stato militare o con una repubblica presidenziale, che è una sorta di monarchia mascherata (in tal modo la corruzione può agire indisturbata, anche se ovviamente i poteri costituiti diranno il contrario), oppure compiere una rivoluzione democratica. Nel primo caso ci si affida alle forze dell'ordine, nel secondo al popolo. La via di mezzo sta nel servirsi del popolo per compiere una rivoluzione apparente (come fecero il nazismo e il fascismo) e poi creare nuove situazioni di privilegio esclusivo.

Generalmente le forze dell'ordine sono a disposizione sia della politica che della magistratura. Col concetto di "forza dell'ordine" s'intendono in Italia fondamentalmente tre corpi: la polizia, i carabinieri e l'esercito, ma vi sono anche la marina, l'aviazione, i corpi paramilitari, i servizi segreti, ecc.

Le forze dell'ordine sono un altro corpo separato dalla cittadinanza, esattamente come i politici, i giornalisti, i magistrati e gli intellettuali in genere. Con una differenza fondamentale: le forze dell'ordine è come se vivessero nell'ombra. In teoria dovrebbero essere tenute sotto il controllo dei politici, ma questi hanno nei confronti delle forze dell'ordine un atteggiamento quasi reverenziale, come se sapessero che, senza il loro appoggio, la corruzione sarebbe impossibile. Assai raramente i politici rispondono negativamente alle richieste delle forze dell'ordine: se queste infatti si ribellano, chi le fermerà?

Inevitabilmente quindi la corruzione è grande anche all'interno delle forze dell'ordine, per quanto esse siano tenute a collaborare con la magistratura per reprimere il crimine e controllare la tranquillità di un paese. È vero ch'esse vivono all'ombra degli schiamazzi della politica e dei pettegolezzi del giornalismo, ma è anche vero che sono corpi così separati che è praticamente impossibile coglierli con le mani nel sacco. Esercito, marina e aviazione si avvalgono di organi giudiziari interni, e solo se ci sono casi eclatanti di corruzione, si viene a sapere qualcosa.

Essendo le più lontane dalla politica, le forze dell'ordine dovrebbero, in teoria, essere le meno corrotte, ma in pratica sono le più pericolose, proprio perché dispongono di un enorme potere, che difficilmente qualcuno potrebbe loro contestare. Esse infatti sono le uniche ad essere armate e quando si muovono, fanno davvero paura. Loro sono abituati a ragionare in termini di pura forza fisica e non sanno che farsene dell'etica o del diritto. Quando le forze dell'ordine arrivano a prendere il potere - e in genere lo fanno cogliendo a pretesto proprio la corruzione dei politici -, nessuno le può fermare, se non il popolo in rivolta.

Le rivoluzioni scoppiano quando i cittadini non ne possono più della corruzione del potere, e soprattutto quando si convincono che le istituzioni non hanno alcuna possibilità di modificare il sistema. Le rivoluzioni sono rare nella storia, anche perché il potere corrotto, piuttosto che farle scoppiare, preferisce scatenare delle guerre contro dei nemici esterni alla nazione. Tuttavia quando esse avvengono, difficilmente le cose restano come prima. Quando la gente comune arriva a pensare di non aver più niente da perdere, neppure la propria vita, neppure i propri figli, anche le forze dell'ordine cominciano ad avere paura.

L'epicureismo in politica

L'epicureo che si preoccupava d'essere imperturbabile era in fondo un intellettuale astratto, alienato. Di fronte allo schiavismo imperante, cioè al lusso sfrenato dei ricchi, alle sofferenze dei più e alla corruzione in cui tutti, in un modo o nell'altro, dovevano assoggettarsi, il ritirarsi a vita privata, in una comunità simile a quelle cristiano-monastiche di qualche secolo dopo, poteva anche apparire una scelta difficile, onerosa, ma, in fondo, era una scelta di comodo.

Peraltro è evidente che se ci si rinchiude in una congrega di pochi adepti, in cui i mezzi a disposizione sono davvero pochi, non si può che predicare la moderazione sotto ogni punto di vista, morale e materiale.

L'epicureismo assomiglia molto alle comunità indo-buddiste di qualche secolo prima; per certi versi anche nella concezione religiosa, in quanto, se è vero che il buddismo era una forma di ateismo, l'epicureismo è una forma di agnosticismo, nel senso che separa nettamente gli dèi dagli uomini. Gli dèi son concepiti come statue da contemplare: non provano emozioni, non distribuiscono premi o punizioni, non esaudiscono desideri, non soddisfano bisogni. Quindi, in un certo senso, che ci siano o non ci siano, non cambia nulla.

Secoli prima dei borghesi empiristi e materialisti, gli epicurei erano riusciti a far capire che si può vivere come se non esista alcun dio. Di qui l'odio incredibile che i teologi medievali provavano nei loro confronti. Essere epicureo era rischioso: era sinonimo di ateismo cinismo materialismo egoismo immoralità... Quando deve spiegare che un determinato dannato (p.es. Federico II di Svevia) era un ateo o un miscredente, a Dante è sufficiente dire ch'era epicureo.

Eppure platonismo e aristotelismo, che pur i teologi cristiani non hanno mai disprezzato, non erano meno falsi dell'epicureismo. Semmai il limite dell'epicureismo stava altrove, e precisamente nel fatto che riteneva l'epoca preistorica, quella tribale e pre-schiavistica, caratterizzata dall'*ira* come prodotto della precarietà della condizione umana. Opposta all'ira l'epicureo faceva valere l'*atarassia*, appunto l'imperturbabilità.

Uno può pensare che l'epicureismo, col suo culto dell'amicizia, sia una corrente di pensiero favorevole al comunitarismo. In realtà è una filosofia individualistica, che cerca nella comunità un rimedio (che poi diventa un ripiego) alle proprie debolezze. Si entra in comunità solo perché ci si sente dei falliti nella vita di società. Di questa comunità non si fa il luogo in cui realizzare un'alternativa, combattendo le contraddizioni del sistema, ma un semplice rifugio personale, ovattato, in cui si compie solo un lavoro su di sé. In comunità si vive nascosti.

L'epicureo interpreta l'uomo preistorico col medesimo metro con cui interpreta il cittadino civilizzato, il quale, nell'epoca schiavistica, vuole emergere a tutti i costi, poiché teme che gli possa accadere il peggio. Scoprendosi nudi e indifesi contro le insidie dell'ambiente circostante, in preda ad atavici terrori, i nostri antenati avrebbero imparato a reagire aggredendo i potenziali nemici, uomini o animali che fossero. Ecco cosa pensa l'epicureismo dell'uomo preistorico.

Praticamente esso sovrapponeva il giudizio che dava dello schiavismo come sistema di vita a quello che dava di un periodo storico che invece ne era l'opposto. E lo fa precisando una sola differenza, quella secondo cui nella preistoria l'aggressività era "secondo natura", cioè funzionale alla vita selvatica, essendo questa simile a quella degli animali, mentre, con la nascita della *polis*, gli uomini hanno potuto beneficiare dei vantaggi del vivere sociale, della solidità degli affetti familiari, ecc.

E allora da che cosa nasce l'odio reciproco che impedisce agli uomini di vivere tranquilli e sereni? La risposta a questa domanda indica proprio l'intellettualismo di Epicuro. È l'ignoranza relativa al funzionamento della realtà (i cosiddetti atomi infiniti che si aggregano e disgregano secondo cause meccaniche) che alimenta false opinioni e superstizioni d'ogni sorta.[4] La gente soffre di passioni malsane, fobie, manie, paranoie, semplicemente perché non è abbastanza "filosofa".

L'epicureismo è come un rimedio psicologico, una psicoterapia. Alle persone interiormente malate chiede di accettare del sistema le leggi dominanti, quelle relative allo schiavismo; per il resto invece chiede di resistere, con uno sforzo morale, agli effetti collaterali di queste leggi. Di qui il netto rifiuto della vita politica.

Va detto tuttavia che l'epicureismo non giunse mai al comunismo non perché non abbastanza materialistico né perché a quel tempo mancavano i "presupposti materiali" per arrivarci (questo modo "marxista" di ragionare è sbagliato, anzi, in un certo senso andrebbe rovesciato). Non vi giunse semplicemente perché era una scelta di vita intellettualistica.

Se consideriamo infatti che lo schiavismo fu un sistema di vita immediatamente successivo al comunismo primitivo, dovremmo dire, proprio per la "memoria" che ancora si aveva di ciò che si era perduto,

---

[4] Peraltro nella prospettiva epicurea, se è vero che i singoli atomi abbandonano la loro individualità per dar vita agli aggregati, è anche vero che quando questi si disgregano, gli atomi ritornano nella loro autonomia originaria e autoreferenziale.

che a quel tempo era più facile un ripensamento, cioè sarebbe stato più facile decidere di tornare indietro, rispetto alla scelta ch'era stata fatta a favore dello schiavismo, proprio perché quest'ultimo non aveva ancora distrutto tutto a livello internazionale. Tribù primordiali esistevano ancora in Asia, Africa, America e Oceania. Non mancavano i "presupposti materiali" (lo sviluppo delle forze produttive) per realizzare la transizione. Anzi, quanto più queste forze si sono sviluppate, tanto meno vi è stata la possibilità di una transizione al socialismo, meno che mai un ritorno a quello primordiale.

Tutte le teorie socialistiche elaborate nell'Ottocento sono partite dal presupposto che della società borghese non si dovessero affatto buttar via le conquiste tecnico-scientifiche. Ecco perché nessuna di quelle teorie ha realizzato qualcosa di efficace sul piano pratico. Esse, non avendo più "memoria" del primordiale comunismo, han dovuto far leva sul "desiderio" di superare le contraddizioni del capitalismo. Ma un desiderio senza memoria brancola nel buio, procede alla cieca e s'accorge dei pericoli solo dopo esserci andato a sbattere.

Questo significa che vi sono sempre meno possibilità per una transizione al socialismo democratico, almeno finché le società opulente possono continuare a esistere sfruttando le loro "colonie" (termine questo non "politicamente corretto"). Se le "colonie" si ribellassero, il capitalismo delle madrepatrie sarebbe costretto ad affrontare internamente le proprie contraddizioni, senza scaricarne all'esterno tutto il loro peso. In attesa che lo facciano, noi non possiamo certo stare con le mani in mano o vivere come epicurei, cioè rinchiusi in isole (apparentemente) felici. Se davvero avessimo il coraggio di farlo, noi dovremmo anzitutto *rinunciare a tutto ciò che di tecnologico si frappone nei nostri rapporti interpersonali*. Giusto per dare una scossa ai mercati e far capire ai produttori che le loro merci non sono così indispensabili.

Il pregio di cercare alternative

L'intera vita occidentale è ormai diventata di un'assurdità inusitata. A tale constatazione non possiamo neppur aggiungere: "pur dopo sessant'anni di pace entro i confini di Stati Uniti, Europa e Giappone", perché diremmo una sciocchezza. Abbiamo in realtà avuto decine di conflitti regionali, in varie parti del pianeta, in cui in un modo o nell'altro siamo stati coinvolti, e la situazione sociale, interna alle nazioni economicamente più avanzate, mostra una crescente tensione, specie dopo l'ultimo dissesto finanziario originatosi negli Usa nel 2008 a causa delle speculazioni finanziarie sui debiti immobiliari e diffusosi quasi ovunque nel mondo. La crisi, generata dalle banche, dagli istituti finanziari, dalle borse, dalle speculazioni dei broker, da manager senza scrupoli e da affaristi di ogni risma, è stata fatta pagare ai lavoratori e ora che una timida ripresa sembra affacciarsi sui mercati, i livelli occupazionali restano al palo, anzi continuano a calare: ciò a riprova che le leggi del capitale sono opposte a quelle del lavoro.

Gli occidentali sembrano essere diventati un problema irrisolvibile per l'intero pianeta e tuttavia, dopo il crollo del "socialismo reale", la loro cultura del business, in Cina, in Russia, in India, in Brasile e in tanti altri territori che fino a poco tempo o facevano parte del blocco socialista o appartenevano al cosiddetto "Terzo mondo", non è più vista come una sorta d'invasione extraterrestre, ma come un modello da imitare, il più in fretta possibile, sfruttando a piene mani le risorse umane e naturali, ovunque esse si trovino.

*

Fondamentalmente noi siamo nocivi alla salute e all'ambiente, intenzionati a vivere di rendita sino al giudizio universale e privi di idee credibili, in quanto costantemente incoerenti nella pratica. Viviamo senza far nulla di davvero utile all'umanità. La quasi totalità dei consumatori occidentali non sa neppure l'origine di ciò che mangia, non conosce la fatica che ci vuole a produrre il proprio cibo. Noi conosciamo il nome dell'azienda che lo produce o lo smercia, ma non conosciamo chi materialmente lo realizza, in quali condizioni lo fa, se viene equamente retribuito, ecc. Sappiamo soltanto che di sicuro non è lui a decidere il prezzo dei suoi prodotti. Per il resto nulla di nulla, e poi con qualche scrupolo di coscienza parliamo di "commercio equo solidale".

Non sappiamo da dove, precisamente, viene ciò che usiamo, a parte la generica provenienza della nazione. Anzi, quando ci dicono che molte cose provengono dal Terzo mondo, pensiamo di essere noi a fare un piacere a loro comprando i beni che producono. Come se loro fossero sui mercati coi nostri stessi titoli e privilegi! Come se i monopoli che sui mercati di tutto il mondo vendono i loro prodotti appartenessero a loro!

Anche quando pensiamo di essere utili a qualcuno, in realtà produciamo cose che altri han già deciso per noi (i proprietari dei nostri mezzi di lavoro); cose che sicuramente non faranno il bene della natura, poiché sono tutte artificiali (dove la chimica, i derivati del petrolio e altre sostanze di sintesi hanno assoluta preminenza); cose che faranno anche crescere il prodotto interno lordo di una nazione ma che non miglioreranno la *qualità della vita*, proprio perché noi non sappiamo più cosa voglia dire "vivere in maniera naturale".

Per noi "qualità" vuol dire "comodità", cioè ottenere le stesse cose e anche di più e meglio, il più velocemente possibile (per risparmiare sul tempo, che è un nemico mortale per l'obsolescenza dei macchinari), il meno faticosamente possibile (per risparmiare sul costo del lavoro) e, nel migliore dei casi, il meno pericolosamente possibile, onde evitare che le spese della formazione incontrino ostacoli insormontabili nei problemi della sicurezza (ma, in quest'ultimo caso, ci vuole una dirigenza davvero illuminata, poiché l'enorme bisogno di lavorare da parte di tanti disoccupati fa soprassedere a un problema del genere).

In pratica "qualità della vita" vuol dire "godersi la vita", lasciando ad altri il compito di faticare e di rischiare veramente. "Qualità della vita" significa aver tempo libero da dedicare ai propri interessi individuali o di piccolo gruppo.

Noi c'illudiamo d'"essere noi stessi" quando pensiamo di poterlo essere in maniera autonoma. Quando p.es. viviamo da sedentari e quindi da alienati, e ci ritagliamo un certo spazio per fare ginnastica, cioè per bruciare energie e restare in forma, non per produrre qualcosa di utile alla comunità (salvo il fatto che, se siamo in salute, la sanità pubblica spende meno per noi).

Le nostre case, per fare un altro esempio, non servono solo per mangiare e dormire, ma anche e soprattutto per viverci. La nostra vita è chiusa nelle quattro mura delle nostre abitazioni, che per noi sono un punto di forza del nostro benessere. Chiusi così, non abbiamo coscienza di nulla, non ci interessa più di tanto quel che sta fuori. Le news ci arrivano attraverso la televisione, mescolate assurdamente tra loro, dalle tragiche alle insulse, con assoluta indifferenza, come se fossero soltanto merci da vendere in un grande supermercato, dove pensiamo che la libertà stia nel poter scegliere tra venti dentifrici diversi. Le news dicono tante cose, ma su nessuna di esse si può far qualcosa. Si può soltanto cambiare velocemente canale, per vedere e sentire sempre le stesse cose. Chi naviga in rete pensa di poter "interagire" con qualcuno, illudendosi di poter incidere su qualcosa o di poter avere ampie conoscenze con cui amministrare meglio la propria vita. Si pensa che, essendo in tanti, un qualche potere di resistenza o di cambiamento delle cose, lo si abbia e a volte sembra effettivamente così.

Ma i poteri forti non mollano, hanno più resistenza di noi, più mezzi, e tornano all'attacco, aggiustando il tiro delle loro restrizioni, il cui scopo è sempre quello di tutelare dei privilegi acquisiti. Non basta la rete *virtuale* per resistere, ci vuole anche quella *reale*.

*

La nostra democrazia è la nostra dittatura quotidiana, che non ha bisogno d'essere feroce, in quanto ci ha già svuotati dentro. Siamo come pinoli chiusi, che all'apparenza sembriamo pieni, ma che si schiacciano al primo colpo.

Ci siamo illusi che dagli operai, dagli studenti, dagli intellettuali progressisti, dalla Russia e dalla Cina comuniste, dal Terzo mondo anticapitalista o non-allineato potessero venir fuori idee rivoluzionarie, in grado di cambiare le cose nella *sostanza*. Invece al massimo sono state cambiate alcune forme, alcune leggi, alcune abitudini, ma la sostanza è rimasta uguale: noi continuiamo a non restare padroni della nostra vita, siamo *eterodiretti*. Che sia un monopolio politico o economico non fa differenza. Che l'ideologia si serva dello Stato, del partito o delle aziende non cambia nulla.

La democrazia parlamentare, formale, statale, delegata, e poi il mercato, il valore di scambio, i bisogni indotti, i capitali dominanti, i profitti estorti, le rendite vergognose, gli interessi accumulati, la corruzione dilagante - tutto questo è la nostra alienazione, la nostra dittatura quotidiana.

Noi dobbiamo uscire da questo stato di cose, se ci è rimasto un briciolo di dignità. Dobbiamo opporre resistenza affermando insieme un'autonomia produttiva, una sorta di autoconsumo para-feudale, senza servaggi, senza clericalismi di sorta, in cui sia finalmente il *valore d'uso delle cose* a farla da padrone.

*

Quali possono essere le prime regole fondamentali per *riappropriarci* della nostra vita, cercando di delegare ad altri meno cose possibili?

1. Non usare mai nulla che la natura non possa riciclare agevolmente.

2. Le cose che servono per vivere devono durare il più possibile, ma il loro smaltimento non deve essere pagato da chi verrà dopo di noi: in casa della natura siamo "ospiti", non "padroni".

3. Se proprio si è costretti a scegliere tra esigenze umane e naturali, scegliere quelle naturali, perché si sbaglia di meno.

4. Prima di creare qualcosa di artificiale chiedersi se quanto si trova in natura può essere sufficiente.

5. Quando è in gioco la sopravvivenza di un collettivo di vita, non fare mai scelte a titolo individuale.

6. Progresso significa migliorare i rapporti con la natura, conservandola il più possibile integra e permettendole una facile riproduzione.

7. Primato del valore d'uso vuol dire anzitutto primato dell'autoconsumo.

8. Non parlare di cose che non si conoscono, che non riguardano la vita del proprio gruppo o su cui non si può offrire alcun contributo significativo per migliorarle.

9. Ricomporre tutto il sapere intorno alle cose essenziali che servono per vivere e riprodursi.

10. Attenersi alle regole fondamentali della democrazia diretta:

    - nessuna decisione è irrevocabile;

    - il bisogno è superiore alla legge;

    - più bisogni più diritti;

    - nessun ruolo o funzione può essere a vita o ereditario, cioè nessuno è insostituibile o infallibile, neanche un organo collettivo;

    - la minoranza deve rispettare la volontà della maggioranza, previo dibattito franco e aperto;

    - a ognuno secondo il bisogno, da ognuno secondo le capacità;

    - le esigenze di un collettivo sono sempre superiori a quelle del singolo individuo;

- la violazione della libertà di coscienza comporta la violazione di qualunque altra legge;

- più la democrazia è delegata e meno poteri deve avere;

- il diritto di espressione non può essere usato fino al punto da compromettere il diritto di associazione;

- metodo e contenuto, sostanza e forma devono il più possibile coincidere;

- la verità è sempre relativa alle condizioni di spazio e tempo, anche se la verità oggettiva, decisa in maniera collegiale, è superiore a quella soggettiva.

Il destino che ci attende

Non siamo figli dei nostri genitori più di quanto non lo siamo del genere umano. Non possiamo sentirci vincolati a dei rapporti biologici quando ciò che ci caratterizza come esseri umani è soltanto la nostra *umanità*. Siamo tutti figli dell'universo e nessuno può pretendere, solo perché padre, di dire a un altro, solo perché figlio, come deve vivere la sua vita.

Gli uomini sanno che senza memoria storica non c'è futuro, ma devono essere lasciati liberi di capirlo, anche perché non tutto, del passato, merita d'essere conservato.

Tutto il genere umano è parte di un destino comune, in cui le forme dell'esistenza possono essere diversissime, ma la sostanza resta sempre la stessa: la *libertà*, di cui quella di *coscienza* è in assoluto la più importante.

Il genere umano ha il dovere di comprendere cosa significa *essere liberi*. I tempi possono essere lunghi o corti, gli errori possono essere tanti o pochi, ma il destino è uno solo, uguale per tutti. È da quando è nato lo schiavismo che abbiamo smesso di capire che cosa sia la *libertà*. E fino ad oggi, nonostante tutti gli sforzi compiuti per vincere l'oppressione, ancora non siamo riusciti a realizzare il nostro compito.

Abbiamo buttato via migliaia di anni, illudendoci di poter superare la schiavitù senza affrontare alla radice il problema della *libertà*. E così siamo passati da una schiavitù all'altra, mutandone solo le forme, rendendole sempre più subdole e sofisticate.

Un tempo, quando esisteva la schiavitù fisica, esistevano anche tante popolazioni libere, e una speranza di tornare liberi c'era. Oggi è l'intero mondo ad essere sottomesso alla volontà di chi detiene capitali. Che speranza possiamo avere di uscirne? Non possiamo più attendere che altri vengano a liberarci. Dobbiamo farlo da soli. Dobbiamo mettere paura a chi ci domina. E soprattutto dobbiamo porre le basi perché, dopo aver cacciato i mercanti dal tempio, non abbiano la possibilità di ritornarci. Dobbiamo porre le condizioni perché la rivoluzione planetaria non venga strumentalizzata da qualcuno per compiere una controrivoluzione, come coi maiali di Orwell.

È indubbiamente questo il compito più difficile. È infatti più facile odiare il nemico al punto da volerlo definitivamente abbattere che, una volta abbattuto, non diventare come lui.

L'unica vera condizione per poter affrontare in maniera concreta questo problema è quella di *tenerci sotto controllo*, cioè quella di creare dei *collettivi* in cui la *responsabilità delle azioni resti personale e diretta*, ovvero i poteri delegati siano di *breve durata, rivedibili in qualunque momento* e *mai così ampi da risultare incontrollabili*.

Collettivi di questo genere non possono essere molto vasti, altrimenti la democrazia si trasforma inevitabilmente in un qualcosa di formale, appunto perché prevede l'istituto della *delega*, della *rappresentanza parlamentare*, che è la principale forma in cui la borghesia esercita la propria dittatura.

Ma perché un collettivo possa essere politicamente autonomo, occorre che lo sia anche economicamente: di qui l'importanza dell'*autoproduzione* e dell'*autoconsumo*. Stato e mercato sono due nemici da abbattere. *Patti di solidarietà tra collettivi* e *scambio alla pari di beni eccedenti* sono le alternative che dobbiamo realizzare. E dobbiamo farlo anche a costo di opporre generazione a generazione, anche a costo di far fuori i nostri padri.

Le inutili alternative

Il problema maggiore delle moderne civiltà è che qualunque tentativo si faccia per risolvere determinati problemi finisce sempre per produrre nuovi problemi, spesso ancora più gravi dei precedenti. Noi sembriamo destinati a ottenere il contrario di ciò che vorremmo.

Prima che le civiltà antagonistiche comparissero si doveva cercare di conservare, il più possibile inalterato, tutto il passato, per poter avere delle certezze sul futuro. Oggi invece non abbiamo alcuna cognizione del passato e viviamo alla giornata, del tutto ignari di ciò che ci attende, tanto che qualunque evento, anche disastroso come un crac borsistico, ci giunge assolutamente inatteso e pensiamo che prima o poi si risolva da sé (si pensi solo a quanto furono impreviste le due guerre mondiali).

Ci convinciamo di non poter far nulla, accampando il pretesto che, facendo qualcosa, peggioreremmo la situazione. In realtà se non facciamo niente, le cose peggioreranno lo stesso, proprio perché esse sono frutto di rapporti antagonistici, le cui contraddizioni, stante l'attuale sistema che le produce, risultano irrisolvibili.

Infatti, quando si ha l'impressione ch'esse siano meno pesanti da sopportare, è perché il loro carico maggiore è stato trasferito su categorie sociali più deboli, sicché i molti stan pagando per far contenti i pochi privilegiati. E questo meccanismo si verifica in tutti i livelli territoriali: locale regionale nazionale continentale mondiale, essendo essi strettamente intrecciati. P.es. è vero che, in ambito nazionale, esiste un'imprenditoria che sfrutta la propria componente operaia, ma esse, insieme, sfruttano le aree del Terzo mondo.

Insomma non c'è solidarietà tra sfruttati: ognuno se la deve vedere da solo coi propri "padroni". Il capitale vuole il globalismo per gli scambi commerciali e finanziari e per il mercato del lavoro, ma si opporrebbe con qualunque mezzo, anche il più devastante possibile, all'idea di un'opposizione internazionale al sistema.

Il crollo dell'impero romano (la maggiore società schiavistica del mondo antico) dovremmo vederlo come esempio emblematico a livello territoriale (in quanto i suoi confini erano abbastanza definiti), di cosa potrebbe accadere al nostro sistema, se non s'inverte la rotta: un sistema che è capitalistico, i cui confini non esistono, essendo un fenomeno mondiale.

La differenza, tra allora e oggi, è che a quel tempo esistevano, in Asia e in Europa orientale, molte popolazioni in grado di opporre resi-

stenza all'idea di "schiavismo"; oggi invece l'idea di "socialismo" sembra
aver perduto qualunque forza propulsiva. Il motore della nave s'è spento
e non possiamo sostituirlo con la vela, perché ci era stato detto che, in
nome del progresso tecnologico, non ne avremmo più avuto bisogno.
Siamo praticamente in balia dei venti.

I meccanismi d'autosviluppo del capitalismo

Se c'è una cosa che il XX sec. ha saputo relativizzare è la famosa tesi marxista secondo cui a ogni grado di sviluppo delle forze produttive corrisponde una forma precisa di rapporti produttivi. I fatti hanno dimostrato che il capitalismo e il socialismo possono coesistere e svilupparsi su una stessa base tecnica e materiale. La struttura delle forze produttive capitalistiche s'è rivelata così eterogenea che le possibilità di sviluppo dei rapporti produttivi appaiono molto più grandi di quel che fino a ieri si pensava.

Ma allora: come va intesa l'espressione "maturità delle premesse materiali per la transizione dal capitalismo al socialismo"? Come noto, i marxisti, sin dalla fine del secolo scorso e, a fortiori, dopo l'Ottobre, han sempre sostenuto che la transizione è mancata in occidente non per l'assenza dei prerequisiti materiali ma per l'immaturità delle premesse soggettive.

Le cose tuttavia non sono così semplici. Naturalmente la formula "maturità delle premesse materiali" ha diritto d'esistenza. Essa presuppone un livello di socializzazione della produzione capitalista che autorizza oggettivamente la sua riorganizzazione socialista. Ma questo non significa che lo sviluppo del capitalismo sia finito in un vicolo cieco. In altre parole, la maturità delle premesse oggettive non è una situazione di *courte durée*, bensì di un intero periodo storico, durante il quale entrambi i modi di produzione possono funzionare su una medesima base tecno-materiale.

Se le cose stanno così, è evidente che il problema - poste le debite premesse materiali - va al di là della pura e semplice "maturità" o "arretratezza" del fattore soggettivo. Teoricamente, la transizione al socialismo può essere provocata sia da una situazione estrema, allorché in un paese (o gruppo di paesi) si scatena, per ragioni specifiche, una crisi nazionale, mandando in tilt l'intero sistema delle relazioni sociali; oppure può dipendere dai risultati effettivi della competizione globale delle due formazioni mondiali, allorché la superiorità del socialismo può indurre ampi strati sociali del capitalismo a desiderare un'alternativa. L'Ottobre 1917 e le rivoluzioni democratico-popolari e socialiste scoppiate dopo la II guerra mondiale rientrano nel primo esempio. La seconda variante non è per il momento che una mera possibilità.

Data questa interpretazione, sorge subito un'altra questione: fino a che punto è giunta la tesi - classica nella letteratura marxista - secondo cui l'acuirsi delle contraddizioni capitalistiche diminuisce sempre più la possibilità di risolverle all'interno di questo sistema? La tesi, come noto, presuppone ciò che per ora sembra non essere, e cioè che il capitalismo possa avere soltanto un'evoluzione limitata. A ben guardare, in effetti, le possibilità di sviluppo del capitalismo, col tempo, non sono diminuite ma aumentate: basta fare i confronti fra l'oggi e l'inizio del secolo. Che poi i mutamenti siano avvenuti non in modo pacifico ma a prezzo di forti scosse e traumi, ciò non cambia le cose. Il capitalismo ha dimostrato di possedere forti meccanismi di *self-regulation*, per mezzo dei quali può periodicamente superare le contraddizioni che si accumulano e gestire le crisi che scoppiano.

Di quali meccanismi si tratta? Anzitutto, quello del mercato, che regola la produzione capitalista; in secondo luogo quello della lotta di classe fra lavoro e capitale, che riequilibra le proporzioni della riproduzione sociale a vantaggio del capitale; in terzo luogo quello dello Stato, che regola i rapporti sociali nel loro insieme; infine quello dell'apparato ideologico, che agisce sul clima socio-psicologico dell'intera socictà. Non essendo fissi e immutabili, questi meccanismi s'adattano facilmente alle diverse esigenze, ai diversi mutamenti del sistema.

Dall'economia attiva alla finanza passiva

Qual è la differenza fondamentale tra economia e finanza? La differenza sta nel fatto che per circa mezzo millennio (ma se guardiamo l'Italia comunale dobbiamo raddoppiare il periodo) il capitale è stato usato per produrre beni industriali (o comunque manifatturieri); oggi invece il capitale come denaro pretende di autogestirsi e di dettare legge anche alla produzione. La moneta, figlia legittima della merce, si sta ribellando contro la propria madre. E una madre severa non può far nulla contro una figlia viziata.

In questo momento le banche, gli istituti finanziari e di credito, gli speculatori di borsa sono i veri protagonisti della vita economica del mondo, sia esso industrializzato o no. Stiamo assistendo a un passaggio epocale, analogo a quello che nel mondo romano portò alla supremazia degli imperatori-generali sul Senato, composto prevalentemente dai latifondisti e da una borghesia arricchitasi con lo sfruttamento delle colonie, gli appalti, la compravendita degli schiavi, l'usura ecc.

La finanziarizzazione moderna dell'economia è iniziata dopo la guerra civile americana, con la prestigiosa ascesa della borsa di New York (1869): da allora l'andamento della borsa è diventato un termometro essenziale dell'andamento delle varie economie. Le principali crisi economiche hanno avuto nella borsa il loro epicentro. La prima fu quella del 1873, seguita dalla crisi del 1890 e da quella del 1907.

Queste crisi contribuirono non poco allo scoppio della I guerra mondiale, la quale, come un effetto domino, portò al crac del 1929, il quale, a sua volta, portò allo scoppio della II guerra mondiale. Gli effetti dei disastri finanziari sono sempre di lunga durata. In risposta alla catastrofe della I guerra mondiale l'unica alternativa che il capitalismo riuscì a inventarsi fu la dittatura dei regimi nazi-fascisti, i quali però, essendo economicamente fallimentari, furono costretti a far scoppiare la II guerra mondiale. E la fine di questa guerra, molto più devastante della prima, comportò la nascita dello *Stato sociale*, che voleva essere la risposta "borghese" al socialismo statale che s'andava diffondendo nell'Europa orientale, in Cina e in altri paesi ancora.

A partire dagli anni Ottanta i grandi capitali di tutto il mondo hanno iniziato a smantellare lo Stato sociale (*deregulation*), cercando di porre le condizioni per cui divenga necessario ripristinare l'idea, in nome dell'anticomunismo o dell'antiterrorismo, di una dittatura militare, che è più facile da gestire sul piano politico e meno onerosa su quello economico. Almeno in teoria. Queste dittature infatti comportano sempre, sia come causa che come effetto, un generale impoverimento della società, cui si cerca di rispondere aumentando la tensione a livello internazionale, cioè subordinando la politica estera a quella militare, nel senso che tutto il peso delle contraddizioni interne viene scaricato all'esterno.

La dittatura, più che degli imprenditori (in mezzo ai quali vi sono livelli di fatturato incredibilmente diversificati), è oggi un'esigenza dell'alta finanza, i cui interessi sono abbastanza omogenei, persino a livello internazionale, per quanto qui la parte del leone venga svolta dagli Usa, che controllano il FMI, la Banca Mondiale, il WTO ecc.

Cos'è che spaventa di più l'alta finanza da indurla a volere la dittatura? Non è forse stato sufficiente il crollo del socialismo di stato per rassicurarla?

L'alta finanza s'è arricchita grazie all'industria, la quale, estorcendo plusvalore ai propri lavoratori, finiva con l'ingrassare soprattutto le banche, che avevano meno rischi delle imprese, anche se una pessima gestione degli enormi capitali accumulati ha poi portato alcune di esse a clamorosi crolli (soprattutto negli Usa), e molte altre le avrebbero seguite a ruota se non fossero intervenuti gli Stati sociali dei vari paesi, i quali temevano seriamente, in caso di crac bancari o borsistici, possibili ripercussioni eversive.

Gli istituti finanziari si sono trovati a gestire dei patrimoni enormi e, come spesso succede in questi casi, hanno cominciato a fare investimenti sbagliati, oppure a promettere cose che poi non sono riusciti a mantenere (p.es. degli alti tassi di rendimento).

Le banche hanno cominciato a indebitarsi e gli Stati, già indebitati per conto loro, non sempre sono stati in grado di coprire i debiti delle banche private. Alcune, per quanto imponenti, han dovuto chiudere.

Quando una banca fallisce ci rimettono anzitutto i suoi risparmiatori, e anche coloro che hanno bisogno di crediti (mutui per farsi una casa o per avviare o ristrutturare un'attività produttiva, ecc.). Gli Stati han cercato di salvare le banche, ma le banche non stanno salvando le imprese, né favorendo la nascita di nuove attività produttive.

La finanza sta usando il debito per ricattare l'economia produttiva e per ricattare anche gli Stati, il cui aspetto "sociale" è sicuramente molto costoso, anche perché gli Stati capitalisti non fanno pagare tasse adeguate ai ceti più benestanti e meno che mai a quelli che possono sfuggire i controlli fiscali.

A livello mondiale la grande finanza si sta accorgendo di alcuni aspetti importanti:

1. il Terzo mondo non è in grado di pagare i propri debiti e, di fronte alle proprie crisi finanziarie, tende a optare per soluzioni che non piacciono al grande capitale (p.es. vengono nazionalizzate le risorse energetiche o strategiche);

2. un paese come la Cina sta diventando troppo competitivo, con dei ritmi di crescita impensabili per qualunque paese capitalista (è peraltro il maggiore creditore degli Usa);

3. l'euro è una moneta troppo forte e un'Europa troppo unita, che rischi di inglobare anche la Russia, fa decisamente paura agli Stati Uniti. Di qui i continui attacchi speculativi contro i paesi più deboli della Unione Europea, affinché da un loro default si possa ottenere la crisi anche di quelli più forti.

In questo momento solo due paesi possono avere interesse a minacciare la stabilità dell'occidente: gli Stati Uniti, che hanno bisogno di una dittatura militare per sopravvivere, in quanto i loro debiti sono enormi e i loro avversari economici cominciano a preoccuparli seriamente; oppure la Cina, che al cospetto di un crollo del sistema economico occidentale, avrebbe tutto da guadagnare, ponendosi come unica alternativa praticabile. I capitali cinesi infatti sono enormi (frutto di un colossale sfruttamento interno di manodopera sottopagata): possono mandare in crisi intere nazioni soltanto usando la Borsa in maniera spregiudicata.

I cinesi hanno il vantaggio di controllare la gran parte del debito americano e di poter gestire i loro capitali in chiave strategica, in quanto l'area pubblica (controllata da un partito unico e da uno Stato centralista) politicamente è dominante rispetto a quella privata. Le decisioni possono essere prese molto in fretta: cosa che nessun paese occidentale può permettersi, in quanto qui la politica è subordinata all'economia e, oggi, l'economia alla finanza.

Il ruolo dell'ideologia sotto il capitalismo

Le gravi contraddizioni che hanno caratterizzato l'evoluzione del capitalismo nella prima metà del Novecento, avevano fatto credere al pensiero marxista che la fine di questa formazione sociale fosse imminente. Oggi invece possiamo tranquillamente dire che si è trattata di una fase transitoria, in cui il capitalismo moderno è passato da un tipo di sviluppo determinato in prevalenza da meccanismi agenti in modo spontaneo a un tipo di sviluppo sottoposto prevalentemente a una *regulation*.

Di regola, l'analisi marxista delle formazioni sociali comincia con un esame della loro base economica. Oggi questo approccio appare limitato. È senza dubbio vero che il modo di produzione determina la dinamica di tutte le forme di attività della società, ma è anche e sempre più vero che tale determinazione avviene solo "in ultima istanza", in quanto la politica, il diritto, l'ideologia possiedono la loro propria dinamica, relativamente autonoma, ed esercitano un certo impatto sulla base economica. Lenin ha scoperto che la politica è la sintesi dell'economia. Ma questo principio può trovare un'applicazione anche nell'ambito del capitalismo, in quanto il capitalismo - spinto dalla superiorità organizzativa del socialismo e dalla acuta conflittualità di certe sue contraddizioni - può tendere ad imitare l'organizzazione stessa del socialismo. Il capitalismo monopolistico-statale sembra appunto una imitazione grossolana del socialismo dal punto di vista del capitale.

La ben nota asserzione di Marx ed Engels, secondo cui le idee possono diventare una "forza materiale", non si rapporta soltanto alle idee rivoluzionarie che mobilitano i lavoratori ma anche all'ideologia in generale. È stato proprio in virtù dell'ideologia e della politica che il capitalismo ha saputo trovare i mezzi e i modi per superare la sua forte crisi dei primi decenni del Novecento. Sottoponendo a critica i meccanismi spontanei di conduzione del mercato, il capitalismo ha dimostrato d'essere capace di "autocognizione", di *self-teaching*. Dagli anni '30 agli anni '50 si sono elaborati concetti e teorie assolutamente inediti nell'ambito del capitalismo: il keynesismo, la teoria della società industriale, l'economia di mercato sociale, l'economia mista, la rivoluzione manageriale, lo Stato del benessere, ecc.

Nei confronti di queste teorie e concetti, l'analisi marxista s'è trovata impreparata. Dopo averli schematicamente rifiutati, escludendo che con essi il capitalismo avrebbe potuto modificare se stesso qualitativamente, essa non è riuscita a cogliere la necessità intrinseca che lo stesso capitalismo ha di regolare i suoi processi sociali ed economici, di riequilibrare i conflitti e le contraddizioni che a tutti i livelli si presentano. Questo naturalmente a prescindere dai risultati ch'esso riesce ad ottenere.

Le relazioni Stato-società nel capitalismo

Il passaggio dello Stato da "tutore dell'ordine" a regolatore multiforme dei processi socio-economici è una evoluzione strutturale fondamentale dell'odierno capitalismo. Lo Stato oggi è il perno centrale del dispositivo che regola la lotta di classe fra lavoro salariato e capitale. Come diceva Engels, lo Stato nasce da una società divisa da interessi antagonistici, ma si sviluppa al di sopra di questa società, divenendole sempre più estraneo.

Fra le due guerre mondiali l'evoluzione principale delle relazioni Stato-società è consistita nella formazione d'un sistema ramificato di istituzioni a garanzia della regolazione dei rapporti socio-politici nel quadro della democrazia rappresentativa, in cui lo Stato svolge il ruolo di arbitro. Oggi le forme della lotta socio-economica e politica sono istituzionalizzate, gli organismi statali dipendono dal suffragio universale e lo Stato è un apparato specifico del potere. Sia la classe dirigente che buona parte dei lavoratori sono passati dal rifiuto dei compromessi a un una sorta di contratto sociale, dallo scontro al consenso parziale, negoziato. Nella quasi totalità dei paesi capitalisti avanzati, la maggioranza degli operai ha scelto la strategia dei compromessi sociali, giudicata meno "dolorosa" e meno "costosa". Ciò non è dipeso soltanto dalle tradizioni riformiste di certo movimento operaio, ma anche dai fallimenti di taluni modelli di "socialismo reale" (vedi ad es. la collettivizzazione forzata nell'agricoltura sovietica). Questo ovviamente non significa che la lotta di classe sia scomparsa, ma solo che lo Stato pretende sempre più di giocare il ruolo (illusorio e mistificante) di arbitro imparziale.

La fine degli Stati nazionali

Gli Stati nazionali sono destinati a collassare. Oggi questa tendenza si sta verificando nell'ambito dello stesso capitalismo, che in nome del globalismo (che una volta si chiamava, con meno pudore, imperialismo) e di organi sovranazionali, come l'Unione Europea, il Fondo Monetario Internazionale, la Banca Mondiale, il WTO ecc., vuole eliminare la sovranità degli Stati nazionali.

In Jugoslavia l'occidente ha fatto di tutto per frantumare uno Stato nazionale socialista, pur di avere tanti piccoli Stati soggetti al dominio del capitale. Lo stesso è stato fatto con la Cecoslovacchia, favorendone la separazione in due Stati.

Lo stesso imperialismo statunitense ha bisogno di un'Europa frantumata in tanti piccoli Stati (e a tale scopo si serve degli inglesi) e, nel contempo, favorisce la formazione di nuovi piccoli Stati che escano dall'orbita della Russia (l'Ucraina, p.es., pur essendo notevole sul piano geografico, è piccolissima su quello economico, quindi facilmente ricattabile).

Noi abbiamo bisogno di liberarci non solo dal globalismo voluto dagli Usa e dai loro principali strumenti di dominio (militare, come p.es. la Nato, e finanziario), ma anche dagli Stati che si lasciano strumentalizzare da questa egemonia (incluso il nostro, che non ha alcuna autonomia politica).

Per farlo non possiamo avvalerci dell'idea ottocentesca di "nazione", perché questa idea, strumentalizzata dalla borghesia, ha prodotto soltanto colonialismo, imperialismo e guerre mondiali. L'ideologia del nazionalismo è stata usata dagli Stati borghesi per far sentire unita la società e per indurla ad accettare il peggiore militarismo.

Dobbiamo avvalerci dell'idea di "società civile", la cui democraticità va considerata come un connotato deciso autonomamente. Non deve essere lo Stato a dire alla società come essere "democratica". Uno Stato che pretende di farlo non ha legittimità democratica, la viola proprio nel momento in cui pretende di garantirla. Così facendo, peraltro, tende a indebolirsi, poiché, non avendo la società dalla sua parte, è destinato a soccombere al cospetto di altri Stati più forti e soprattutto al cospetto di quegli organismi internazionali che vogliono imporre il globalismo su tutto il pianeta e che hanno disponibilità finanziarie infinitamente superiori a quelle di qualunque singolo Stato.

Lo Stato dovrebbe essere posto al servizio della società affinché questa possa decidere autonomamente la propria strada verso la democrazia compiuta, che è quella in cui un popolo può finalmente considerarsi sovrano.

Oggi le società civili non solo sono debolissime nei confronti del globalismo, ma non riescono neppure a vedere nei loro Stati un organo di difesa nei confronti delle ingerenze dei nemici esterni, che naturalmente sono più economico-finanziarie che militari.

Ecco perché dire - come faceva Luigi Einaudi - che il peggior Stato è sempre meglio che la mancanza di uno Stato, oggi non ha alcun senso. Gli Stati sono lo strumento peggiore della democrazia non solo perché la vogliono imporre, ma anche perché non sanno difenderla.

L'odierno capitalismo

Esiste quindi un sistema, sviluppatosi nel dopoguerra, che sa mitigare le asprezze delle contraddizioni capitalistiche. I mezzi e i modi che si usano sono diventati più complessi, più flessibili, più intrecciati fra loro. Il capitalismo non solo ha forti capacità di recupero, ma riesce anche a migliorare se stesso. Le caratteristiche fondamentali dell'odierno capitalismo sono ben note: il livello nuovo della mondializzazione della produzione (che si era bloccato negli anni '30 e che ha ripreso dopo la II guerra mondiale); i grandi mutamenti nella divisione internazionale del lavoro (che condannano il Terzo mondo alla fame); la ristrutturazione completa dell'economia in virtù dell'informatica e della robotica (che crea ricchezza per pochi e tantissima disoccupazione per molti).

Oggi esistono meccanismi internazionali volti a regolare le economia nazionali, anche se, a ben guardare, è più spontaneo lo sviluppo dell'economia capitalista mondiale, nel suo insieme, che non quello delle singole economie nazionali. Una gestione razionale, omogenea del capitalismo mondiale ancora non esiste, benché la contraddizione che oppone le forze ai rapporti produttivi nel capitalismo attuale abbia preso una dimensione globale. L'esigenza di creare un sistema di regolazione su scala mondiale dipende anche dall'esigenza di controllare gli squilibri, sempre più gravi, che il capitalismo produce nel suo rapporto coi paesi emergenti, nonché dall'esigenza di controllare gli effetti sempre più nocivi sull'ambiente e la natura. Sul piano politico le forze o i partiti che sembrano più capaci di garantire una razionalizzazione mondiale del capitalismo non sono quelle tradizionalmente conservatrici, ma quelle di tipo "social-democratico".

D'altra parte l'esperienza del Novecento ha mostrato che le fprze produttive sono in grado di coesistere coi rapporti produttivi antagonistici e privatistici se, concretamente, si costituiscono diversi tipi di società per azioni (*joint-stock property*) e se si introduce un parziale controllo statale dell'economia. Il capitalismo cioè riesce meglio a sopravvivere quanto più allarga la sfera del suo consenso, cioè quanto più si "socializza". Siamo ormai arrivati al paradosso che per riprodursi il capitalismo deve diventare "para-socialista", deve cioè avere col socialismo un rapporto "mimetico-imitativo".

Proprio la conquista di determinate riforme sociali progressive ha favorito obiettivamente il *remodelage* dei meccanismi d'autosviluppo del capitale. Il quale infatti ha saputo correggere con efficacia le sproporzioni di un'economia spontanea basata quasi esclusivamente sulle leggi del mercato. Oggi, oltre al mercato che si autoregola, vi sono altri elementi di controllo: un esperto *management* delle compagnie produttive, la regolazione statale e il coordinamento internazionale delle politiche economiche e finanziarie.

Oggi si ha l'impressione che, in rapporto ai primi decenni del Novecento, la monopolizzazione abbia tendenza a frenare di meno la dinamica delle forze produttive. La concorrenza resta l'elemento fondamentale del capitalismo, mentre la monopolizzazione riesce a concretarsi solo parzialmente. I piccoli e medi imprenditori hanno dato prova di una incredibile *souplesse* in questi ultimi tempi. La concorrenza inoltre è stata stimolata dall'intensivo processo di mondializzazione dell'economia capitalista.

Solo la crisi scoppiata a partire dal 2008 ha invertito la tendenza. Oggi i piccoli produttori si vanno proletarizzando. Tuttavia il ruolo dello Stato non sembra affatto diminuire, anzi, va accentuandosi, in quanto sembra essere l'unico ente in grado di garantire un rapporto sufficientemente equilibrato tra concorrenza e monopolio. In Italia, p.es., dove le contraddizioni socioeconomiche sono piuttosto forti, e dove quindi, nel tentativo di superarle, si anticipano i tempi, la tendenza al presidenzialismo governativo è molto evidente.

Resta però tutto da dimostrare che nell'ambito del capitalismo occidentale, così marcatamente individualistico, lo Stato riesca a svolgere un tale ruolo di mediazione in un lungo periodo, conservando l'attuale configurazione democratico-parlamentare. Un'organizzazione più razionale dell'economia non può che comportare, in occidente, un'accentuazione del lato autoritario dello Stato, cui però i cittadini, per tradizione, non sono abituati. Di qui la particolare importanza di un esperimento come quello cinese, ove sembra imporsi una sorta di capitalismo socialistico di stato o di socialismo capitalistico di stato (a seconda che si voglia dare maggiore importanza agli aspetti politici o economici).

Le alternative economiche al capitalismo

La rivoluzione tecnico-scientifica iniziata negli anni Settanta

A tutt'oggi l'economia mondiale dei paesi capitalistici avanzati si regge sulle basi poste nel corso della crisi che, partita con lo choc petrolifero del 1973, s'è andata periodicamente e drammaticamente rinnovando, rendendo per così dire poco efficaci gli sforzi di rinnovamento del capitale fisso, tant'è che i processi di dislocazione delle imprese verso le aree dove il costo del lavoro è molto basso vanno accentuandosi.

Di regola infatti si fa partire la nuova tappa della rivoluzione tecnico-scientifica dalla seconda metà degli anni Settanta, che ha comportato l'introduzione di tecniche informatiche e di forme automatiche di produzione (ma anche di nuovi materiali da costruzione), grazie alle quali si pensava di poter assicurare crescenti livelli di sviluppo, fingendo di non sapere che le "crisi di sistema" non sono una patologia ma una dimensione fisiologica del capitalismo. Lo vediamo anche oggi con la crisi finanziaria dei derivati, dei *subprime* immobiliari, dei cosiddetti "titoli tossici", dei fallimenti bancari, ecc.

L'esigenza di automatizzare la produzione per poter risparmiare sui costi del lavoro e delle materie prime, non è nata dagli operai ma dagli imprenditori, i quali cominciarono a servirsi dell'informatica per ottenere un livello quantitativo e qualitativo migliore di produttività delle imprese, che facesse soprattutto aumentare i profitti. Scienza e tecnica nel capitalismo servono anzitutto a questo.

D'altra parte il rinnovo del capitale fisso (macchinari, tecnologie...) diventa una necessità ogniqualvolta il costo delle materie prime o della manodopera o i fatturati realizzati arrivano a livelli tali da determinare la caduta del saggio medio di profitto. Ultimamente è causa molto forte di preoccupazione per i nostri imprenditori non tanto la concorrenza di quei loro colleghi internazionali che per primi hanno introdotto delle innovazioni di rilievo, quanto piuttosto quella di chi (come p.es. i cinesi), pur non avendole ancora introdotte, può comunque avvalersi di un basso costo del lavoro.

Nei paesi avanzati infatti si è soliti dire che per vincere la concorrenza della Cina bisogna puntare sull'alta qualità delle merci, ma una qualità troppo alta delle merci rischia d'essere appannaggio solo di classi sociali che possono permettersi prezzi altrettanto elevati. Questo fa sì che merci analoghe di qualità minore diventino comunque appetibili in un mercato dove il potere d'acquisto del denaro va progressivamente scemando. Peraltro la Cina è diventata un grande concorrente dei monopoli occidentali, perché, a differenza della Russia, non ha puntato sull'export di fonti energetiche (di cui essa stessa è acquirente), ma su merci di largo consumo, ampiamente diversificate.

La crisi mondiale del biennio 1974-75 sembrava inoltre aver dato il via ai cosiddetti "cicli stagflazionistici" (aumento dei prezzi accompagnato da una crescita della disoccupazione e da un ristagno della produzione), mostrando chiaramente che l'espansione economica basata sull'uso estensivo delle risorse naturali (in primis quelle energetiche) andava profondamente rivista. Dopo 25 anni di sviluppo estensivo del capitalismo monopolistico di stato (in cui si pensava che le risorse naturali fossero illimitate) s'era improvvisamente capito ch'era meglio risparmiare puntando sull'informatica.

Le crisi a partire dagli anni Ottanta

Tuttavia a partire dalla crisi successiva, quella degli anni 1980-82, le crisi cicliche del capitale si erano unite a quelle strutturali di sovrapproduzione, in quanto l'automazione (la robotica), che continuerà a svilupparsi in maniera ininterrotta sino ai nostri giorni, aumentando la produttività del lavoro e quindi l'abbondanza delle merci da vendere sul mercato, pur facendo nascere nuove mansioni, tendeva a espellere dal mercato le attività meno remunerative, sicché non si riuscivano a trovare gli acquirenti indispensabili per lo smercio dei prodotti e, paradossalmente, proprio l'uso dell'informatica accentuava l'obsolescenza del capitale fisso e quindi l'ulteriore caduta del saggio di profitto.

Il ritardo del consumo individuale rispetto alla crescita della produzione è cronico sotto il capitalismo. Operai e impiegati non vedono affatto nei computer o nei robot un aiuto per le mansioni più faticose, ripetitive, nocive alla salute, ma piuttosto un temibile concorrente, una causa di ulteriore stress, una sicura fonte di immiserimento, proprio perché gli imprenditori e persino lo Stato tendono a licenziare gli elementi non indispensabili o ad assumere meno personale o a far lavorare molto di più quello già esistente e più capace. L'assurdo è che le ristrutturazioni avvengono con le tasse degli stessi lavoratori, una parte dei quali in seguito verrà licenziata. Infatti "Stato sociale" vuol dire anche "centro di finanziamento per le imprese" (almeno per quelle di un certo tipo o per quelle di rilevanza nazionale).

Nell'ambito dell'industria automatizzata la disoccupazione riguarda gli operai meno qualificati o con minori capacità di apprendimento o possibilità di riqualificarsi (p.es. perché "anziani"), non in grado di trasformare in tempi brevi la loro competenza in un qualcosa di più "intellettuale" che "manuale". Successivamente ad essere licenziati si trovano anche gli operai più qualificati e persino i tecnici, i manager, i cosiddetti "colletti bianchi", proprio perché se gli investimenti nel capitale fisso non sono stati sufficienti a garantire determinati profitti, il licenziamento o la chiusura dell'impresa o la sua delocalizzazione verso aree con minori costi del lavoro, diventano inevitabili. Oggi il fenomeno della disoccupazione non è ancora esploso in tutta la sua gravità, ma solo perché esiste lo *Stato sociale*, di cui i governi tendono a smantellare gli aspetti giudicati troppo onerosi, o comunque a ridurli nel loro peso specifico (scuola, sanità, previdenza e assistenza).

Gli inizi della trasformazione autoritaria e anti-sociale di questa istituzione, nata nel secondo dopoguerra, si possono far risalire ai primi anni Ottanta, con l'entrata in scena della *deregulation*, che negli Usa venne inaugurata dal presidente Reagan e nel Regno Unito dalla Tatcher.

Le prime grandi crisi economiche degli anni Ottanta e Novanta (la crescita incontrollata del prezzo del greggio e di talune materie prime alimentari, i titoli gonfiati dei sistemi di finanziamento ad alto rischio dei mercati emergenti ecc., sino alla più recente implosione del mercato immobiliare americano) hanno fatto capire che quanto più i processi produttivi vengo automatizzati e finanziarizzati, tanto più bisogna aspettarsi gravi crisi borsistiche. Questo perché la società nutre grandi aspettative dalle ristrutturazioni industriali che si avvalgono dell'automazione, e investe molto in borsa, ma la finanza viaggia secondo proprie regole, che non sempre hanno riscontri nella vita economica: la speculazione ha tempi molto più ristretti di realizzo e non può aspettare che sui mercati vi sia sufficiente liquidità con cui acquistare prontamente le merci ottenute grazie agli investimenti strutturali. E poi la speculazione finanziaria, a differenza dell'economia reale, può anche avvalersi dell'instabilità politica e persino delle tensioni bellicistiche regionali.

Le industrie cercano di recuperare il costo degli investimenti in varie maniere, ma i risultati sperati non sono più quelli di una volta, quando tutto doveva essere ricostruito a causa della guerra mondiale.

Nel migliore dei casi si pensa di poter andare avanti con vendite rateali dei beni di consumo durevoli, ma sempre più spesso si preferisce un impiego più finanziario che produttivo dei capitali (grande è il timore di fare investimenti a lungo termine, proprio perché la speculazione finanziaria, per quanto maggiormente rischiosa, permette notevoli introiti nel breve periodo e soprattutto la possibilità di scaricare sul risparmiatore gli eventuali dissesti in borsa).

Altre alternative sono quelle a carico dei paesi emergenti, strozzati dai debiti internazionali: le merci che costoro esportano spesso rischiano, in virtù di trucchi operati nei paesi avanzati, di scendere al minimo. È sufficiente p.es. dire che il fumo è vietato, che il cioccolato può essere surrogato, che lo zucchero fa male, che invece del rame si preferiscono le fibre ottiche, che invece del petrolio si preferisce il gas ecc., per mandare all'aria interi paesi che fino agli inizi del secondo dopoguerra erano "colonie" a tutti gli effetti.

La terza alternativa (per gli imprenditori) è delocalizzare l'impresa ove il costo del lavoro è minimo e la sindacalizzazione quasi assente. Si preferisce dislocare piuttosto che aprire le porte ai flussi migratori dei lavoratori terzomondiali, proprio perché per gli imprenditori il lavoro, in occidente, è ancora tenuto troppo sotto controllo da parte dei sindacati.

Contro la delocalizzazione delle imprese

Da tempo il proletariato intellettuale e manuale dei paesi occidentali contribuisce, seppur in misura assai minore rispetto alla propria borghesia imprenditrice, allo sfruttamento del proletariato del Terzo mondo (che noi chiamiamo, eufemisticamente, "paesi in via di sviluppo" o "emergenti"), per cui è letteralmente impossibile che una qualunque rivendicazione posta dal nostro proletariato nei confronti della propria borghesia, coincida con gli interessi del proletariato terzomondiale.

L'unica rivendicazione davvero utile, in tal senso, potrebbe esser quella di far finire il rapporto di dipendenza "coloniale" che lega il Terzo mondo all'occidente.[5]

Senonché è proprio lo sfruttamento congiunto del Terzo mondo da parte di borghesia e proletariato occidentali che impedisce agli operai di lottare sino in fondo contro la propria borghesia (di qui l'opportunismo che blocca ogni tentativo di fuoriuscire da questo sistema di rapporti iniqui). Anzi oggi il proletariato occidentale vede come un proprio nemico di classe lo stesso proletariato terzomondiale, in quanto il basso costo del lavoro di quest'ultimo risulta molto appetibile per le borghesie occidentali, le quali non hanno scrupoli nel delocalizzare le loro imprese. La stessa borghesia terzomondiale (detta "compradora") detesta il proprio proletariato, in quanto ambisce a emanciparsi secondo i modelli occidentali.

L'unico modo di porre fine alla dipendenza economica del Sud nei confronti del Nord sarebbe quello di abbattere il capitalismo, ma di fronte a un nemico che si pone su scala internazionale, occorrerebbe un'organizzazione alternativa che si ponesse sullo stesso piano, come il socialismo aveva già pensato di fare sin dai suoi esordi.

Qualunque tentativo di abbattimento "nazionale" del capitalismo rischia di fallire, proprio perché una determinata borghesia potrebbe servirsi del proprio proletariato contro il proletariato di un'altra nazione. Cosa che si è già verificata nel corso delle due ultime guerre mondiali, ma anche nei periodi in cui si sono formati il colonialismo e l'imperialismo, e persino oggi nelle cosiddette "guerre regionali" che il capitalismo

---

[5] Se non piace il termine "coloniale", che andò per la maggiore dalla conquista dell'America alla seconda guerra mondiale, poi sostituito, nell'ambito della sinistra, con quello di "neocoloniale", ad indicare che una indipendenza politica non coincide con quella economica, si può sempre usare quello di "para-coloniale" o "semi-coloniale" o "post-coloniale", tanto la sostanza della "dipendenza" non cambia di molto.

avanzato conduce in varie parti del pianeta. Molto raramente a combattere vanno i figli della borghesia, se non nei ranghi ufficiali più elevati.

Per uscire da questa situazione di stallo, in cui qualunque cosa "anti-borghese" si faccia in un territorio, rischia di avere conseguenze "anti-proletarie" in un altro, a causa del cosiddetto "globalismo", occorre che la consapevolezza "proletaria" sia *internazionale*. Cioè occorre abituarsi all'idea di sostenere qualunque rivendicazione proletaria ovunque essa si manifesti.

Le borghesie si aiutano a livello mondiale quando devono combattere un nemico comune, benché siano in perenne competizione tra loro. Non si capisce perché un atteggiamento di analoga collaborazione non debba averlo il proletariato, il quale anzi, proprio a causa della sua intrinseca debolezza (rispetto a chi detiene la proprietà dei mezzi produttivi e dei mezzi per difenderla) ne avrebbe un motivo in più.

Bisogna inoltre aver chiaro che contro la dipendenza dai mercati borghesi vi è soltanto un'alternativa: l'*autoconsumo*. Il che non significa che ogni comunità debba restare isolata dalle altre, ma semplicemente che il valore di scambio non può prevalere su quello d'*uso*. Là dove c'è scambio senza autoconsumo, c'è dipendenza delle economie deboli nei confronti di quelle forti. Là dove invece c'è autoconsumo, si possono tranquillamente scambiare le eccedenze, conservando la propria autonomia.

Chi rivendica l'autoconsumo va difeso in ogni caso, anche se ciò comporterà una crisi delle economie dei paesi capitalisti e quindi un abbassamento del tenore di vita generale. Il proletariato occidentale deve abituarsi all'idea che là dove si rivendicherà l'autoconsumo, si porranno le nuove basi di un sistema sociale in cui la classe proletaria non avrà più ragione d'esistere.

Il proletariato occidentale (quello di tutti i paesi cosiddetti "avanzati", che geograficamente non sono solo in occidente) deve convincersi che non potrà, anzi non dovrà più partecipare allo sfruttamento borghese del proletariato terzomondiale, sia nel caso in cui accetti l'autoconsumo di quest'ultimo, sia nel caso in cui sia costretto ad accettare che la propria borghesia delocalizzi le proprie imprese.

Al momento le borghesie imprenditrici dei paesi capitalisti più avanzati, per far fronte alla continua caduta dei loro saggi di profitto, si stanno orientando verso la delocalizzazione delle loro imprese, operando licenziamenti di massa nelle aree occidentali (il cui costo viene scaricato sullo Stato sociale).

Poiché una situazione del genere raggiungerà presto un limite insopportabile, dalle conseguenze imprevedibili, sarebbe bene approfittare dell'occasione per dire agli imprenditori che se delocalizzano si punterà decisamente all'*occupazione delle terre*, senza alcun indennizzo ai proprietari, al fine di realizzare l'autoconsumo.

Lo stesso proletariato provvederà anche a gestire quelle imprese i cui prodotti risultano indispensabili alla comunità locale basata sull'autoconsumo. Il proletariato occidentale non può morire di fame solo perché la propria borghesia ha deciso di sfruttare soprattutto il proletariato terzomondiale, il cui lavoro ha costi incredibilmente bassi anche per le condizioni disumane in cui viene svolto.

Aspetti di forza dell'attuale capitalismo

Globalismo. La globalizzazione è un fenomeno iniziato a cavallo degli anni Settanta e Ottanta ed è ancora in evoluzione. Essa si basa sulla formazione di un unico mercato mondiale, sull'esistenza di uno spazio omogeneo, sulla rapidità delle comunicazioni (grazie soprattutto ai collegamenti telematici, alla telefonia cellulare e ai network dei media), sull'eliminazione di barriere economiche e finanziarie e sul superamento dei confini politici tra gli Stati: tutti fattori che portano ad individuare nuove e più ampie aree di scambio tra merci, capitali e persone (anche se resta ridotta la possibilità di emigrare con la stessa facilità con cui si scambiano le merci o si esportano i capitali). Caratteristica fondamentale della globalizzazione è il fatto che i mercati dei cambi e dei capitali sono collegati a livello internazionale e operano 24 ore al giorno, intrattenendo relazioni a distanza in tempo reale. Rimangono però esclusi da questo collegamento capillare i paesi più poveri, che non possiedono mezzi adeguati per parteciparvi. Il sistema produttivo travalica i confini degli Stati, al punto che i beni prodotti in uno Stato contengono componenti che vengono prodotti in altri Stati.

Sviluppo ineguale. Oggi il 20% della popolazione mondiale detiene l'86% del reddito e un altro 20% ne detiene solo l'1%; al restante 60% ne spetta il 13%. Mentre nei paesi industrializzati i consumi sono cresciuti mediamente al ritmo del 2% annuale, i consumi nei paesi africani sono diminuiti del 20%; oltre un miliardo di persone non possono soddisfare i bisogni fondamentali per la vita; degli oltre 4 miliardi di persone che vivono nei paesi in via di sviluppo, 1/5 non dispone di una dieta sufficiente in termini di calorie e proteine, 1/4 non ha un'abitazione adeguata, 3/5 mancano di assistenza sanitaria; 1/5 dei bambini non ha istruzione di livello elementare.

Unione Europea e Nafta. Risultano vantaggiosi contro la concorrenza di colossi economici che agiscono a livello internazionale, ma sono svantaggiosi a quei paesi aderenti economicamente più deboli.

Vantaggi e svantaggi delle imprese multinazionali

Quali vantaggi ottengono le industrie attraverso la costituzione di imprese multinazionali?

Un primo vantaggio è anzitutto riconoscibile nei minori costi del lavoro, che si ottengono aprendo le filiali nei paesi in via di sviluppo: la manodopera percepisce salari notevolmente più bassi rispetto a quelli vigenti nel paese della casa madre ed è sottoposta a orari di lavoro molto più pesanti, ed è quindi meno tutelata sindacalmente.

Un altro vantaggio consiste nella possibilità di sottoporsi a condizioni fiscali più favorevoli, o perché nei paesi in cui la multinazionale decide di operare il sistema tributario è di per sé più leggero, o perché la multinazionale, grazie al suo elevato potere economico, riesce a fare pressione sugli Stati ospitanti al fine di ottenere condizioni ottimali.

Inoltre le multinazionali possono ottenere prestiti a condizioni agevolate o sovvenzioni internazionali, giustificate dal fatto che esse, con il loro apporto economico, offrono condizioni di lavoro ai cittadini dei paesi in via di sviluppo.

Spesso le imprese multinazionali si insediano nei paesi dove esistono, in grandi quantità, materie prime appetibili sul mercato, che per essere sfruttate richiedono macchinari molto costosi e tecnologicamente sofisticati.

Esiste anche una causa "tecnologica" che spinge all'espansione transnazionale: quando le innovazioni introdotte da una grande impresa cessano di essere tali, questa può avere convenienza a esportarle là dove sono ancora sconosciute e avviare qui nuovi processi produttivi.

L'installazione di filiali di multinazionali favorisce lo sviluppo di un'attività produttiva che altrimenti, nei paesi poveri, sarebbe impossibile. Tuttavia si tratta più di una "imposizione" imprenditoriale che non di un passaggio di tecnologie e di competenze: la forza-lavoro locale resta ai livelli più bassi della gerarchia lavorativa e della manovalanza e non raggiunge mai posizioni di vertice. E la dipendenza economica del paese più debole rispetto a quello più evoluto non fa uscire dal neocolonialismo.

Negli ultimi sessant'anni lo sviluppo delle multinazionali è cresciuto in maniera esponenziale, favorendo non solo la mondializzazione del capitale e la divisione internazionale del lavoro (al punto che i luoghi geografici dell'industrializzazione si stanno spostando dal centro alla periferia del sistema capitalistico), ma anche la dipendenza delle economie nazionali dai mercati esteri e l'acuirsi della lotta interimperialistica con l'entrata in scena di nuovi competitori mondiali (Cina, India, Sud-est asiatico, Brasile...).

I rischi legati alla globalizzazione

La nuova dimensione dell'economia che si sta realizzando, con l'accrescimento dei commerci, delle tecnologie e degli investimenti, invece che ridurre o eliminare le differenze tra paesi ricchi e paesi poveri, le potenzia. Basti pensare che il reddito delle 225 persone più ricche del mondo equivale a quello del 47% della popolazione più povera e che vi sono persone i cui redditi superano il pil di alcuni Stati poveri. La globalizzazione, dominata da enti privati (soprattutto banche ed imprese multinazionali), provoca l'aumento della differenza tra chi ha e chi non ha, per cui stiamo assistendo in modo sempre più forte alla polarizzazione tra ricchezza e povertà.

Di fatto, dunque, il processo di globalizzazione, che dovrebbe aprire numerose opportunità per milioni di persone a livello mondiale, si sta rivelando una pericolosa forma di sviluppo ineguale; non solo, ma anche un pericoloso segnale della tendenza a concentrarsi su obiettivi di arricchimento senza limiti.

Un ulteriore effetto negativo della globalizzazione riguarda i cambiamenti climatici e, in particolare, l'effetto serra: l'abbattimento delle barriere doganali rende sempre più libero il trasporto delle merci su scala mondiale, determinando l'aumento dell'emanazione di gas. Con la liberalizzazione degli investimenti e del commercio le tecnologie distruttive per l'ambiente, come p.es. la produzione di automobili, vengono diffuse in società e culture che non ne erano ancora dipendenti.

La globalizzazione determina anche l'estensione su scala planetaria dell'agricoltura industriale, che comporta alti consumi energetici. I paesi che praticano sistemi di coltivazione a basso consumo di energia, di fronte a una vera e propria invasione di prodotti a basso costo, si sono visti costretti ad abbandonare i metodi tradizionali e a ricorrere alle moderne pratiche agricole, con abbondante impiego di fertilizzanti e pesticidi.

Alternative

1. Mondializzazione della vita economica non può voler dire che tutto dipende da poche multinazionali, ma vuol dire abolire qualunque forma di barriera nel rispetto dell'*autonomia locale*. I mercati devono servire per il surplus non per acquistare qualunque prodotto. Prima va assicurata l'indipendenza economica.

2. Le aziende dovrebbero produrre anzitutto "valori d'uso", la cui utilità e necessità viene decisa dalla comunità locale (il cosiddetto "valore di scambio" può essere solo una conseguenza di ciò). Ogni realtà locale-regionale dovrebbe avere le stesse imprese (relative, p.es., all'abitazione, all'abbigliamento, ai trasporti, ecc.), proprio per togliere a tutte l'ansia della competizione. I mercati dovrebbero essere locali-regionali e gli imprenditori dovrebbero conoscere anticipatamente le richieste della popolazione locale. Si deve produrre per soddisfare bisogni non per incamerare profitti. Solo così la produzione può essere programmata. E le soddisfazioni devono essere di tipo "morale".

3. L'*economico* deve rientrare nei parametri del *sociale*, il quale, a sua volta, include anche l'*ecologico*, che di regola viene trascurato dall'economico perché considerato un costo.

4. Non si tratta più di affrontare le singole contraddizioni di un sistema la cui principale, l'antagonismo sociale, risulta essere irrisolvibile. Bisogna creare un *nuovo sistema*, in cui un prodotto è di qualità quando risponde a esigenze vitali, su cui la comunità locale può esprimersi democraticamente.

5. La prima esigenza vitale è quella alimentare, e questa può essere soddisfatta solo a condizione che si utilizzi con criterio la terra disponibile. La prima cosa da fare è censire tutte le risorse naturali della comunità locale, per poterle redistribuire secondo le capacità lavorative. La proprietà privata usata per sfruttare il lavoro altrui, va abolita. In luogo della produzione agricola per il mercato occorre sviluppare la cooperazione dei produttori per l'autoconsumo delle comunità locali.

6. Uscire dal capitalismo vuol dire anzitutto uscire dal meccanismo di dipendenza che lega il centro alla periferia di questo sistema. Non ha alcun senso che i lavoratori sfruttati del centro pretendano il rispetto dei loro diritti quando tali diritti vengono pagati dai lavoratori della periferia. Non ha alcun senso che l'operaio occidentale lotti contro il proprio imprenditore quando poi insieme sfruttano i lavoratori del Terzo mondo.

7. Qualunque parola o espressione linguistica usata dai politici e dagli economisti di questo sistema antagonistico, va messa in discussione, poiché si tendono a dare per scontate delle cose che non possono più esserlo. Si pensi solo alla parola "sviluppo".

Tipologie di schiavismo nella storia

Il mondo greco-romano non sviluppò la tecnologia utile all'economia produttiva non perché non ne avesse le capacità, ma perché non ne avvertiva l'esigenza, proprio perché esisteva lo schiavismo. Là dove esiste schiavitù, non si sviluppa mai la tecnologia, pur essendo l'economia finalizzata al mercato (gli schiavi, infatti, venivano generalmente acquistati sui mercati e certamente non per favorire l'autoconsumo).

Non si sviluppò la tecnologia neppure quando i paesi europei, nel mondo moderno, impiantavano lo schiavismo nelle loro colonie americane. Nell'ambito dell'agricoltura gli schiavi producevano per il mercato, soprattutto per quello capitalistico europeo, eppure nelle piantagioni americane non vi fu mai una tecnologia avanzata.

Nel continente americano lo schiavismo comincia a essere posto in discussione soprattutto quando le colonie iniziano a liberarsi dall'egemonia delle loro madrepatrie europee. Ma per eliminarlo giuridicamente non sarà sufficiente la lotta di liberazione nazionale: occorreranno anche sommosse, guerre civili, rivoluzioni... Quasi tutti gli intellettuali americani non ritenevano che fosse un controsenso lottare per la liberazione nazionale e conservare i negri in stato di schiavitù; anzi, pensavano che se si fossero privati della schiavitù, si sarebbero fortemente indeboliti sul piano economico nei confronti della concorrenza europea (inglese in particolare).

Quindi è proprio lo schiavismo a disincentivare l'uso dei macchinari sofisticati. Avendo infatti a disposizione, per un tempo illimitato, una manodopera sufficiente a lavorare la terra, che è il mestiere più duro[6], non si capiva l'importanza di sviluppare la tecnologia. Gli agrari pensavano che fosse un investimento inutile o comunque non facilmente ammortizzabile, anche perché l'impiego della tecnologia implicava una ristrutturazione dei processi lavorativi e quindi necessariamente una specifica formazione professionale. Peraltro, se uno schiavista aveva già acquistato un numero sufficiente di schiavi, in rapporto all'estensione delle proprie terre, si sarebbe trovato, in seguito all'introduzione di nuovi macchinari, ad avere della manodopera in esubero, che non avrebbe potuto rivendere. E se l'avesse liberata, questa avrebbe cercato lavoro nelle città,

---

[6] A dire il vero il mestiere più duro era quello del minatore, che non a caso veniva svolto dagli schiavi ribelli, come una forma di punizione, tanto si sapeva che sarebbero morti molto presto.

dove, non trovandolo, sarebbe finita a carico dell'assistenza pubblica, cui lo stesso schiavista avrebbe dovuto contribuire.

Anche le antiche autorità romane temevano una manodopera eccessiva disoccupata, poiché questa poteva facilmente diventare turbolenta, facinorosa, per cui si tendeva a disincentivare, anche con la forza, qualunque miglioramento tecnologico che comportasse un esubero di lavoratori. Abbiamo noi oggi una sovrappopolazione cronica, in ambito lavorativo, a causa dello sviluppo industriale di tipo capitalistico: possiamo quindi ben capire le loro preoccupazioni.

Nel mondo romano si passerà gradualmente dallo schiavismo al servaggio quando l'impero smetterà di ampliarsi e a livello militare comincerà a subire le prime gravi sconfitte. A quel tempo il servaggio veniva chiamato "colonato".

Viceversa, nelle colonie europee d'epoca moderna il passaggio non è stato dallo schiavismo al feudalesimo, ma dallo schiavismo al capitalismo: questo perché nell'America del nord non si è mai imposto il feudalesimo. In tal senso si può affermare che, mentre nell'America del sud lo schiavismo è rimasto più a lungo, essendo gestito da due paesi feudali: Spagna e Portogallo, nel nord America invece, a contatto con l'area protestantica dell'Europa, lo schiavismo è durato di meno, anche se c'è voluta una guerra civile per abolirlo giuridicamente, permettendo all'industria di espandersi velocemente.

Questo per dire che nel momento in cui si verificava la transizione dallo schiavismo al capitalismo l'Europa coloniale non era affatto in crisi e tanto meno lo erano gli Stati Uniti. Anzi, il passaggio da un sistema all'altro è avvenuto quando i due continenti erano in piena espansione. Indubbiamente tra i due sistemi di sfruttamento del lavoro (schiavismo e servaggio) vi erano molte meno differenze di quelle che si sono potute constatare nel passaggio dallo schiavismo al capitalismo.

Ora, che cos'è che ha indotto l'Europa ad accettare questa transizione? Il capitalismo industriale nelle colonie aveva bisogno, per espandersi, di molta manodopera; e questa non poteva certo continuare a essere di proprietà degli schiavisti, i quali, avendola comprata nei mercati, l'avrebbero ceduta o liberata soltanto quando non avrebbero più saputo come utilizzarla. Ecco perché, per sviluppare il capitalismo, occorreva una manodopera che da subito fosse *giuridicamente libera*.

È stato a questo punto che è intervenuto il *cristianesimo*, anche se qui non si comprende bene se esso abbia svolto una funzione di mero supporto alla borghesia imprenditoriale, oppure se si sia mosso in maniera relativamente autonoma, criticando l'istituto in sé dello schiavismo. Nei testi di Bartolomé de Las Casas (1484-1566), di molto anteriori allo sviluppo del capitalismo, appare evidente che se anche non si vuol credere nella "naturale bontà" degli indios (cosa che invece si farà nel Settecento, col mito del "buon selvaggio"), quanto meno si deve accettare l'idea che uno schiavo battezzato non può essere trattato come una persona sub-umana. Il frate domenicano era convinto che se si chiede allo schiavista di considerare il proprio schiavo un cristiano come lui, dovrà per forza sentirsi indotto ad attenuare talune durezze tipiche della schiavitù. I fatti però gli diedero torto, anche perché prevalse l'idea secondo cui "alcuni uomini sono servi per natura".

Il cristianesimo infatti esisteva anche al tempo dei Romani, eppure nessun teologo aveva mai chiesto l'abolizione dello schiavismo, proprio perché si rimandava all'aldilà la liberazione degli schiavi. Viceversa, sotto il capitalismo gli industriali chiedono la liberazione immediata degli schiavi, poiché hanno necessità di schiavizzarli in altra maniera, più subdola, meno diretta. L'operaio salariato infatti non è altro che uno *schiavo sociale giuridicamente libero*.

Qui ci si chiede da dove abbia preso il capitalismo questa idea di riconoscere allo schiavo il diritto a considerarsi una persona formalmente libera, mentre di fatto continua a essere schiavo quasi come prima (per certi versi anche peggio, poiché deve contare soltanto sui propri mezzi per poter sopravvivere).

I piantatori americani erano di origine europea e cristiana, sia nel nord che nel sud dell'America. Quest'idea di separare la forma dalla sostanza non venne da loro, ma dagli industriali: perché? I piantatori schiavizzavano negri importati dall'Africa, ma, prima di questi, avevano schiavizzato gli amerindi trovati nelle loro terre native: sia gli uni che gli altri schiavi non erano cristiani, ma continuarono a restarlo anche dopo essere stati battezzati dei missionari. All'inizio, per poterli schiavizzare in tutta tranquillità, si diceva che non erano esseri umani o che dovevano essere civilizzati e cose del genere. In realtà i piantatori schiavizzavano anche i cristiani che non erano in grado di pagare i loro debiti, seppure, in questo caso, la schiavitù fosse a tempo determinato, quello appunto corrispondente al debito da restituire.

Il tema dell'uguaglianza giuridica non è mai emerso dai piantatori, ma sempre dagli industriali: perché? Essi l'hanno elaborato prendendo spunto dall'*ideologia cristiana*, ch'era la stessa in cui credevano i piantatori. In nome della stessa religione gli uni giustificavano la schiavitù, gli altri la libertà giuridica.

Il motivo di questo controsenso sta tutto nella differenza tra agricoltura e industria. In epoca moderna l'obiettivo è lo stesso: fare profitti. Il piantatore che fa profitti può acquistare nuove proprietà confinanti, può investire i propri capitali in borsa o depositarli nelle banche per ottenere degli interessi, ecc. Lui è padrone di terre immense, su cui non permetterà l'accesso all'industria. E ha la possibilità di alloggiare e nutrire un grande numero di schiavi e di aguzzini che li sorvegliano mentre lavorano. Inoltre ha la possibilità di creare ampie famiglie patriarcali, assicurando il lavoro, la rendita, i profitti a tutti i suoi parenti.

Tutte queste cose l'industriale non le ha. L'industriale è un ex-commerciante, che si trova ad avere dei capitali da investire, e siccome non gli è facile acquistare terre in dimensioni tali da reggere la concorrenza dei grandi piantatori, non gli resta che affidarsi alla tecnologia. Questa, all'inizio, può essere quella dei telai usati dalle donne nelle loro proprie abitazioni. Ma ben presto saranno le donne a spostarsi nei telai centralizzati e tecnologicamente più avanzati che l'imprenditore avrà acquistato e collocato in città. Gli imprenditori fanno fortuna col tessile. Lana e cotone venivano comprate dai piantatori, che, in genere, erano anche allevatori.

Questi imprenditori non sarebbero mai stati in grado di gestire degli schiavi per 24 ore al giorno. Avevano bisogno di operai salariati giuridicamente liberi, i quali, finito il loro lavoro, se ne tornavano a casa e provvedevano col loro salario a soddisfare tutte le loro esigenze.

Il problema che, a questo punto, si pone è: come può l'imprenditore convincere lo schiavo a ribellarsi al suo padrone o il servo ad abbandonare per sempre il proprio feudo? L'unico modo è quello di fargli capire che quando diventerà *libero* starà molto meglio.

Ma da dove prenderà l'imprenditore il concetto di libertà in una società caratterizzata dal cristianesimo, che giustifica lo schiavismo o il servaggio? Storicamente prende questo concetto dalla confessione che aveva maggiormente contestato il cattolicesimo-romano, cioè dal *protestantesimo*, che è la confessione che premia la libertà del singolo individuo, quello che vuole farsi da sé. Ecco perché l'industrializzazione è strettamente legata, sul piano storico, alla nascita e allo sviluppo del protestantesimo.

Detto questo, restano ancora due questioni da esaminare. La prima è che i piantatori nordamericani erano già protestanti, e non venne da loro l'idea di libertà formale. Qui però sono le circostanze storiche che s'impongono. I piantatori nordamericani, quando combattevano contro gli inglesi, erano a favore della libertà come diritto naturale, anche se, di fatto, non la riconoscevano ai negri. E, una volta ottenuta l'indipendenza, furono costretti a riconoscerla anche ai negri soltanto quando gli industriali scatenarono la guerra di Secessione.

L'industria ebbe la meglio proprio perché era più democratica l'idea di riconoscere la libertà giuridica, come diritto naturale, anche agli schiavi. Con ciò è dimostrato che il protestantesimo trovava la sua migliore realizzazione soltanto in ambito industriale.

La seconda cosa che bisogna sottolineare è che il capitalismo (nella forma industriale del tessile) si sviluppò, prima che altrove, nell'Italia cattolica, quella dei Comuni e delle Signorie. Come si spiega questa incongruenza? I Comuni italiani garantirono a tutti la libertà giuridica 800 anni prima che lo facessero gli europei nelle colonie americane. Come poteva la borghesia, già nel Mille, aver capito ch'era possibile conciliare libertà formale e schiavitù salariata? Come poteva assumere un atteggiamento così moderno in epoca medievale, quando mancava ancora mezzo millennio prima che nascesse il protestantesimo?

Il merito di questa soluzione "borghese" stava, in un certo senso, proprio nel cattolicesimo-romano. Infatti il cattolicesimo voluto dal papato era diventato una religione altamente politicizzata, perdendo così l'integrità spirituale dei propri valori etici. Una religione di potere, che cerca i beni materiali e la possibilità d'influenzare i poteri non ecclesiastici, se vuole conservare i propri ideali originari, deve necessariamente separare la pratica dalla teoria, nonché l'etica religiosa dall'economia e dalla politica. Cioè deve far vedere che anche quando essa fa una cosa che appare contraria ai propri princìpi, è sempre per un fine di bene. Deve far credere nella legittimità di questa forma di opportunismo.

Sino a partire dal Mille tale sdoppiamento venne recepito dalla massa dei credenti (i movimenti pauperistici ereticali) come una forma d'ipocrisia insostenibile. Ora, è evidente che se questa ipocrisia non viene superata dall'inevitabile contestazione sociale, i credenti saranno sempre più portati a considerare negativamente i valori religiosi tradizionali. Lo sdoppiamento arriverà a essere giudicato come facente parte della natura del potere ecclesiastico, che si rifletteva su quello civile, ideologicamente ancora cristiano.

Ecco che allora è possibile che si formino degli atteggiamenti equivalenti, per imitazione. In genere tra le masse contadine vige la rassegnazione, il conformismo, ma è possibile che tra le classi mercantili maturi un atteggiamento più spregiudicato, tale per cui nuovi valori religiosi, affermati in sede teorica contro il papato, vengono completamente smentiti sul piano pratico. È così che si forma il capitalismo: una classe borghese, religiosamente cristiana (protestante), diventa priva di scrupoli quando in gioco è il profitto. La borghesia si sdoppia come il papato, proprio perché vuole arricchirsi come le classi possidenti, pur senza possedere le loro terre. I primi affari li compie a livello commerciale (soprattutto in virtù dei traffici a lunga distanza, che assicuravano la compravendita di prodotti rari e costosi), poi a livello finanziario (p. es. col credito concesso ai sovrani o coi depositi bancari), infine a livello industriale (con l'investimento in attività produttive strettamente connesse allo sviluppo tecnico-scientifico).

Questa borghesia, una volta assicuratosi il potere economico, esige anche quello politico, per ottenere il quale generalmente sponsorizza ideali di origine cristiana in forma laicizzata (*liberté, egalité, fraternité*), quegli stessi ideali che la chiesa romana, politicizzandoli, aveva tradito.

Tuttavia questa borghesia, che, per fare ciò, si trasforma da cattolica a protestante e da protestante a laica, non ha nulla, in realtà, del cristianesimo primitivo. Professa ideali cristiani in maniera ancora più formale della chiesa romana, in quanto ciò che davvero conta, per questa classe sociale, è l'affermazione economica dell'individuo (singolo o associato). Grazie ai poteri concessi dalla tecnologia, questa borghesia oggi è in grado di dominare l'intero pianeta. La politica è del tutto subordinata agli interessi economici.

Un atteggiamento del genere è presente oggi anche in quelle civiltà asiatiche di origine indo-buddiste, confuciane e shintoiste. E si è diffuso anche nelle culture ebraico-islamiche. L'intero pianeta sembra aver imboccato la strada che conduce al trionfo del capitalismo mondiale, con questa sola differenza, che mentre nel capitalismo euro-americano gli interessi dell'individuo borghese prevalgono nettamente su quelli statali, nel senso che la politica appare nettamente subordinata agli interessi dell'economia, anche nel caso in cui si formino degli Stati autoritari; nei paesi asiatici invece esiste un certo controllo dello Stato sull'economia (p.es. sulla terra): cosa che noi europei abbiamo potuto constatare nel corso dell'impero bizantino, il quale, non a caso, pur essendo ricchissimo e dedito ad ampi commerci, non riuscì mai ad arrivare alla forma euro-occidentale del capitalismo privato. Questo perché laddove esiste uno Stato che pretende d'incarnare dei valori di alto livello, cioè laddove s'impone una sorta di "Stato etico", è molto difficile che si sviluppi il capitalismo privato, e anche se si sviluppa, chi lo pratica sa a priori che lo Stato è un padre-padrone che potrebbe in qualunque momento revocargli ogni diritto.

Questo spiega anche il motivo per cui la presenza di due Stati etici (quello nazista e quello fascista) abbia ritardato lo sviluppo del capitalismo privato (quello della piccola e media borghesia), anche se ha indubbiamente favorito il capitalismo di tipo monopolistico, incluso quello statale. Germania e Italia sono state le ultime due nazioni europee occidentali a diventare capitalistiche, ed esse lo sono diventate in virtù di una spinta decisiva impressa da uno Stato autoritario, il quale, fino all'avvento delle due dittature, era stato indotto a cercare ampi compromessi con gli agrari e la chiesa. Là dove non si sviluppa il capitalismo privato, occorre un forte intervento da parte dello Stato.

Questa cosa si è verificata anche in tutta la penisola iberica, ma qui, non essendo mai stata fatta una riforma protestante e non essendoci mai stato uno sviluppo borghese dei Comuni e delle Signorie (se non sotto l'islam, che però non era in grado di far sviluppare il capitalismo), la dittatura è stata più che altro utilizzata per importare di forza il capitalismo maturato nei paesi stranieri, con l'ovvio risultato d'impoverire l'economia interna. Tale impostazione di società capitalistica è una caratteristica anche di quasi tutti i paesi di religione islamica, specie di quelli ricchi di risorse petrolifere. Un capitalismo d'importazione è rinvenibile anche in tutti i paesi che nel passato sono stati dominati da uno Stato confessionale di tipo ortodosso (dalla Grecia alla Russia).

Passare dal capitalismo al socialismo in maniera naturale non è possibile. Chi dispone di capitali non lo permetterà mai. Ecco perché si fanno le rivoluzioni. Se gli schiavi del mondo romano avessero saputo fare una rivoluzione politica, probabilmente non si sarebbe mai passati dallo schiavismo al feudalesimo. E se i servi della gleba fossero stati capaci di un'analoga rivoluzione, non si sarebbe mai passati dal feudalesimo al capitalismo.

Tuttavia la forma peggiore di schiavismo, quella durata meno di tutte, non è stata né quell'antica, né quella feudale e neppure quella odierna del capitalismo, che pur si basa su una forte astrazione: il *feticismo delle merci*, che trasforma quest'ultime in una sorta di divinità materialistica.

La forma peggiore di schiavismo è quella *ideologica*, di cui si sono serviti ampiamente sia lo stalinismo che il maoismo (quest'ultimo si è posto come variante rurale dello stalinismo). Se una rivoluzione politica, condotta per realizzare un obiettivo più che giusto, si unisce, a rivoluzione compiuta, alla professione di una schematica ideologia, lo schiavismo s'interiorizza enormemente, diventa un fenomeno mentale, e il governo al potere può chiedere, in nome di questa ideologia, di compiere qualunque crimine. Gli stessi condannati rischiano di sentirsi dei colpevoli anche quando non lo sono.

Ma su questa forma di schiavismo, di molto superiore a quella nazista e fascista, dove l'aggressione di un nemico esterno era insopprimibile, non abbiamo ancora elementi sufficienti per analizzarla. Basti pensare che Stalin e Mao, due tra i maggiori dittatori della storia, sono morti di vecchiaia. Questo a testimonianza che il culto per l'ideologia ch'essi professavano veniva ritenuto superiore al culto della loro personalità. Nessun organo di governo o di partito chiese mai le loro dimissioni. E la critica a loro carico poté essere fatta solo dopo la loro morte, cercando altresì di salvaguardare le loro ideologie. Per smontare lo stalinismo e il maoismo si sono dovute porre sotto accusa le rispettive ideologie.

Tuttavia, da allora non sono nate nuove ideologie, ma, sia in Russia che in Cina si è preferito rinunciare a qualunque ideologia, facendo un passo indietro, verso il *culto del consumismo*. Sicché il problema fondamentale n. 1 è rimasto irrisolto: quale ideologia si può professare senza negare i princìpi dell'umanesimo laico e del socialismo democratico?

Tornare al comunismo primordiale

I

Perché il cosiddetto "socialismo reale" è fallito? Tra le altre cose, anche per una semplice ragione: non aveva tutelato in alcun modo le caratteristiche fondamentali del *comunismo primitivo*, quello esistito al tempo della cosiddetta "preistoria". Usiamo l'aggettivo "cosiddetto" perché in queste definizioni vi è sempre molta supponenza. Il "socialismo reale" non è mai stato una vera alternativa al capitalismo, se non forse nelle intenzioni di chi l'ha voluto nella fase iniziale. Quanto alla "preistoria", è vergognoso che si usi ancora un termine di questo genere. La specie umana fa parte di *un'unica storia*, di cui quella iniziata con le civiltà schiavistiche e proseguita sino ad oggi, secondo altre forme, è stata ed è umanamente la peggiore.

Le dieci fondamentali caratteristiche del "comunismo primordiale" - chiamiamolo così perché è meglio - sono state le seguenti:

1. proprietà comune e gestione collettiva dei mezzi produttivi;
2. assenza dello Stato o di organismi superiori alla comunità di villaggio;
3. assenza di un mercato basato sulla moneta e quindi di una produzione specifica di merci;
4. assenza della città o comunque di un centro urbanizzato non autosufficiente sotto ogni punto di vista;
5. assenza di divisione in ceti o classi sociali;
6. assenza di patriarcati o di sottomissione del genere femminile (la "saggezza" viene riconosciuta spontaneamente dalla comunità e non perché imposta da qualcuno);
7. assenza di sfruttamento indiscriminato della natura, la quale non viene "dominata" bensì "gestita";
8. assenza di sviluppo tecnologico ecologicamente insostenibile (quando si dice "la scienza al servizio dell'uomo", per "uomo" si deve intendere un *collettivo democratico*, non un individualismo esasperato);
9. assenza del primato della quantità o della comodità sulla *qualità della vita*;
10. assenza di scrittura e di nozionismo astratto e in genere assenza di divisione tra lavoro manuale e intellettuale.

Ora prendiamo un qualunque volume prodotto dal "socialismo reale" e vediamo cosa dice a proposito del "comunismo primitivo". A tale scopo useremo *Economia politica. Il capitalismo* (ed. Progress, Mosca 1983). Il capitolo II parla dei modi di produzione pre-capitalistici: di questi il paragrafo 1 è dedicato al "modo di produzione primitivo".

Si noti anzitutto l'uso dell'aggettivo "primitivo". Nella lingua italiana questa parola induce a pensare a qualcosa di negativo. È "primitivo" ciò che è vecchio e superato, di cui non si può avere alcuna nostalgia. A scanso di equivoci è quindi meglio usare la parola "primordiale" o "ancestrale", che è più neutrale e che evita sfumature di tipo assiologico, cioè valutativo. Se proprio ci si vuole politicamente schierare, che si usi la parola "comunitario" o "comunistico" o "collettivistico".

Il fatto che oggi si voglia opporre al capitalismo un'alternativa di tipo "socialistico", non deve farci ritenere migliori di altre realtà umane che, in un lontano passato, hanno vissuto analoghe esperienze di "socialismo". Che solo oggi si usi consapevolmente una parola del genere, in funzione anticapitalistica, non significa proprio nulla: non sono le parole in sé che determinano la loro corretta applicazione. Se lo pensiamo, siamo soltanto dei feticisti. Il fatto stesso che nella "preistoria" l'uomo abbia vissuto per milioni di anni nel "socialismo", mentre noi in quello cosiddetto "reale" non ci siamo riusciti nemmeno per oltre settant'anni, dovrebbe essere considerato indicativo del significato delle parole.

Attenzione che quando parliamo di "milioni di anni" stiamo usando le stesse parole del libro: "la società umana si formò oltre due milioni di anni fa, ma uscì dal periodo cosiddetto primitivo solo nel corso degli ultimi 7-9 mila anni" (p. 24). *En passant* si potrebbe dire, a proposito di questo lunghissimo periodo "storico", ch'esso doveva avere tutte le caratteristiche della "democrazia" (quella vera in quanto "naturale", conforme a natura), proprio a motivo del fatto che di sé non ha quasi lasciato tracce. Cioè là dove si possono constatare enormi costruzioni, imponenti edifici, monumenti spettacolari, si può presumere, con ottima approssimazione, che non vigesse affatto la democrazia o il socialismo, ma una qualche forma di dittatura o di costrizione e quindi di sfruttamento del lavoro altrui.

Noi oggi stiamo vivendo un'epoca in cui le grandi costruzioni sono la regola, per la cui realizzazione l'interesse nei confronti della dignità dei lavoratori e spesso anche della loro sicurezza, per non parlare della tutela ambientale, risulta molto relativo, se non del tutto marginale. Diventa quindi naturale per noi, educati costantemente dai mass-media a elogiare le civiltà che ci somigliano, provare simpatia o meraviglia nei confronti delle passate mega-costruzioni. Ebbene, se c'è una cosa di cui non dovremmo occuparci è proprio questa. Noi dobbiamo trovare il modo di *uscire dal sistema*, anzi, di uscire dal concetto stesso di "civiltà", evitando accuratamente di andare a cercare nel passato delle conferme che giustifichino il nostro presente. Noi dobbiamo valorizzare le *discontinuità*, non le analogie. E bisogna farlo in fretta, prima che sia troppo tardi. È un lavoro da *etnologi* e *antropologi*, più che da storici e archeologi. La differenza tra questi tipi di ricercatori è che il lavoro degli etno-antropologi non ha senso se non toccano con mano ciò di cui devono parlare; anche gli archeologi lo fanno, ma su cose morte. Quanto agli storici, essi si servono soltanto di archivi e biblioteche, cioè di documenti scritti da una specifica categoria di persone: gli intellettuali.

Le ultime collettività primordiali, antecedenti allo schiavismo, ancora esistenti in qualche luogo remoto del pianeta, dovremmo proteggerle come le pupille dei nostri occhi. "Proteggerle" vuol semplicemente dire permettere loro di *essere quel che sono*, cioè di riprodursi in un contesto naturale, senza dover sottostare alle pressioni artificiali della nostra civiltà. "Aiutarle" non vuol certo dire "farle diventare come noi", offrire loro degli strumenti frutto della nostra civiltà. Quanto per noi sarebbe di "aiuto", per loro potrebbe essere rovinoso. Semmai dovremmo chiederci il motivo di questa incongruenza, tra il nostro sentire e il loro. Dovremmo cioè sentirci indotti a rimettere in discussione il nostro stile di vita, cercando di capire il motivo per cui determinate realtà non sanno che farsene dei nostri "aiuti", anzi li temono.

II

Ora però passiamo al testo e vediamo il primo controsenso. Il periodo del comunismo primitivo viene diviso in due sottoperiodi: quello *appropriativo*, in cui "l'orda umana primitiva" consumava i prodotti che la natura offriva spontaneamente; e quello *riproduttivo*, caratterizzato da allevamento e agricoltura, tipici della comunità prima tribale e poi territoriale, che è all'origine della nascita degli antagonismi sociali.

Gli autori usano un'espressione terribile, inquietante: "orda umana primitiva", che fa pensare a qualcosa d'animalesco, d'istintivo o comunque di poco intelligente. Tuttavia, appropriarsi dei frutti spontanei della natura non vuole affatto dire non essere capaci di cacciare, pescare, tendere trappole per catturare animali da mangiare, ecc. Tutte cose che, per poter essere fatte, richiedono una certa abilità, anche strumentale (si pensi all'uso dell'arco e delle frecce, della cerbottana, del boomerang, degli oggetti per pescare, ecc.). La stessa raccolta dei frutti spontanei della terra richiede una certa competenza conoscitiva, in quanto non tutto è per l'uomo commestibile. Quindi è da presumere che sia che raccogliessimo soltanto frutti in abbondanza, sia che lo facessimo anche cacciando, noi non siamo mai stati simili agli animali, proprio perché tra noi e loro vi sono aspetti del tutto incommensurabili, il primo dei quali è il *linguaggio*.

In ogni caso il passaggio da un periodo all'altro non sta di per sé a significare la fine del comunismo primitivo e quindi l'inizio dei conflitti di classe. Allevamento o agricoltura, presi in sé e per sé, non vogliono dire nulla: non è la loro presenza che determina la nascita dell'antagonismo sociale, né oggi ha senso affermare che, pur in presenza di allevamenti e tecniche agricole molto sofisticate, è sufficiente socializzare i beni (mezzi e strumenti produttivi) per realizzare il socialismo. Allevamento e agricoltura possono essere considerati fonte di antagonismo solo nella misura in cui si escludono a vicenda: gli allevatori infatti hanno bisogno di campi aperti, mentre gli agricoltori non possono tollerare che i loro campi coltivati vengono danneggiati dal passaggio (transumanza) delle mandrie.

Tuttavia se è un'intera comunità che gestisce entrambe le cose, nulla impedisce che ci si possa mettere d'accordo. Se si vive in un collettivo in cui la proprietà è *comune* e la gestione dei bisogni è *sociale*, è nell'interesse di tutti trovare un'intesa, un punto d'incontro. Il problema semmai è un altro. Allevamento e agricoltura sono concepiti per soddisfare un semplice bisogno riproduttivo dell'intera comunità o piuttosto per far arricchire qualcuno in particolare? Il punto centrale è proprio questo: si produce per soddisfare bisogni *naturali* o *innaturali*? Si produce per consumare e quindi riprodursi o per vendere e quindi accumulare denaro? Fino a che punto sono indispensabili le scorte, le eccedenze dovute alla propria produzione? Qual è il prezzo che si è disposti a pagare, in termini di "qualità della vita", quando si decide di voler accumulare delle riserve di cibo o di altro?

Una comunità dev'essere autosufficiente in tutto ciò che di *essenziale* le serve per riprodursi. Se decide di accumulare le riserve di qualcosa è perché sa di non essere autosufficiente. In tal caso il suo destino è segnato, in quanto viene a dipendere da fattori esterni, che non potrà controllare. L'accumulo delle eccedenze diventa un palliativo, una forma d'illusione. Presto o tardi questa comunità diventerà aggressiva: si svilupperanno dei conflitti, prima interni, tra chi ha e chi non ha, tra chi può e chi non può, e poi contro terzi. Si vorrà usare il surplus di derrate come uno strumento di pressione, di potere e si finirà col diventare una comunità ostile, pronta a sottometterne altre, e che potrà, a sua volta, essere assoggettata da altre che, proprio perché hanno lo stesso problema, mostreranno d'essere ancora più aggressive o meglio organizzate.

Se una comunità invece è autosufficiente, al massimo si possono accumulare cose non essenziali e non oltre un certo livello, allo scopo di scambiarle con altre non essenziali, giusto per avere qualcosa di *diverso*, che non si riesce a produrre in proprio per motivi indipendenti dalla propria volontà, ma di cui, in definitiva, si potrebbe anche fare a meno, poiché non è da queste cose che dipende la propria esistenza. Il principio più importante che bisogna affermare quindi è il seguente: *una comunità dev'essere autosufficiente nelle cose essenziali che le permettono di sussistere*. Se per motivi contingenti le manca qualcosa di essenziale, il rischio è sempre quello che diventi violenta. È quindi importante che le comunità confinanti la aiutino in tutti i modi a rendersi autosufficiente.

Di una qualunque comunità bisogna quindi verificare sempre se l'autosufficienza dipende da una propria autoproduzione o se invece questa autoproduzione garantisce solo una parte della propria sussistenza, mentre il resto si è costretti a cercarlo al di fuori di sé, attraverso lo scambio commerciale delle reciproche eccedenze (e quindi bisogna verificare se queste eccedenze vengono prodotte appositamente per essere vendute, per acquistare ciò che non si vuole produrre in proprio, cioè per accumulare ricchezze, rinunciando all'autoconsumo, e quindi ad avere una propria autosufficienza a 360 gradi). Quando non si è autosufficienti, gli scambi commerciali sono sempre molto pericolosi, poiché, inevitabilmente, aumentano le disparità all'interno di qualunque comunità umana. In tal caso, infatti, l'eccedenza diventa non il superfluo ma l'essenziale. E se l'eccedenza diventa l'essenziale per sopravvivere, il destino della comunità è segnato: i conflitti interni mineranno la solidità etica, sociale, culturale della comunità, la quale cercherà di supplirvi accentuando l'oppressione contro terzi o, se questi si ribelleranno, le misure coercitive al proprio interno.

Quando esistono due comunità confinanti, ognuna delle quali è deficitaria di qualcosa di essenziale, che cerca di ottenere attraverso uno scambio reciproco (un baratto o, peggio ancora, attraverso l'uso della moneta), il rischio è sempre quello di un conflitto. È sufficiente che una delle due comunità non sia in grado di garantire, anche solo per una volta, ciò di cui l'altra ha bisogno, perché si scatenino sospetti a non finire, controversie su ciò che si è promesso e non mantenuto, fino ai litigi sulle questioni di confine, che inevitabilmente sfociano nelle provocazioni, nei pretesti per compiere qualcosa d'irreversibile.

L'autosufficienza nelle cose essenziali per sopravvivere è quindi la regola n. 1: uno scambio commerciale ha senso solo per il *superfluo* e solo nella forma del *baratto*. Gli scambi dovrebbero vertere non sull'alimentazione o sul vestiario, non sulla soddisfazione dei bisogni primari, ma su altri aspetti: p. es. sulle tecniche di caccia o di allevamento o di lavorazione agricola o di produzione di manufatti o di rapporti matrimoniali, o di festività comuni ecc. Chi sostiene che questa forma di comunismo è "primitiva" (è "il comunismo della miseria"), non uscirà mai da alcun antagonismo sociale.

III

Vediamo ora altri controsensi. Gli autori del testo sostengono che la società primitiva produceva degli strumenti di lavoro "rudimentali", in pietra, bastoni e ossa di animali uccisi. Ecco un classico modo di giudicare il passato: gli strumenti di lavoro erano "rudimentali" rispetto ai nostri. Non ci si chiede se lo erano anche rispetto al bisogno di procurarsi il cibo. In effetti, se fossero davvero stati inadeguati, come spiegarsi che con essi ci si è potuti riprodurre per oltre due milioni di anni? (Peraltro senza far scoppiare alcuna guerra, e, soprattutto, senza devastare le caratteristiche dell'ambiente naturale).

È incredibile questa incapacità di contestualizzare, relativizzandole nello spazio e nel tempo, determinate condizioni di vita. Tali condizioni non vanno considerate "inferiori" alle nostre: semplicemente bisogna verificare se i mezzi a disposizione erano idonei ad assicurare la riproduzione di quelle condizioni. Ma se si parte dal presupposto che gli strumenti lavorativi erano molto rozzi e primitivi, una qualunque analisi è falsata in partenza. Se un uomo primitivo potesse vederci oggi, inevitabilmente ci direbbe che i nostri strumenti lavorativi non possono essere considerati "avanzati", visto che tendono a eliminare la presenza della natura o a ridurla al minimo. Il grado di affidabilità di un mezzo lavorativo non può essere deciso esclusivamente dall'uomo, in totale autonomia rispetto alla natura. Sotto questo aspetto i veri "primitivi" siamo noi.

Che l'analisi economica diventi presto falsata è ben visibile laddove si dice che, a causa della precarietà di questi mezzi lavorativi, "l'uomo primitivo, quasi del tutto disarmato nella sua lotta contro la natura e l'ambiente esterno, non poteva sopravvivere e lavorare al di fuori di un collettivo" (p. 24). Quante sciocchezze dette in un'unica frase, e da parte di insigni economisti e docenti dell'Accademia delle Scienze dell'Urss!

Una comunità del tutto "disarmata" riesce a sopravvivere per oltre due milioni di anni? Le civiltà antagonistiche basate sullo schiavismo o sul servaggio hanno resistito poche migliaia di anni. Quelle che hanno resistito di più (p. es. l'egizia) è stato perché praticavano lo schiavismo non privato ma di stato, che è una forma meno violenta di oppressione e che in parte rispetta delle condizioni di vita pre-schiavistiche. E poi perché parlare di "lotta contro la natura"? La natura è *fonte di vita* non di morte. L'uomo non potrebbe vivere neppure per un momento senza le risorse della natura, per quanto noi, con tutta la nostra tecnologia, si faccia di tutto per non farlo sembrare. Considerando che allevamento e agricoltura esistono da meno di 10.000 anni, bisogna dire che la comunità primitiva è riuscita a riprodursi grazie soprattutto alle risorse delle foreste, dei mari, dei laghi, dei fiumi... Non aveva certo bisogno di andare a scavare nel sottosuolo o nelle miniere. Gli indiani del Nord America hanno, in genere, rifiutato l'agricoltura, che pur conoscevano, semplicemente perché per le loro esigenze ritenevano sufficiente la caccia degli animali selvatici.

Ma il limite maggiore di questo scriteriato giudizio storico-economico è un altro. L'uomo primitivo - viene detto - non poteva sopravvivere "al di fuori di un collettivo". Perché, forse oggi qualcuno riesce a farlo? Non siamo forse *tutti* dipendenti da uno o più collettivi di riferimento? Persino il capitalista più ricco del mondo è dipendente dall'andamento ondivago delle borse mondiali. O forse si vuole sostenere che noi, a differenza di loro, grazie ai nostri raffinati strumenti di lavoro, possiamo fare a meno del collettivo quando e come ci pare? E che quindi - di conseguenza - quando aderiamo a un collettivo, lo facciamo non perché costretti dalla precarietà dei nostri strumenti di lavoro, ma per una scelta consapevole?

Strano che si dicano delle sciocchezze del genere, soprattutto da parte di economisti di area socialista, anche perché le civiltà antagonistiche sono nate proprio cercando di contrapporsi alla forza dei collettivi ancestrali, dove tutto era in comune. Le civiltà antagonistiche sono tutte, nessuna esclusa, una forma di *individualismo*, nei cui confronti non si può pensare di opporre idee collettivistiche che non abbiano nulla a che vedere col comunismo primordiale.

La forza di un individuo sta nel collettivo di appartenenza. E l'adesione a tale collettivo, finché è esistita la democrazia, è sempre stata *libera*, indipendentemente dalla qualità dei propri strumenti di lavoro: se non fosse stato così, non sarebbe nata alcuna civiltà antagonistica. Semmai è oggi che siamo costretti ad appartenere a collettivi che altri collettivi vogliono dominare. È nelle società divise in ceti o classi sociali che l'adesione a un collettivo è sempre una forzatura.

Quando il socialismo parla di "abolizione delle classi sociali", non lo fa per affermare il pieno e assoluto individualismo di ogni essere umano. Si tratta piuttosto di recuperare un collettivismo primordiale, di cui oggi abbiamo perso, nelle nostre società cosiddette "avanzate", qualunque memoria.

IV

Vediamo ora un altro pregiudizio. "La raccolta collettiva dei prodotti della natura e dei risultati della caccia - si legge nel testo - si svolgeva su un territorio relativamente ridotto, determinato da considerazioni di tipo 'nutritivo', nell'ambito di ristretti gruppi di consanguinei, relativamente isolati" (p. 24). E allora? Dov'è il problema? Per questi insigni accademici sovietici il problema sta nel fatto che se si accetta l'idea di autosufficienza alimentare, ovvero di autoconsumo, è impossibile accettare l'idea di una nazione, di uno Stato, di un mercato nazionale e mondiale.

Quando si realizza uno "Stato socialista", tutto va pianificato dall'alto. Le realtà locali, in un certo senso, scompaiono, in quanto risultano meramente funzionali a decisioni verticistiche. Se a livello locale le cose non funzionano, la colpa non è del centro ma della periferia, cioè degli amministratori inefficienti, dei burocrati corrotti che non sanno mettere in pratica i *diktat* governativi.

Ma i classici del marxismo non volevano l'*estinzione dello Stato*? Non volevano - a differenza degli anarchici - una "dittatura del proletariato" contro la reazione violenta della borghesia, per arrivare poi a una progressiva autonomia della società civile (come desideravano gli stessi anarchici, salvo che per questi la cosa doveva essere immediata e non "progressiva")? E come si pensa di ottenere questo obiettivo senza sviluppare l'idea di *autoconsumo* e di *autogestione delle risorse produttive*? Il cosiddetto "socialismo reale" non è forse fallito proprio perché all'*istanza locale* non si voleva concedere alcuna vera autonomia? Per quale motivo tutte le volte che si parla di *autonomia dell'istanza locale* si teme di finire in una situazione di tipo "feudale"? Nel Medioevo non esisteva alcuna democrazia, in quanto la classe aristocratica era in aperto antagonismo nei confronti di quella contadina. Dunque non si capisce perché in una situazione di assenza di classi contrapposte, si debba considerare la realtà locale subordinata a quella centrale. Si pensa davvero di poter scongiurare la rinascita delle classi contrapposte imponendo dal centro una determinata e ferrea volontà alla periferia? Non ci si rende conto che, così facendo, si è già creata una nuova classe sociale (quella politica e burocratica) in aperto contrasto con tutta la società civile?

Non solo quindi va affermato un primato della *realtà locale* su tutto il resto[7], ma occorre anche lasciare tale realtà libera di evolvere verso la propria autodistruzione. Gli uomini infatti devono imparare ad autogestirsi, addebitando solo a se stessi la causa dei propri mali. Se non si chiarisce subito questo aspetto, qualunque alternativa al "socialismo burocratico" non farà che favorire il capitalismo. Come in effetti è avvenuto. È ridicolo pensare di potersi opporre a uno "Stato centralizzato" sostituendolo con uno "democratico". Nessuno Stato sarà mai capace di valorizzare l'istanza locale fino al punto da negare se stesso.

Dobbiamo smetterla di complicarci la vita usando lo strumento degli "organi istituzionali", nella convinzione di poter fare qualunque cosa con i mezzi produttivi a nostra disposizione. Noi potremmo anche avere gli strumenti più sofisticati del mondo, ma nessuno di essi renderebbe più efficiente l'uso delle istituzioni statali, né più democratica la vita di una nazione.

Stato e *nazione* sono due concetti obsoleti, anche quando si cerca di opporre l'uno all'altra.[8] E non è che siano obsoleti a confronto di realtà sovranazionali, come oggi sempre più vengono emergendo. La vera democrazia (che è poi quella *diretta*) è possibile *solo a livello locale*, solo in regime di *autogestione* delle risorse produttive locali. Qualsiasi istanza sovralocale non può che essere *transitoria* e su *temi specifici*, decisi di comune accordo. E i delegati scelti per discutere questi temi e che accedono a tale istanza, in rappresentanza delle rispettive comunità locali, possono soltanto avere un mandato ridotto nel tempo e con poteri limitati, il più possibile circoscritti, revocabili in qualunque momento. La regola generale dovrebbe essere questa: *i poteri che si concedono a un delegato devono essere inversamente proporzionali alla distanza geografica dalla comunità di appartenenza.* In questa maniera nessun rappresentante si sentirà autorizzato a prendere delle decisioni arbitrarie, o comunque

---

[7] Notino i credenti cristiani che mentre per gli ortodossi la parola "cattolico" indica anzitutto una comunità locale, riunita attorno al proprio vescovo, per i cattolici-romani indica invece una realtà mondiale, di cui il papa è il rappresentante più significativo, il garante dell'unità. Sotto il capitalismo la parola "cattolico", in senso latino, è stata sostituita dalla parola "mercato", di cui il rappresentante più significativo è il "capitale". Ecco perché, in un certo senso, è giusto parlare di "teologia del mercato".

[8] Come p. es. ha fatto la Polonia quando s'è voluta liberare del socialismo di stato, per abbracciare poi il capitalismo privato, nella convinzione, rivelatasi illusoria, che, in nome del cattolicesimo, si sarebbe potuta costruire una "terza via".

nessuna comunità si sentirà vincolata alle decisioni ch'egli arbitrariamente avrà preso.

Non ha alcun senso disprezzare i legami clanico-tribali, consanguinei e territoriali, né ha alcun senso sostenere che là dove esistono legami del genere vi è "isolamento". Là dove non ci sono confini da rispettare, l'isolamento è molto relativo. Sono gli Stati e le Nazioni che impongono l'isolamento e l'assoggettamento di popolazioni libere. L'unica cosa che bisogna disprezzare è lo sfruttamento del lavoro altrui e l'idea di poter fare della natura ciò che si vuole.

Non bisogna vedere negativamente quella che gli autori del libro chiamano la "*cooperazione semplice, senza divisione del lavoro per sesso o età*" (p. 24). Questa *cooperazione semplice* è uno degli obiettivi fondamentali del socialismo democratico futuro. Essa infatti va considerata, sul piano economico, come un riflesso della democrazia sociale e politica. Chiunque deve contribuire all'esistenza della comunità: non si può essere discriminati per motivi di sesso o di età, ma neppure per la provenienza geografica, per l'atteggiamento nei confronti della religione o a causa dei legami di parentela. Uno deve rendersi conto da solo fino a che punto può esplicitare il proprio contributo. *Da ognuno secondo le proprie capacità, a ognuno secondo i propri bisogni*: questa è una delle regole fondamentali del socialismo maturo. Sarà poi compito della natura differenziare le capacità all'interno del collettivo. Non dobbiamo aver paura di sentirci tutti uguali in comunità: è la natura stessa che s'incarica di renderci *unici* e *irripetibili*. L'importante è non fare delle differenze naturali il pretesto per affermare qualcosa di artificiale.

V

Vogliamo qui aprire una parentesi su un'altra "perla di saggezza" espressa in un altro importante volume del marxismo sovietico, intitolato *Lineamenti di storia dell'Urss* (ed. Progress, Mosca 1980). È dedicata ai cosiddetti "matrimoni di gruppo". Si sostiene che nel paleolitico superiore, da 40.000 a 14.000 anni fa, si formò una nuova organizzazione sociale, basata sulle battute di caccia collettive, su abitazioni e focolari in comune e quindi su raggruppamenti più solidi dell'orda primitiva e del branco.

Su queste amenità e su questa "barbara" terminologia si è già detto abbastanza: qui si può soltanto ribadire che è pazzesco pensare che prima del paleolitico l'uomo vivesse come gli animali. Ora invece vediamo l'affermazione-clou: "questa nuova organizzazione fondata sulla consanguineità era la comunità matriarcale, la forma più antica del sistema gentilizio. A causa della pratica del matrimonio di gruppo, caratteristico degli stadi iniziali di sviluppo di tutta l'umanità, la parentela da parte di madre era la sola attendibile" (p. 6 del vol. I). Dopodiché gli autori cercano di spiegare il motivo per cui la donna era ritenuta così importante: raccoglieva vegetali, conservava il fuoco, preparava il cibo, curava le riserve alimentari, confezionava gli indumenti, partecipava alla caccia. Tutte cose che, a ben guardare, avrebbe potuto benissimo fare anche un uomo: l'unica che non avrebbe potuto fare, non viene neppure citata.

Qui le osservazioni da fare sono molteplici. Anzitutto i cosiddetti "matrimoni di gruppo" non possono essere considerati una regola all'interno di una comunità primitiva, bensì un'eccezione, in quanto è la natura stessa a provvedere a differenziare quantitativamente i sessi in maniera sufficientemente equilibrata per garantire a tutti di riprodursi. Se esiste poligamia o poliandria vuol dire che la situazione sociale è anomala, cioè qualche motivo contingente ha richiesto una soluzione particolare, estrema, per non compromettere la sopravvivenza del collettivo. P. es. tra popolazioni che conducono molte guerre, in cui muoiono molti uomini, è facile che, ad un certo punto, s'imponga la poligamia. Ma è ridicolo pensare di opporre al matrimonio visto come "proprietà privata" l'idea di una sorta di "comunismo sessuale" (alla Platone), o di far coincidere "matriarcato" con "poliandria". Chissà perché idee come queste vengono sempre in mente a società di tipo maschilista.

A differenza del patriarcato, il matriarcato non è mai esistito. In un collettivo democratico non ha alcun senso imporre politicamente una differenza di genere sessuale. È vero che nella mitologia greca si parla di matriarcato (vedi ad es. le cosiddette Amazzoni), ma ci si riferiva a una scelta di vita contrapposta consapevolmente a quella maschilista del patriarcato.

Situazioni di poligamia o poliandria possono esistere anche tra il mondo animale, ma si tratta sempre di eccezioni. La regola è la *monogamia*, che è la più semplice, la più facile da gestire. Per far sussistere un'esperienza collettiva non vi è alcun bisogno di praticare relazioni poliamorose. Semmai è nella cura della prole che tutta la comunità deve sentirsi coinvolta. In tal senso è vero il contrario di quanto sopra si è detto, e cioè che non è importante sapere da chi si è nati, ma chi ci farà crescere. Il fatto che, ad un certo punto, si siano formate delle comunità basate su clan di consanguinei non può di per sé far pensare all'esistenza di "matrimoni di gruppo". Anzi, in genere, quando si parla di società gentilizia, si dà per scontata l'esistenza del patriarcato, e quindi di una prima forma di differenza di genere, di ceto, di classe.

Anche quando in certe comunità un uomo offre la propria moglie, per una o più notti, all'ospite che è giunto a trovarli, bisogna dire che decisioni del genere vengono prese soltanto quando ci si sente molto deboli e si ha paura che gli estranei possono distruggere gli ultimi brandelli di comunità. Anche lo *ius primae noctis*, se mai sia esistito, rientra in questa preoccupazione di sopravvivenza.

Il rispetto della donna, nel comunismo primitivo, era semplicemente dovuto al fatto che in un collettivo democratico tutti si rispettano, nessuno escluso. E ci si rispetta per quello che *si è*, non anzitutto per quello che si sa fare. Essere e fare coincidono dal punto di vista dell'*essere*, non del fare, proprio perché nell'arco della propria vita non si ha voglia di fare sempre le medesime cose.

VI

Ora però si faccia attenzione al tipo di ragionamento che fa il marxismo quando deve spiegare la transizione dal comunismo primitivo alla comunità tribale. Si vuol far credere - sulla scia della filosofia hegeliana - che è del tutto naturale passare da semplici determinazioni quantitative a una nuova e decisiva qualità di vita.

La quantità è determinata dai bisogni, destinati a crescere di continuo; i bisogni non possono essere soddisfatti da uno sviluppo troppo basso delle forze produttive; si crea così una contraddizione apparentemente irrisolvibile, che si acutizza al crescere della popolazione. Ci si trova di fronte al problema di migliorare gli strumenti di lavoro e di creare una prima divisione del lavoro basata sul sesso e in parte sull'età.[9]

La transizione alla comunità tribale avviene spontaneamente, sulla base della risposta "tecnica" o "materiale", che si dà alla crescita dei bisogni collettivi. La conseguenza decisiva di questa specializzazione, di questo aumento della produttività del lavoro è *l'accumulo di scorte alimentari*. A giudizio di questi insigni studiosi è del tutto naturale che si accumulino delle eccedenze ben oltre lo stretto necessario.

Ora, cosa fare di queste eccedenze? È ovvio, bisogna scambiarle con quelle di altre comunità. Prima gli scambi erano casuali e sporadici; ora invece diventano così regolari che non se ne può fare a meno. Cioè proprio mentre si ottengono proprie eccedenze, si scopre di dover "dipen-

---

[9] Attenzione che non si parla ancora di una contraddizione di tipo antagonistico, in quanto la proprietà rimane *comune*. Anche quando l'agricoltura subentra alla raccolta spontanea dei frutti della natura, e l'allevamento subentra alla caccia, non esiste ancora l'antagonismo vero e proprio della società schiavista.

dere" dalle eccedenze altrui. L'allevatore infatti si è così specializzato che ha bisogno dell'agricoltore e questi ha bisogno di quello.

Dov'è finita la proprietà *comune* dei mezzi produttivi? È finita male, poiché l'allevatore e l'agricoltore, ognuno per conto proprio, s'è accorto che, migliorando le tecniche produttive, poteva fare a meno del lavoro comunitario collettivo. Era diventato più capace di lavorare da solo e quindi più capace di arricchirsi, in grado di gestire autonomamente e commercialmente lo scambio delle proprie eccedenze. Un tempo, per cacciare, bisognava essere in molti; ora, per allevare pecore capre maiali ecc. basta una sola persona. Un tempo, con zappa e vanga, il lavoro nei campi doveva esser fatto da tutti; ora, con l'aratro, lo svolge una singola famiglia, che tende ad appropriarsi del prodotto ricavato da uno specifico lotto di terra.

Ecco apparire, spontaneamente, quel mostro storico chiamato "proprietà privata". Questa proprietà è nata senza che nessuno se ne accorgesse! "La proprietà privata - si legge incredibilmente a p. 29 del suddetto testo sull'*Economia politica* - costituiva di fatto la negazione di quella collettiva, e per questo si può dire che la comunità conteneva al suo interno i germi della propria rovina" (sic!).

Per quale motivo si sostiene una sciocchezza del genere? Il motivo è uno solo ed è tutto ideologico: il futuro socialismo non potrà andare incontro alla medesima rovina del comunismo primitivo, proprio perché saprà sfruttare le conquiste tecnologiche del capitalismo e quindi saprà rispondere a qualunque bisogno emergerà, senza dover per questo rischiare nulla.

Ecco perché Marx ed Engels, parzialmente smentiti, in questo, da Lenin, sostenevano che il socialismo poteva affermarsi soltanto là dove il capitalismo avesse esaurito la sua forza propulsiva. Cioè l'individualismo borghese avrebbe dovuto accorgersi da solo che il continuo perfezionamento degli strumenti produttivi non sarebbe stato in grado di risolvere la fondamentale contraddizione tra capitale e lavoro. Lenin si oppose a questa convinzione, dicendo che, con una rivoluzione politica si sarebbe potuti passare dal feudalesimo al socialismo, saltando la fase avanzata del capitalismo, anche se poi non ebbe il tempo necessario per accorgersi che la sua proposta di abbinare socialismo a "elettrificazione", cioè l'idea di utilizzare le acquisizioni scientifiche del capitalismo in un contesto politico e sociale completamente diverso, non poteva essere considerata sufficiente per ottenere un socialismo davvero "democratico".

Insomma, come si può ben notare, si è voluto sovrapporre un discorso di tipo *ideologico* a un'analisi di tipo *storiografico*. Lo si è fatto sia per dimostrare che il socialismo futuro sarebbe stato superiore a qualunque forma di capitalismo, anche dal punto di vista tecnologico, sia per far credere che l'esperienza del comunismo primitivo era troppo limitata per non trasformarsi in una società schiavistica, non avendo gli strumenti "ideologici" necessari per impedirlo, cioè essendo troppo ingenua e sprovveduta. Infatti, quando prese a svilupparsi tecnologicamente, finì col negare le proprie radici.

Per questi economisti tornare al comunismo primitivo non serve a nulla, non è sufficiente per abbattere il capitalismo. I paesi che, dopo essersi liberati del giogo coloniale capitalistico, hanno cercato di recuperare le loro radici pre-borghesi, cioè gli ordinamenti comunitari faticosamente sopravvissuti, non hanno combinato nulla. Il tribalismo non è in grado di garantire alcuna transizione al socialismo. Come minimo, infatti, occorrerebbe "una fase intermedia di proprietà cooperativistica" (p. 31), prima di sviluppare il socialismo vero e proprio.

È curioso che il marxismo, quando si tratta di analizzare le conquiste tecnologiche, formula sempre giudizi positivi, quasi a voler dire che il passaggio dal comunismo primitivo allo schiavismo era del tutto naturale, anzi giustificato da una necessità superiore, quella appunto di dover rispondere tecnologicamente a dei bisogni accresciuti. Quando invece si passa ad analizzare le conseguenze di tali processi - quelle che hanno portato al sorgere della proprietà privata -, ecco che i giudizi diventano negativi, necessariamente negativi, altrimenti il socialismo non può pretendere di porsi come alternativa al capitalismo, che di quella proprietà ha fatto il suo principale baluardo.

Il testo parla chiaro, nella sua insipienza: "la proprietà privata e la diseguaglianza materiale non furono altro che il *naturale risultato* dello sviluppo di questo modo di produzione" (p. 30). Il corsivo è nostro.

Per una transizione ad altro

Perché uno diventa "borghese"? Perché si dà così tanta importanza al denaro? Sembra una domanda banale, eppure se consideriamo che le antiche civiltà mediterranee, prima di entrare nella fase medievale, sono state caratterizzate, per almeno duemila anni, da una forte presenza di scambi commerciali, si rimane stupefatti al vedere che le tribù cosiddette "barbariche", provenienti da est, non proseguirono affatto questo stile di vita, se non dopo essere trascorsi altri cinquecento anni di contatto con ciò ch'era rimasto di quelle civiltà.

Soltanto verso il Mille gli ex-barbari, ora perfettamente latinizzati e cattolicizzati, cominciarono a diventare mercanti. E ci son voluti altri cinquecento anni prima che i commerci potessero diventare un sistema capitalistico vero e proprio, che viene fatto iniziare appunto nel XVI secolo. E ci sono voluti altri cinquecento anni prima che questo sistema s'imponesse in tutto il mondo, senza incontrare ostacoli insormontabili. Infatti tutti i tentativi compiuti per arginare questo fiume in piena sono clamorosamente falliti. Migliaia e migliaia di anni ci sono quindi voluti per rendere naturale una figura sociale che di naturale non ha nulla: il *borghese*.

Il borghese ha creato imponenti apparati statali, burocratici, giudiziari, parlamentari, polizieschi e militari per difendere il *proprio esclusivo interesse*, fatto passare per "bene comune". È una figura che ha saputo sostituire qualunque valore umano e religioso con un valore materiale avente funzione di equivalente universale: il *denaro*. Una figura che è stata capace di far passare per "democratico" uno stile di vita basato sullo *sfruttamento del lavoro altrui*.

Com'è stato possibile che una figura del genere, che ha letteralmente sconvolto i rapporti umani e naturali, trasformando ogni cosa in una sorta di compravendita, non abbia incontrato, sul suo cammino, un'opposizione che la obbligasse a invertire la marcia? Che cosa ha reso gli uomini così ciechi da non far accorgere loro che anche il più piccolo cedimento nei confronti di questa mentalità avrebbe avuto conseguenze letali per la loro stessa sopravvivenza?

Lo schiavismo romano venne abbattuto da forze che provenivano, seppur in forma disgregata, da ambienti clanico-tribali. Ma dov'è oggi la forza in grado di abbattere lo *schiavismo salariato*? La mentalità borghese ha fatto così breccia nell'umanità che persino l'ideologia che per prima chiese l'abolizione della proprietà privata, e cioè il *socialismo*, non è riuscita a restare coerente con se stessa. Per quale motivo qualunque azione venga compiuta contro il capitale finisce col tradire i presupposti di partenza?

Qui le ragioni sono due:

1. la prima è che manca ancora una vera alternativa *laica* e *umanistica* al cristianesimo;
2. la seconda è che manca ancora una definizione autenticamente "democratica" del socialismo.

L'affronto di questi due aspetti o procede in maniera parallela, oppure rischia di non approdare a nulla di davvero significativo per una *transizione ad altro*. Ma se è così, le premesse per affrontarli non possono che essere due:

1. sviluppare al massimo la *libertà di coscienza*;
2. garantire al massimo la *gestione collettiva delle risorse di un determinato territorio*.

Se non si è padroni del proprio territorio, non si è padroni della propria coscienza. Se non si usa la propria coscienza per impadronirsi del proprio territorio, non si è padroni di nulla.

Il socialismo delle comunità ristrette

Le idee socialiste non nascono soltanto quando si inizia a parlare di socialismo. Piuttosto si dovrebbe dire che nella storia il socialismo diventa un'*idea* quando si smette di praticarlo, cioè a partire dal momento in cui si formano le prime civiltà basate sull'urbanizzazione, sulle differenze di ceti e di classi, ecc. Prima di allora, tutta l'esperienza primordiale o primitiva del cosiddetto "uomo preistorico" può essere definita di tipo "socialistico".

Le parole hanno soltanto un uso convenzionale: quello che conta sono i fatti. Abbiamo iniziato a parlare di "socialismo" usando le più disparate parole. Ed è compito dello storico saper andare al di là delle parole per comprendere i fatti. E i fatti, quando si parla di socialismo, devono essere riconducibili a una cosa sola: la *proprietà comune dei mezzi produttivi*, in maniera tale che nessuno possa prevalere su altri.

Questa proprietà comune è la base materiale per qualunque altra forma di "socializzazione". Quindi l'unico criterio che distingue un'esperienza di socialismo da un'altra è il *modo* in cui si vive tale proprietà. Di conseguenza l'unico criterio che distingue un'idea di socialismo da un'altra è il *modo* in cui si cerca di realizzare questa esperienza.

Aveva ragione Lenin a puntare l'attenzione su questioni come la *tattica* e la *strategia*, che fino ad allora erano considerate patrimonio delle operazioni belliche. Con lui diventano questioni *politiche*, aventi come obiettivo la conquista del potere, cioè il rovesciamento delle istituzioni di governo. Il concetto di "rivoluzione", con Lenin, diventa qualcosa di molto concreto, di fattibile, come mai, prima d'allora, s'era visto. Con lui si ha, per la prima volta, l'impressione che il socialismo, dopo 6000 anni di storia basata su conflitti antagonistici irriducibili, poteva passare dall'idea all'esperienza.

La vittoria del socialismo, in Russia, poi tradito dallo stalinismo, dimostrò la superiorità dell'organizzazione del bolscevismo rispetto a tutte le altre correnti che volevano superare lo zarismo. Dimostrò anche la superiorità rispetto a tutte le correnti del socialismo euroccidentale che dicevano di voler costruire un'alternativa al capitalismo. Semmai ci si può chiedere il motivo per cui il leninismo fu subito tradito dallo stalinismo. Qualcosa deve aver fatto difetto. E non si può certo sostenere, compiendo un'opera di sciacallaggio, che l'aberrazione dello stalinismo era già inclusa nel leninismo.

Che l'idea di "socialismo" sia imprescindibile nell'epoca contemporanea, lo dimostra il fatto che anche le esperienze nazi-fasciste vi si richiamavano. Certo, vi possono essere passi avanti in direzione del socialismo, e passi indietro a favore del capitalismo. Tuttavia la tendenza resta sempre verso il recupero di un socialismo perduto, proprio perché il capitalismo non solo non è in grado di risolvere le proprie contraddizioni, ma tende anche, per motivi endogeni, ad aggravarle sempre di più.

Il vero problema sta quindi nel cercare di capire quali possano essere le condizioni per far sì che i tradimenti non siano in grado di avere effetti così devastanti su milioni di persone. Eliminare la possibilità del tradimento è ovviamente impossibile. Ma si deve cercare di rendere quest'azione meno gravosa possibile. Il problema cruciale sta proprio in questo: da un lato, infatti, l'idea del socialismo, per realizzarsi, ha bisogno del concorso di grandi collettività; dall'altro ci si rende facilmente conto che il tradimento degli ideali ha ripercussioni dirette proprio su queste grandi collettività.

L'esperienza leninista ci ha fatto capire che se queste collettività non restano unite, a rivoluzione compiuta, possono facilmente essere sopraffatte dai conservatori del sistema, i quali possono avvalersi di aiuti esterni, da parte di altre forze avverse al socialismo. E tuttavia, una volta superata la reazione, si deve avere l'intelligenza per capire che una gestione "statalistica" della transizione facilmente porterà ad abusi e corruzione, come appunto hanno dimostrato gli orrori dello stalinismo.

Socialismo vuol dire non solo *democrazia politica*, ma anche *autogestione sociale dei bisogni collettivi*. Un'autogestione del genere non può essere statalizzata, proprio perché è l'istituzione stessa dello Stato che va abbattuta.

Un'autogestione è autentica se è *circoscritta* a livello territoriale. La democrazia infatti, per essere autentica, deve essere *diretta*, ma non potrà mai esserlo se è "statale". Nell'ambito dello Stato la democrazia può essere solo indiretta, delegata, rappresentativa. È il concetto stesso di "istituzione" che impedisce la democrazia diretta. E là dove questa manca, è impossibile un'autogestione sociale dei bisogni collettivi.

La democrazia e l'autogestione sono possibili soltanto all'interno di *comunità ristrette*, dove sia possibile un *controllo reciproco* in forza di una *conoscenza personale* fra i soggetti che le compongono. Se non comprendiamo questo, non servirà a niente fare delle rivoluzioni per edificare degli Stati con cui sostituirne altri.

O capitalismo o barbarie

Una civiltà non si regge in piedi se non riesce a convincere i propri cittadini che i suoi valori, i suoi modelli di vita sono assolutamente superiori a quelli di ogni altra civiltà, passata, presente e futura. La maggioranza dei cittadini deve avere la convinzione che alla propria civiltà non vi siano alternative praticabili: al massimo sono possibili aggiustamenti, riforme, ma non rivolgimenti istituzionali.

In quella romana, p.es., nonostante la presenza dello schiavismo, della povertà, dell'indebitamento progressivo dei cittadini liberi meno abbienti, nonostante il crescente latifondismo, il rapace fiscalismo dello Stato, la durissima leva militare e quant'altro, la gran parte dei cittadini era convinta che Roma fosse superiore a ogni altra civiltà in virtù della propria ingegneria e architettura, in virtù della proprie arte bellica, in virtù del proprio diritto... Solo quando la disperazione raggiunse livelli inusitati, i cittadini (specie quelli della periferia dell'impero) cominciarono a pensare che sotto i barbari sarebbero stati meglio.

Lo stesso avviene con la civiltà borghese, dove in nome della scienza e della tecnica, della capacità commerciale e finanziaria, della potenza bellica, della grande elaborazione di leggi, di filosofie, di ideologie di ogni tipo, su qualunque argomento dello scibile umano, si è convinti d'essere i migliori della Terra.

I cittadini hanno la convinzione che, nonostante le crisi cicliche di sovrapproduzione, i fallimenti bancari e aziendali, i dissesti finanziari delle borse mondiali, le relazioni illegali tra economia e politica, la cronica disoccupazione e la crescente inflazione, il nostro sistema di vita non abbia alternative, ovvero costituisca in ogni caso, in via di principio, quanto di meglio si possa desiderare.

Sin dalle sue origini la borghesia ha generato l'attività commerciale più immorale e, nel contempo, ha predicato a tutta la società, ereditandola da una chiesa non meno corrotta, la morale più umana e più cristiana mai apparsa sulla Terra. Dietro la copertura di elevati principi etici si sono tollerate, nella pratica quotidiana, le peggiori bassezze.

Ci si può chiedere, in tal senso, quali caratteristiche potrà e dovrà avere la prossima civiltà, quella che sostituirà la nostra. Sicuramente dovrà avere un aspetto più elevato della sordida economia borghese. Dovrà per forza mostrare maggiore coerenza tra valori umani e prassi sociale, almeno nella fase iniziale, quella in cui lotterà per imporsi sulla nostra. La politica, l'ideologia, l'etica, la coscienza dovranno necessariamente avere più importanza del profitto, della rendita, del denaro, del capitale, dell'oro e delle pietre preziose; dovranno avere più importanza anche della scienza e della tecnica che devastano la natura, del militarismo aggressivo e colonialista, con cui ancora oggi si vuol dominare il mondo intero.

Nei paesi capitalisti ci si appella all'*etica*, ai suoi principi assoluti, universali, quando fallisce l'economia, quando i gestori della produzione, del business, della finanza rivelano il loro vero volto di truffatori, di usurai legalizzati, di corrotti e corruttori. Si parla di *etica* nella speranza che i cittadini (cui sono stati abusivamente tolti moltissimi risparmi per rimediare ai guasti dei manager furbi o incapaci, degli imprenditori senza scrupoli, dei bancari cinici ed egoisti e degli speculatori finanziari), abbiano pazienza, usino misericordia, tolleranza, sappiano perdonare gli iniqui, la cui iniquità - ci viene detto, con facce che a dir di bronzo è poco - resta puramente soggettiva, incapace di mettere in forse l'oggettività "metafisica" del sistema.

Ieri venivamo spaventati col pericolo del comunismo, oggi veniamo rassicurati che non ci succederà nulla, che possiamo continuare tranquillamente a consumare, a ballare sul Titanic, ché tanto la situazione, in un modo o nell'altro, si sistemerà. Proprio perché non c'è alternativa. Se affondano le imprese, le banche, le società finanziarie, affonda la civiltà. E questo oggi è inconcepibile, visto che l'unica alternativa possibile, il cosiddetto "socialismo reale", è miseramente fallito.

Oggi gli statisti, gli economisti borghesi continuamente e cordialmente ci dicono: o capitalismo o barbarie. Come se le due cose fossero davvero in alternativa.

Il virus della borghesia

La borghesia che si è sviluppata in Europa a partire dal Mille, con la nascita dei Comuni (che già nel Duecento erano così forti da impedire agli imperatori tedeschi di far valere i loro diritti feudali), in che senso viene considerata "progressiva" dagli storici? Semplicemente per il fatto ch'essa riuscì a ottenere, attraverso il commercio e l'industria, ciò che prima poteva essere ottenuto solo attraverso la terra e le armi.

Ma davvero possiamo dire che la borghesia sostituì l'uso della rendita con quello del profitto? Davvero rimpiazzò l'uso delle armi per ottenere la terra con l'uso del denaro, ricavandone ricchezze e prestigio? O non è piuttosto vero ch'essa si limitò ad abbinare uno stile di vita a un altro?

Davvero la borghesia può essere considerata una classe "rivoluzionaria"? Una realtà dovrebbe essere considerata "rivoluzionaria" quando elimina o sostituisce quella precedente, non quando le si affianca, limitandosi a ridurne il peso o il volume.

Per raggiungere il suo obiettivo, la borghesia, più che altro, s'è comportata con una buona dose di opportunismo e di cinismo; ha sapientemente dissimulato le proprie intenzioni; ha fatto dell'ambiguità un vero modello di comportamento; ha saputo approfittare di tutte le contraddizioni della nobiltà e del clero cattolico, lacerati tra un idealismo astratto e un'immoralità concreta: ha fatto tutto questo soltanto per produrre nuove contraddizioni, strettamente legate all'uso dei capitali.

Davvero l'umanità aveva bisogno di vivere questa esperienza per emanciparsi dalla corruzione dei sovrani feudali? È stato davvero un "progresso" che una classe sociale potesse arrivare a un'analoga corruzione seguendo strade diverse da quelle percorse da chi l'aveva preceduta nella scala che porta al potere economico e politico?

Stando ai classici del socialismo scientifico, Marx ed Engels, sì, il percorso della borghesia era necessario per emanciparsi dal feudalesimo; stando invece al rivoluzionario Lenin, no: si poteva benissimo passare dal feudalesimo al socialismo democratico, saltando la transizione borghese. Sono due posizioni completamente diverse, e oggi, alla luce del crollo del socialismo autoritario, dovremmo pensare che, in definitiva, avevano ragione Marx ed Engels. Teoricamente, in realtà, aveva ragione Lenin, ma l'evoluzione del leninismo verso lo stalinismo ha dato ragione a Marx (e indirettamente a Trotski).

Lo stalinismo infatti è stato la testimonianza, in forme diverse da quelle del capitalismo occidentale, che lo stile di vita borghese può influenzare le masse più di quanto non si creda. Lo stalinismo è stato il tentativo d'impedire alla borghesia di svilupparsi autonomamente, utilizzando, nel fare questo, alcuni strumenti che la stessa borghesia s'era data per imporsi, e cioè lo Stato, le forze armate e di polizia, i servizi segreti, la burocrazia, l'ideologia politica, la parvenza del diritto, l'istruzione di massa, la scienza e la tecnica al servizio del potere, l'informazione manipolata ecc.

Nello stalinismo è mancata soltanto la possibilità che si sviluppasse una classe sociale particolare, frutto di un uso privatistico del denaro (che è poi quello che oggi il socialismo cinese sta permettendo). Si sviluppò invece la figura del burocrate statale deresponsabilizzato e dell'intellettuale di partito spersonalizzato, ch'erano, nella sostanza, delle figure imborghesite, dipendenti da questa tipologia di comportamento, anche se l'origine sociale poteva essere proletaria, rurale o industriale. La tradizione collettivistica, che s'era conservata nella decadenza del feudalesimo est-europeo, aveva ostacolato il libero sviluppo della borghesia "economica", ma non era riuscita a impedire lo sviluppo di quella "politica e amministrativa", anzi l'aveva favorito.

Tuttavia i fatti hanno dimostrato che se si sviluppa una borghesia del genere, più intellettuale che imprenditoriale, diventa poi impossibile impedire che si sviluppi anche l'altra borghesia, che nell'Europa occidentale esiste da almeno un millennio. Quest'ultima, infatti, produttiva per definizione, avrà vita facile nel criticare l'altra, parassitaria per definizione.

La storia dunque cos'ha dimostrato? Semplicemente che, una volta nato, lo stile di vita borghese è come un virus che si propaga molto velocemente; che bisognerebbe eliminarlo con decisione appena lo si individua; che è un virus molto pericoloso, in quanto muta continuamente le sue sembianze; che è un virus in grado di vivere in maniera latente e inerte anche dopo averlo tenacemente combattuto, e che alla prima occasione può venire allo scoperto, cogliendo del tutto impreparato chi l'aveva rimosso.

Per tenere sotto controllo questo virus, impedendogli di svilupparsi e di diffondersi, ci vogliono alcune condizioni fondamentali, che non possono essere imposte dall'alto, poiché una qualunque imposizione fa il gioco del virus.

La prima condizione è che si accetti di vivere un'esperienza collettivistica basata sull'*autoconsumo* e sulla *democrazia diretta*. Non solo cioè ci si deve limitare a consumare ciò che effettivamente si produce in maniera autonoma, evitando che si formino delle categorie di persone che, col pretesto di amministrare le eccedenze, evitano di lavorare; ma bisogna anche che ogni decisione da prendere su come ottenere dalla terra i prodotti del nostro sostentamento, sia frutto di una comune volontà, senza interferenze da parte di forze esterne al collettivo.

Posto questo, occorre che si abbia piena consapevolezza che nei confronti della natura non si può avere un atteggiamento di sfruttamento. La natura va rispettata nelle sue esigenze riproduttive, che sono le stesse che permettono agli uomini di esistere. Qualunque cognizione scientifica o uso della tecnologia non può andare oltre un certo limite, perché al di là di questo esiste solo *autodistruzione*.

Debellare un virus mortale

Quando si parla di "comunismo superiore" - come fa p.es. la rivista "n+1" nei numeri 27 e 28/2010 -, sarebbe meglio rinunciare all'idea che la "superiorità", rispetto al "comunismo primitivo", stia nella nostra scienza e tecnica.

Quando si affermerà, il socialismo democratico non avrà nulla dell'attuale sistema capitalistico, proprio perché in questo sistema non vi è nulla di umano e di naturale. La "superiorità" sarà solo a livello di *coscienza*, in quanto gli uomini saranno del tutto consapevoli dei limiti delle civiltà antagonistiche precedenti.

Quanto alle *forme*, esse non saranno molto diverse da quelle del comunismo primitivo, proprio perché solo quest'ultimo ha saputo rispettare integralmente la natura.

Perché una società possa dirsi davvero democratica, occorre che la sua scomparsa non lasci alcuna traccia a livello ambientale. L'uomo è ospite della natura, non è il suo padrone, non può fare quello che vuole in casa altrui. Meno fa e più rispetta le regole dell'ospitalità.

I doni che la natura offre all'uomo non devono farci pensare che siano dovuti. Sono doni offerti gratuitamente: si tratta soltanto di gestirli con parsimonia e oculatezza.

La natura non è un magazzino di risorse pienamente disponibili in forme illimitate, la cui porta può essere aperta e chiusa a nostra discrezione. La natura non è un oggetto di cui si può fare quel che si vuole. È un organismo vivente, che produce esseri viventi, tra cui noi stessi.

L'unica differenza tra tutti gli esseri viventi è che l'uomo è in grado di influire così tanto sui processi naturali da rendere impossibile la loro riproduzione. Non c'è nessun animale e neppure alcun fenomeno naturale (glaciazione, eruzione vulcanica, terremoto...) che abbia la capacità di questa irreversibilità.

L'uomo delle civiltà artificiali è un virus che distrugge il sistema, è l'unico elemento patogeno che alla fine arriva a distruggere persino se stesso. Non è solo un parassita che sfrutta risorse altrui, come può essere una zecca o un tafano, ma è come un'anofele, che mentre succhia sangue, uccide di malaria. Quando ha finito di uccidere tutti in un determinato luogo, si sposta in un altro, nella convinzione che le risorse siano infinite.

Un mostro di questo genere non può essere fermato con le buone parole, anche se possiamo usare lo strumento del linguaggio per ingannarlo. Occorre la violenza organizzata dei sopravvissuti. La resistenza armata deve essere collettiva, perché solo in questa maniera si potrà rinunciare alla violenza quando l'obiettivo sarà stato raggiunto.

Bisogna creare le condizioni - e questo è ancora più difficile che debellare il virus - perché, nel corso della lotta armata, non nascano pretesti per inoculare nuovi virus nella popolazione. Che è appunto quel che venne fatto nel passaggio dal leninismo allo stalinismo.

Tra Smith e Marx

Perché Adam Smith è "borghese"? Il motivo fondamentale non sta affatto nel suo individualismo, ma, al contrario, nel far passare il proprio individualismo come una forma di collettivismo. In particolare la "divisione del lavoro", per lui fonte di ricchezza, insieme ovviamente alle macchine, veniva considerata una forma di "collettivismo industriale", sconosciuta a qualunque civiltà pre-borghese.

È infatti nella mistificazione che sta la grandezza della borghesia. Se, esplicitamente, essa avesse detto che il singolo (artigiano, imprenditore, commerciante) è migliore del collettivo rurale, ci avrebbe messo molto più tempo per affermarsi, poiché difficilmente avrebbe potuto sottrarsi all'accusa di egoismo, di perseguire interessi privati ecc. Sostenendo invece il contrario, e cioè che la produzione borghese era un'esperienza collettivistica, molto più efficace di tutte le precedenti, i tempi si sono di molto ridotti.

Il contadino, sapendo fare di tutto, resta un isolato - secondo la borghesia -, uno che non ha bisogno del lavoro altrui. L'autarchia viene fatta passare, da Smith, come una forma di primitivo individualismo, analogo a quello delle specie animali, che è sempre decisamente inferiore, come produttività, alla dipendenza reciproca, fonte principale della ricchezza di una nazione.

La produzione borghese, dovendo coinvolgere tante persone per realizzare anche una semplice merce come uno "spillo", diventa un'operazione collettivistica, in cui ognuno si specializza in una particolare attività, migliorandola in tutti i suoi più piccoli aspetti, al fine di ottenere una grande quantità di beni. Ci vuole molta organizzazione per realizzare un'operazione del genere.

Smith afferma la superiorità del collettivismo operaio meccanizzato della produzione in serie, al fine di sostenere, rispetto alla comunità feudale, la superiorità del singolo produttore-organizzatore, proprietario di capitali da investire e di mezzi produttivi da impiegare. Cioè da un lato asserisce, contro la rendita feudale, che solo il lavoro è fonte di ricchezza; dall'altro evita però di dire che la vera ricchezza sta nello sfruttamento borghese della forza-lavoro operaia, compiuto attraverso le macchine.

Marx, criticandolo, ha accettato un suo fondamentale punto di vista. Egli infatti s'è limitato a sostenere che la proprietà dei mezzi produttivi andava socializzata e che quindi il reddito andava equamente suddiviso tra i vari lavoratori, ma non è mai arrivato a sostenere che il lavoro del contadino pre-borghese non fosse affatto individualistico, né che l'aumento della quantità dei beni utili alla riproduzione non fosse un criterio fondamentale per capire il progresso di una nazione. Il Marx economista non ha mai messo in discussione né la divisione del lavoro, né lo sviluppo del macchinismo. Ha messo solo in discussione la privatizzazione dei profitti.

Da Marx i contadini sono sempre stati visti come lavoratori isolati. Il nuovo collettivismo anti-capitalistico poteva essere realizzato solo dagli operai all'interno delle fabbriche borghesi. Ecco perché occorre dire ch'egli, su questo aspetto, ha ereditato i fondamentali pregiudizi borghesi sull'epoca feudale e sulla classe rurale in particolare.

E le conseguenze quali sono state?

1. la classe operaia non ha mai avuto una propria *cultura* ma solo una *politica* alternativa a quella borghese, finalizzata ad acquisire la semplice proprietà comune dei mezzi capitalistici;

2. una politica senza una *cultura* alternativa si corrompe molto facilmente, nel senso che l'operaio ad un certo punto smette di opporsi alla borghesia in maniera rivoluzionaria e si limita a fare semplici rivendicazioni salariali (in questo peraltro sta la differenza tra marxismo e leninismo, per quanto neppure quest'ultimo abbia saputo impostare i termini del problema in chiave *culturale*).

Se l'operaio si opponesse *culturalmente* alla borghesia, cioè non solo a un "modo di produzione" (quello che privatizza i profitti), ma anche e soprattutto alla "civiltà" che gli è strettamente correlata, non si limiterebbe a esigere la proprietà *sociale* dei mezzi produttivi, ma metterebbe in discussione l'intero sistema produttivo, fino alle sue fondamenta tecnologiche e scientifiche.

Un'opposizione culturale è necessariamente *sistemica*, *globale*, parte cioè dal presupposto di non salvare a priori nulla del sistema borghese, o comunque dovrebbe chiedersi, per ogni singolo aspetto del sistema, se davvero meriti di essere salvato, soprattutto in rapporto all'impatto che ha sull'ambiente naturale.

L'economia politica borghese ha fatto coincidere ricchezza e benessere (o quantità e qualità) dal punto di vista della ricchezza (o della quantità). Non ha guardato gli interessi collettivi da un punto di vista generale, ma ha fatto credere che quelli privati dei capitalisti avessero una ricaduta positiva sull'intera collettività. Non ha mai preso in considerazione le *persone* in quanto tali, ma solo i lavoratori e, di questi, ha privilegiato solo quelli che sanno sfruttare il lavoro altrui e solo indirettamente quelli che si lasciano sfruttare per permettere ad altri di realizzare profitti. Ha fatto della *natura* una serva al servizio del capitale e della sua tecnologia, e ha fatto credere, alle popolazioni prive di questa tecnologia, ch'era nel loro interesse restare sottomesse a chi la possedeva, nella speranza di poter un giorno cambiare vita.

A questo sistema economico il cosiddetto "socialismo reale" ha opposto il rovescio di una medesima medaglia, con la differenza che in luogo del capitalista privato aveva posto uno Stato centralizzato, intenzionato a utilizzare analoghi mezzi produttivi con sistemi pianificati dall'alto. Questo ovviamente non significa che non avrebbe mai dovuto esserci una industrializzazione del lavoro, ma semplicemente ch'essa avrebbe dovuto porsi come scelta consapevole di una collettività democratica, e non come un'imposizione di pochi, mascherata dalla formale libertà giuridica tra proprietari e lavoratori, o da una superiore ideologia collettivistica in cui tutta la proprietà doveva essere statalizzata.

Possibili scenari apocalittici

Le stupidaggini sulla vita di Gesù Cristo le abbiamo lette e ascoltate per venti secoli. Un'enormità di tempo, specie se si pensa che quanto detto e scritto da Pietro e Paolo, i veri fondatori del cristianesimo, non ha mai avuto alcun riscontro storico e non è molto diverso dalle favole che i genitori ci leggevano per farci addormentare.

Gli uomini hanno avuto bisogno di credere in queste favole perché non riuscivano a credere in loro stessi, nella loro capacità di vincere in maniera definitiva gli antagonismi sociali che li affliggevano e che ancora oggi li tormentano. La paura di non farcela, i fallimenti dei tentativi realizzati per tornare a un rapporto naturale con le cose e le persone, li aveva come paralizzati. E ancora oggi è così.

Gli uomini si erano convinti di non avere più alcuna speranza di successo e continuavano a credere in una favola che li teneva ancora più oppressi. E da allora non è cambiato molto. Si drogavano, convinti, in questo modo, si sopportare meglio le contraddizioni, quando proprio quella droga era una delle fonti di quelle stesse contraddizioni, o comunque dell'incapacità a risolverle. Si cercava di fuggire dalle proprie responsabilità, per poi lamentarsi che le cose andavano sempre peggio. E oggi è lo stesso.

I primi a mettere in discussione il valore dei dogmi religiosi sono stati gli intellettuali borghesi, poiché la borghesia esprime un tentativo di pensiero autonomo, fondato sulla capacità personale di farsi strada nella vita, anche a costo di schiacciare i più deboli. Il borghese confida in se stesso, nella propria scienza e tecnologia, nella propria abilità affaristica e non sopporta le limitazioni della religione.

Questo processo di emancipazione laicista dalla religione è avvenuto in epoca moderna. Certo, l'ateismo è esistito anche prima del cristianesimo, ma l'ateismo consapevole di sé, quello che poteva avvalersi dei fallimenti e delle contraddizioni del cristianesimo (il quale a sua volta ebbe la pretesa di superare il politeismo pagano), poteva nascere soltanto in epoca moderna, con la fine del feudalesimo.

L'ateismo moderno nasce col cogito cartesiano, senza sicurezze apodittiche, anzi balbettando alquanto, proprio a causa del fatto che la sua filosofia era figlia della borghesia, cioè di una classe sociale che, basando il suo successo sullo sfruttamento del lavoro altrui, non poteva essere coerentemente atea.

Tale ambiguità è andata avanti sino alla nascita delle idee del socialismo scientifico, l'ideologia che, pur essendo nata tra la borghesia, voleva porsi al servizio del proletariato industriale.

La borghesia cominciò ad opporsi a questa ideologia cercando intese e alleanze proprio col nemico di un tempo: la chiesa cristiana. Nello scontro che ne seguì fu la borghesia a rimetterci, poiché molti paesi cominciarono a realizzare praticamente le idee del socialismo scientifico. Per la borghesia il destino sembrava segnato: era solo questione di tempo.

Improvvisamente però accadde qualcosa d'imponderabile: le stesse popolazioni che avevano realizzato il socialismo di stato, si accorsero ch'era giunto il momento di farlo fuori, in quanto di umano e democratico non aveva proprio nulla.

E così il cosiddetto "socialismo reale" implose, lasciandosi travolgere da idee borghesi e religiose, che sembravano definitivamente superate. Pur avendo capito da soli gli insopportabili difetti di un sistema amministrato dall'alto, i cittadini di questi paesi non sono stati capaci di darsi una veste più democratica, ovvero di trasformarsi in maniera umana, ma hanno preferito scimmiottare il peggio del capitalismo avanzato, il quale ha potuto assaporare il gusto di una vittoria trionfale senza sparare neppure un colpo.

Ma la soddisfazione è durata poco. La stessa borghesia dei grandi paesi capitalisti ha cominciato a entrare in crisi, dovendo affrontare problemi economici di una gravità eccezionale. L'indebitamento delle masse e la corruzione dei potentati economici, politici e ora anche finanziari si vanno ad aggiungere allo spettro dell'esaurimento delle materie prime strategiche, alla minaccia di una crisi ambientale senza precedenti...

Un'intera civiltà, quella tradizionale dell'Europa occidentale e degli Stati Uniti, il cui benessere dipende in gran parte da un rapporto iniquo col Terzo mondo, sta pericolosamente vacillando.

E mentre queste aree del pianeta subiscono irreversibili declini, vengono emergendo nuove potenze territoriali che, incapaci di risolvere i loro problemi in maniera democratica, si affidano a soluzioni analoghe a quelle occidentali. La Cina, l'India, la stessa Russia sono decollati in senso capitalistico, sfruttando le popolazioni e le risorse interne, che sono immense.

Quanto tempo potrà durare questa situazione? Quanto dureranno queste risorse interne? E quanto grande potrà essere il livello di sopportazione dello sfruttamento?

I paesi del capitalismo classico non vogliono morire senza reagire e quelli nuovi non possono svilupparsi senza comportarsi come quelli classici, cioè facendo pagare le conseguenze del loro benessere alle popolazioni più deboli. La terza guerra mondiale rischia di diventare inevitabile, proprio per ripartirsi nuovamente il territorio da sfruttare. Infatti per un paese capitalista non sono mai sufficienti le risorse interne.

La guerra è inevitabile perché non si vuole rinunciare alla logica dello sfruttamento del lavoro altrui, alle rendite di posizione, a vivere al di sopra delle proprie possibilità... Coi mezzi di sterminio attualmente in possesso, da parte di questi paesi egemoni ed emergenti, una qualunque guerra mondiale comporterà esiti altamente catastrofici per gran parte dell'umanità.

Resteranno poche popolazioni in grado di capire che l'unica strada percorribile per evitare l'autodistruzione è quella del *socialismo democratico* e dell'*umanesimo laico*.

Contro la guerra

1. Autodifesa popolare locale armata (no agli eserciti di professione). Tutti devono essere sottoposti a periodiche esercitazioni per difendere il loro territorio locale.
2. Fuori le basi Nato dall'Italia e dall'Europa (in attesa che ciò avvenga, divieto di usare dette basi per compiere azioni belliche contro i paesi che ci sono confinanti).
3. Spese militari limitate alla difesa e non all'attacco.
4. Totale denuclearizzazione mondiale, militare e civile (con tanto di embarghi politici, diplomatici ed economici agli Stati che non la mettono in pratica).
5. Totale eliminazione di qualunque arma di sterminio di massa e di qualunque test sperimentale sull'ambiente.
6. Totale eliminazione di qualunque arma in grado di colpire anche quando i conflitti sono terminati.
7. Dichiarazione unilaterale da parte di tutti gli Stati che dispongono di armi di sterminio di massa che in caso di conflitto non le utilizzeranno mai per primi.
8. Inserire nelle Costituzioni un articolo che preveda che mai nessun reato compiuto durante un conflitto bellico cadrà in prescrizione (nel senso che non ci si può avvalere del principio che si è compiuto un crimine in ossequio a un ordine superiore).

9. Far approvare dall'Onu il principio che qualunque crimine compiuto ai danni di civili disarmati costituisce un aggravante e non un effetto collaterale imprevisto.

10. Far approvare dall'Onu il principio che chiunque, attaccando, causi danni ad ambienti e cose altrui, è tenuto a un congruo risarcimento.

Se solo alcune di queste cose venissero approvate, avremmo fatto passi da gigante.

La specie umana prossima ventura

La specie umana proveniente dal ceppo *sapiens sapiens* non è destinata a durare in eterno così com'è. È soggetta a evoluzione, come qualunque cosa nell'universo. Non siamo destinati a restare quel che siamo, ma a diventare quel che dobbiamo diventare.

Ora - ci si può chiedere - com'è possibile ipotizzare, già da adesso, una forma umana prossima ventura? Noi sappiamo soltanto che la molla del cambiamento sta sempre nel *desiderio*. Ma il desiderio è tanto più vero quanto più è *umano*. E noi, vivendo una vita enormemente artificiale, basata sull'antagonismo sociale e sullo sfruttamento indiscriminato della natura, non sappiamo più cosa sia il senso di umanità. Solo qualcosa di *esterno* a noi potrà indurci a rientrare nella normalità.

Generalmente questi fattori esterni, per come si sono manifestati nella storia, si pongono a un duplice livello: *catastrofi ambientali* e *guerre distruttive*. Sia gli uni che gli altri fattori avvengono in modo lento e progressivo, finché, come in una pentola a pressione, improvvisamente esplodono. E tra un evento e l'altro vi è una fase di relativa calma, in cui gli uomini, alle prese con la ricostruzione, hanno tempo e modo per comprendere i loro errori e porvi rimedio.

Ma il fatto stesso che tali eventi si ripetano (ciclicamente) è indice che nella ricerca di una vera alternativa alle cause del malessere generale, ancora non è stato raggiunto un adeguato obiettivo. Invece di risolvere i problemi alla radice, ci limitiamo a mutare le *forme* in cui essi si presentano, nell'illusione che le ultime siano migliori delle precedenti.

Da circa 500 anni tendiamo soprattutto ad affidarci, invano, a soluzioni di tipo tecnico-scientifico. In tal modo però finiamo col produrre delle situazioni le cui contraddizioni diventano sempre meno risolvibili. Cerchiamo mezzi estrinseci per risolvere dei problemi sostanziali, che riguardano la nostra identità personale e collettiva. Il vero problema è infatti quello di come *essere noi stessi*, come poter definire *umano* un certo atteggiamento, una certa esperienza, un certo sentimento...

Per poter rispondere a questo problema, la scienza e la tecnica non possono esserci di molto aiuto, proprio perché non è possibile ottenere da uno strumento la comprensione del suo uso più adeguato. Nessun oggetto ha in sé l'intelligenza di se stesso.

Noi abbiamo bisogno di azzerarci per poter ricominciare. Tutto ci dà fastidio, tutto ci condiziona pesantemente. Spontaneamente non riusciamo a rinunciare a nulla. Dobbiamo essere costretti a farlo, ma devono esserlo *tutti*.

Rivoluzione e democrazia

Fino ad oggi è sempre successo, probabilmente a motivo del fatto che i rapporti sociali basati sulla proprietà privata condizionano pesantemente gli uomini, che ogni rivoluzione politica favorevole alla democrazia si sia trasformata in un dispotismo più o meno forte.

Tuttavia, ognuno si rende conto che non può essere la consapevolezza del fatto che la proprietà privata condiziona pesantemente gli uomini, ad impedire che si facciano delle rivoluzioni. Proprio questo, anzi, può essere un buon motivo per farle. Lenin diceva che le rivoluzioni si fanno con i proletari "condizionati" dal sistema borghese: non si possono scegliere i migliori, quelli puri e incontaminati. Cioè le rivoluzioni si fanno quando il livello di sopportazione delle contraddizioni antagonistiche ha raggiunto la massima intensità possibile, tant'è che quando il capitale se ne accorge, cerca di porvi rimedio, ovviamente entro i limiti strutturali dai quali non può prescindere.

La soglia di sopportazione varia da Paese a Paese, sulla base di molteplici circostanze, culturali e materiali, che andrebbero analizzate una per una. A volte può anche accadere che, all'ultimo momento, si rinunci alla rivoluzione politica, in quanto si ritiene che i mezzi per farla contrastino in modo stridente con le esigenze di *umanità* di cui si ha consapevolezza.

Si può rinunciare alla rivoluzione nella speranza che gli uomini capiscano che la necessità di un cambiamento è inevitabile, è troppo forte per essere elusa, e che, proprio per questa ragione, bisogna attenersi ancor più scrupolosamente al rispetto dei *valori umani universali*. Gandhi e Mandela non fecero forse delle "mezze rivoluzioni", accontentandosi di conquiste più morali che materiali? In India e in Sudafrica il capitalismo non è ancora forse presente come sistema dominante? Il capitalismo non è un sistema che può convivere con altri sistemi che lo contraddicono: prima o poi tende a inglobare tutto.

Non si deve però disprezzare la rinuncia alla rivoluzione politica vera e propria, poiché ciò non implica che il soggetto che ne avrebbe più bisogno non possa continuare a lottare per la transizione, né implica che l'occasione di una nuova rivoluzione non debba ripetersi. Peraltro, nessun rivoluzionario dovrebbe mai dimenticare che la rivoluzione è sempre l'esito di un lavoro costante, faticoso, spesso sotterraneo, condotto a tutti i livelli.

I teorici del liberalismo e del socialismo riformista hanno sempre rimproverato a Lenin il carattere elitario del suo partito. Addirittura c'è chi vede, ancora oggi, in questa caratteristica la causa primordiale della successiva caduta del "socialismo statale" o amministrato dall'alto.

Qui tuttavia bisogna chiedersi: quando si vuole operare un rivolgimento rivoluzionario di un governo al potere, che non sia un semplice "colpo di stato", ma appunto una rivoluzione che coinvolga le masse oppresse, le quali devono mirare a una ristrutturazione radicale dell'intera società, è forse possibile limitarsi a una lotta "parlamentare" o comunque nei limiti della "legalità"?

Chi avverte con forza l'esigenza di "ribaltare il sistema", poiché lo ritiene assolutamente irrecuperabile (e questa era la consapevolezza che Lenin aveva sin da giovane), fino a che punto può essere disposto a circoscrivere "legalmente" la propria azione rivoluzionaria? È mai esistito un governo oppressore che abbia accettato una transizione "democratica" verso l'uguaglianza e la giustizia sociale? Se la Russia zarista non fosse diventata "socialista", con la rivoluzione bolscevica, non sarebbe stata forse destinata al capitalismo? Quando i governi borghesi scongiurano democraticamente il rischio di una rivoluzione proletaria, è perché han fatto concessioni significative, anche se non fondamentali, per gli obiettivi del socialismo.

Lenin avrebbe potuto essere in errore se, oltre alla soluzione "bolscevica", il Paese avesse potuto beneficiare di un'alternativa, quale ad es. quella del *populismo*. Ma la storia ha dimostrato che il populismo non aveva in sé la forza sufficiente per rovesciare il regime zarista. Il populismo fu in grado di farlo quando si associò al bolscevismo. La sciagura del socialismo post-rivoluzionario dipese dall'incapacità del bolscevismo di valorizzare al meglio l'apporto dei movimenti di origine non leninista.

Una forza rivoluzionaria può anche accettare i metodi legali, tollerati dal potere, ma fino a un certo punto. Il potere, infatti, utilizzandoli, spera di riassorbire nella maniera più indolore (che non è quella più facile né quella più sbrigativa, ma certamente quella più *sicura*) ciò che con la dittatura gli riuscirebbe con maggiore difficoltà. Normalmente le dittature funzionano quando nell'ambito della società esiste un forte livello di povertà e d'ignoranza. Le moderne dittature hanno invece bisogno della parvenza della *democrazia* per poter governare.

Tuttavia, quando un potere è oppressivo, perché riflette una società basata sull'antagonismo di classe, la democrazia viene usata, in politica, in maniera piuttosto formale, e le forze rivoluzionarie non possono lasciarsi ingannare da questa caratteristica. Prima o poi saranno costrette a scegliere le vie che il potere ritiene "illegali". Quando non si ottengono i risultati sperati, il ricorso alla dittatura, per il governo in carica, è inevitabile, senza particolari riserve da parte della borghesia. Dopo Giolitti il ricorso a Mussolini, come ultima spiaggia, fu inevitabile, proprio perché il rischio di una rivoluzione simile a quella bolscevica era diventato troppo grande: lo dimostra anche il fatto che, nella sua fase iniziale, il fascismo si presentò come una sorta di inveramento mistificato delle idee del socialismo.

Ecco, quando giunge il momento davvero rivoluzionario, non è più possibile che un partito eversivo possa continuare a sussistere nella "legalità". L'esigenza di circoscrivere la propria azione a un'élite di *rivoluzionari di professione* diventa una necessità.

Quando la democrazia formale, apparente (quella usata per ingannare i lavoratori), si trasforma in aperta dittatura, e il popolo non reagisce immediatamente, opponendo un netto rifiuto, è impossibile salvaguardare l'istanza rivoluzionaria senza entrare nella "clandestinità", senza optare per l'"illegalità".

Lenin non decise di dare un carattere elitario al proprio partito perché intrinsecamente egli era antidemocratico, ma perché, in quel frangente storico, quello era l'unico modo per lottare efficacemente contro il governo zarista, divenuto sempre più reazionario. E quando decise di farlo, non si comportò come un anarchico o un terrorista (vedi suo fratello), ma come uno che aveva a cuore il protagonismo delle masse. L'*Iskra* non avrebbe avuto alcun successo senza tale protagonismo, né si sarebbe realizzata alcuna rivoluzione.

La rivoluzione bolscevica è stata tradita da coloro che non hanno voluto allargare alle masse popolari la gestione del potere politico e dell'amministrazione della società. Vinti gli interventisti stranieri e i "bianchi" interni, i bolscevichi avrebbero dovuto affermare la piena democrazia sociale, la cooperazione, l'autogestione, il primato dell'agricoltura... La Nep fu una semplice concessione *obtorto collo*.

Purtroppo non si rinunciò neppure sotto Lenin alla centralizzazione. Fu infatti sotto il leninismo che vennero poste le basi dell'accentramento amministrativo da parte dello Stato, del monopartitismo, dell'unificazione ideologica, della subordinazione dell'agricoltura alle necessità dell'industria e delle città, ecc. Lenin, soggettivamente, si rendeva conto della fase transitoria di questa situazione, ma non ebbe mai la lungimiranza o comunque il tempo necessario per porre le basi per un suo sicuro superamento.

Quando riuscì a far accettare l'idea della Nep e della cooperazione, era già troppo tardi, anche perché l'attentato contro la sua vita gli impediva di controllare da vicino la coerenza democratica delle scelte compiute. Lenin doveva educare prima e meglio il suo staff dirigenziale all'uso della *democrazia* nei momenti più critici, quando, usando il centralismo, si è convinti di poter gestire più facilmente o con più sicurezza le cose.

Alla rivoluzione russa sono mancati i leader *democratici*, capaci di sensibilità *umana*, non disposti cioè a sacrificare sull'altare della politica ogni esigenza democratica e umanistica. Se non si pongono le basi oggettive di questa necessità - che sono quelle dell'uso personale e collettivo della *libertà* -, finiscono col rimetterci anche i leader che soggettivamente possono sembrare più democratici di altri. Lo stalinismo infatti non ebbe scrupoli nel togliere di mezzo gli esponenti più significativi della rivoluzione d'Ottobre.

La rivoluzione russa ha dimostrato che anche quando si è mossi dalle istanze rivoluzionarie più giuste, se non si è capaci di autentica democrazia, di autentico umanesimo, le conquiste politiche vengono facilmente strumentalizzate da chi vuole affermare solo un'esigenza di potere.

Il torto di Lenin fu quello di aver valorizzato i suoi seguaci più per le capacità *politiche* che non per la sensibilità *umana*. Quando si accorse dell'errore (e il *Testamento* lo dimostra), era già troppo tardi. La prima illustre vittima della rivoluzione fu lui stesso.

Proposta rivolta a un nuovo partito politico che ponga fine alla "civiltà"

Progetto per la futura società democratica, basato sul semplice principio che occorre fare il contrario di quanto s'è fatto negli ultimi 6000 anni.

1. La scrittura di pochi singoli ha sostituito la trasmissione orale di un popolo (interessi particolari hanno prevalso su interessi generali);
2. la vita urbana ha subordinato a sé quella rurale;
3. il valore di scambio ha prevalso su quello d'uso;
4. il mercato ha rimpiazzato l'autoconsumo;
5. la specializzazione del lavoro ha sostituito la capacità di saper fare ogni cosa utile a sopravvivere;
6. il lavoro intellettuale è decisamente prevalso su quello manuale;
7. con la scienza e la tecnica si vuole "dominare" la natura e la parte più debole, meno acculturata dell'umanità;
8. all'uguaglianza dei sessi è seguita la dominanza del maschio;
9. la proprietà privata domina su quella sociale;
10. la stanzialità ha sostituito il nomadismo;
11. l'esigenza del superfluo ha prevalso sui bisogni fondamentali;
12. l'idea di progresso prevalente e incessante è stata usata soltanto in relazione alla materialità della vita o al benessere economico, ed è stata portata avanti da pochi contro molti;
13. s'è fatto coincidere, in maniera automatica, il livello di produttività di un paese col benessere sociale della popolazione; indici quantitativi hanno prevalso su quelli qualitativi; l'economico ha prevalso non solo sull'ecologico ma anche sul sociale;
14. l'io ha prevalso sul collettivo;
15. la democrazia delegata ha sostituito quella diretta;
16. le amministrazioni statali hanno paralizzato l'autogestione o l'autogoverno delle popolazioni, e in generale lo Stato domina la società civile; si è voluto far credere che una maggiore statalizzazione significasse automaticamente una maggiore socializzazione;
17. le nazioni hanno sostituito le comunità di villaggio; abbiamo posto dei confini per stare separati;

18. ci si arroga il diritto d'imporre alle nazioni più deboli i propri criteri di vita: non c'è confronto alla pari, rispetto della diversità, ma imposizione di un modello;

19. tutti i valori affermati (siano essi laici o religiosi) servono solo per assicurare questo stato di cose, cioè anche se i valori sembrano umani e conformi a natura, nella pratica producono il contrario;

20. le armi che servivano per cacciare, ora possono distruggere l'intero pianeta.

I 20 punti di critica si possono ridurre a 6 punti propositivi:

1. Anzitutto dobbiamo partire dai *bisogni vitali di sopravvivenza* e dal modo di soddisfarli in maniera *autonoma*, senza dover dipendere da qualcosa o da qualcuno che potrebbe fortemente condizionarci nella gestione di quei bisogni.

   Questo significa che dobbiamo recuperare il significato del *valore d'uso* contro il primato assoluto del valore di scambio, il significato dell'*autoconsumo* contro la produzione finalizzata unicamente per il mercato. Si scambiano le *eccedenze* e il *baratto* va preferito alla moneta.

   Dobbiamo recuperare l'*origine delle cose*, i processi che le generano, la conoscenza della formazione dei beni che garantiscono la sopravvivenza della specie umana. A tale scopo diventa fondamentale recuperare le aree abbandonate dalle società antagonistiche, facendo in modo, in maniera collettiva, che queste aree garantiscano la sopravvivenza.

2. In secondo luogo dobbiamo assicurare che la *gestione sociale* del lavoro, dell'attività produttiva, porti alla partecipazione politico-democratica dei lavoratori. Occorre che la democrazia politica sia un riflesso di quella socio-economica, e che la politica (che è *consapevolezza* delle cose) aiuti l'economia (che è *spontaneità* delle cose) a regolarsi nel migliore dei modi.

   Quindi basta alla democrazia delegata, rappresentativa, indiretta, formale, in una parola: parlamentare. E basta anche alla politica di professione, al concetto di istituzione o di Stato, che tende a deresponsabilizzare e a costituire dei poteri estranei, indipendenti dalla volontà degli individui.

   Devono valere princìpi basilari come, in *politica*: nessuno è insostituibile; ognuno deve rendere conto di ciò che fa; ogni mandato può essere immediatamente revocato; e in *economia*: da ognuno secondo le proprie capacità a ognuno secondo i propri bisogni; la proprietà dei fondamentali mezzi produttivi è sociale, cioè non privata né statale, ecc. In *giurisprudenza*: chi ha più bisogno ha più diritti; nella *scienza*: non la natura dipende dall'uomo ma l'uomo dalla natura.

3. È inoltre evidente che va superato ogni dualismo tra attività manuale e attività intellettuale, come va superato ogni dualismo tra città e campagna. L'attività manuale è più importante di quella intellettuale, come la campagna è più importante della città. Basta alla prevaricazione dell'improduttivo sul produttivo. Chi non lavora non mangia e tutto quanto esula dal lavoro manuale va considerato come un surplus, che ci si può permettere solo quando sono soddisfatti i bisogni primari.

4. La società civile può *autogestirsi*, senza alcun bisogno di apparati burocratici e ideologici di stato.

5. Basta con la separazione dei poteri: chi fa le leggi, chi le interpreta e chi le fa rispettare deve essere uno stesso soggetto: il *popolo*.

6. Tutto ciò va difeso in maniera collettiva dai tentativi di chi vuole opporvisi. Un'esperienza del genere, infatti, incontra facilmente la resistenza di chi non vuole perdere i privilegi acquisiti. E se essa non è in grado di difendersi, la sua sorte è segnata. Mettere il significato e le modalità di gestione di queste nuove aree di democrazia sociale e politica a disposizione di chi le vuole riprodurre altrove.

Parmenide, Eraclito e l'occupazione delle fabbriche

Che la filosofia sia cosa astratta e quindi inutile ai fini pratici, è dimostrato anche dal fatto che un'affermazione del genere: "L'essere è e non può non essere e il non essere non è e non può essere" (che, come noto, è di Parmenide), pur essendo altamente dogmatica e quindi povera di contenuto, può anche pescare nel vero se si fa coincidere l'essere con la *realtà* e il non essere col *desiderio*. Le parole della filosofia son come la sabbia che, quando scende da un pugno chiuso, va dove tira il vento.

Parmenide era un fanatico (oggi diremmo "talebano") che credeva nell'autoevidenza della verità e che quindi rifiutava l'unità degli opposti che si attraggono e si respingono. La verità, per lui, non può essere data da un libero e democratico confronto tra opinioni diverse, ma può essere solo imposta da chi pensa di avere più ragione degli altri. È una verità aristocratica. Sono i credenti che si mettono dalla parte di Parmenide, ovviamente non prima d'aver equiparato la sua concezione di "essere" a quella di "dio".

Nondimeno se Parmenide avesse fatto coincidere l'essere con la realtà (sociale, umana) e quindi con l'esistenza, inevitabilmente carica di problemi da risolvere, gli si sarebbe anche potuto dar ragione quando diceva che il non essere non esiste. In tal caso infatti il non essere sarebbero i sogni, i desideri astratti, la confusione che uno fa tra la realtà e i propri desideri.

Dunque, in tal caso, sarebbe stato vero: solo l'essere è, con tutte le sue contraddizioni, mentre il non essere, con tutte le sue fantasie, non è, non ha sostanza e chi lo predica s'illude di poter cambiare le cose. Il non essere rappresenterebbe la visione onirica, utopistica, quella di chi vorrebbe cambiare tutto e subito, senza rendersi conto delle vere contraddizioni sociali, per il cui affronto occorre un consenso di massa. Cosa di cui i filosofi non si preoccupano affatto, poiché in genere sono degli individualisti, tant'è che quando si mettono a fare politica in senso vero e proprio, tutta la loro filosofia non vale assolutamente nulla. I filosofi sono degli idealisti che non amano sporcarsi le mani.

Resta comunque difficile spezzare una lancia a favore di Parmenide, proprio perché egli vedeva la realtà come qualcosa da superare grazie appunto alla sua concezione astratta dell'essere, con cui rifiutava l'idea dell'opposizione, cioè appunto l'idea del non essere, quell'idea meravigliosa secondo cui, davanti agli orrori dell'essere, bisogna sempre essere capaci di offrire all'uomo una nuova possibilità. Dobbiamo infatti esser grati al *non essere* se riusciamo ancora oggi a credere nella possibilità di cambiare l'esistente.

Questa cosa era già stata capita dall'avversario n. 1 di Parmenide: Eraclito, per il quale l'opposizione dei contrari costituiva il senso della vita. Tuttavia, siccome anche lui era un filosofo astratto, quel che di buono aveva detto rischia sempre di trasformarsi nel suo contrario. Nel senso che se da un lato è vero che essere e non essere devono perennemente coesistere, è anche vero che non tutte le opposizioni meritano di sopravvivere.

Tutti noi ricordiamo, dai banchi di scuola, il famoso apologo di Menenio Agrippa, quando, per convincere i plebei a tornare alle loro case, rinunciando alla lotta di classe, disse che un giorno tutte le membra del corpo s'erano rifiutate di lavorare per non ingrassare lo stomaco, che, a parer loro, non faceva nulla. Ma, dopo qualche tempo, le membra s'erano accorte che anche loro illanguidivano, proprio come lo stomaco; e allora compresero che, se non avessero nutrito lo stomaco, si sarebbero indebolite sempre di più, fino a morire.

Ecco a cosa può portare un'interpretazione sbagliata della filosofia dialettica di Eraclito: a credere che il capitale sia necessario al lavoro. Imprenditori privati, che dispongono di capitali e non lavorano, e operai salariati, che lavorano senza avere mai dei profitti, non sono due poli opposti che devono cercare di coesistere pacificamente. Essi rappresentano la contraddizione irriducibile di questo sistema, che all'interno di esso non può in alcun modo essere risolta.

Gli operai devono prendere coscienza che quando le aziende chiudono, per un motivo o per un altro, esse vanno *occupate* ed eventualmente riconvertite. I lavoratori devono iniziare a chiedersi non come fare per sopportare la crisi del sistema, ma come cercare *un'alternativa radicale*, che anzitutto vuol dire riprendersi il proprio territorio, recuperandone le risorse naturali e le radici culturali. Vuol dire sondare ciò di cui i suoi abitanti possono aver bisogno e iniziare quindi a produrre per soddisfare finalmente le necessità concrete e non le mere esigenze di profitto.

Se la proprietà dei mezzi produttivi non passa dalle mani di chi gestisce i capitali a quelle di chi gestisce il lavoro, si continuerà a parlare di crisi del sistema in eterno. Il non essere non è tenuto a convivere con un essere che di *umano* e di *naturale* non ha proprio nulla.

Prospettive post-capitalistiche

Se uno dovesse misurare il valore di sé, come persona, sulla base del criterio di valore dominante in questa società, il *denaro*, con cui si tende a dare valore ad ogni cosa, non riuscirebbe a resistere alla tentazione di rinunciare a *qualunque* valore extra-economico. Cioè il passaggio dal primato dell'etica a quello dell'economico, che comporta sicuramente una lacerazione interiore, produce una sorta di effetto a domino, in cui *qualunque* valutazione che potrebbe essere soggetta a parametri etici diventa di fatto patrimonio esclusivo del dio quattrino.

Non solo, ma nella mente di questo soggetto amorale facilmente s'insinua la convinzione che sia possibile conservare una propria identità morale, o una propria legittimità sociale, dedicandosi in toto ai traffici commerciali, o comunque concedendo a questi traffici un'importanza che la democrazia non dovrebbe concedere. Il fatto è che in una società borghese questa trasformazione interiore viene sempre più avvertita come un fenomeno naturale, al punto che in questa società il soggetto che si pretende o che vuole essere morale, appare all'opinione pubblica, che dai media viene fatta passare per dominante, come un soggetto isolato.

Ovviamente sarebbe assurdo sostenere che in una società borghese la moralità è possibile solo a titolo personale o privato. Se il soggetto vive pubblicamente una vita borghese, è borghese anche nella vita privata, nonostante i camuffamenti delle varie religioni; se invece il soggetto subisce le leggi del capitale con rassegnazione e in privato si sforza di salvaguardare la propria moralità, allora bisogna dire con franchezza che è illusorio pensare di poter conservare la propria moralità in un atteggiamento del genere.

Sono solo gli ingenui che credono nell'equazione "assenza di profitto=sicura moralità". Spesso anzi è vero il contrario: la precarietà economica porta facilmente i marginali a vivere un'esistenza priva di valori, soggetta a qualunque forma di compromesso. Il capitalismo genera "disumanità" non solo a causa del denaro ma anche a causa della sua mancanza.

Infatti il capitalismo non è solo economia ma anche *cultura del denaro*, cioè consumismo, abbondanza, spreco, speculazione ecc. È il trionfo dell'idea di *mercificazione*. Questa cultura penetra anche nelle menti dei marginali, che così vivono la loro esistenza con rancore, invidia, gelosia ecc.

L'esperienza dovrebbe quindi indurci ad affermare che non esiste alcuna condizione sociale che di per sé possa garantire livelli più o meno grandi di eticità. Tutto dipende sempre dal livello di consapevolezza che si possiede.

Di regola le persone marginali sono persone "di valore" quando fanno della loro oppressione un motivo di riscatto sociale della classe cui appartengono. Non è, beninteso, la politica che dà dignità alla coscienza morale, ma la politica può offrire gli spazi necessari perché la moralità possa vivere e svilupparsi come coscienza collettiva.

Naturalmente è da scartare a priori l'idea che la società del futuro debba essere priva di commerci. Di per sé il mercato non è immorale: è piuttosto l'idea di dover vivere *per* il mercato a rendere indegna l'esistenza. È la dipendenza dalle leggi del mercato e soprattutto da quelle dei monopoli che distrugge ogni forma di libertà.

Il mercato ha senso quando la società è basata sull'*autoconsumo*. Anzitutto i cittadini, valorizzando le proprie risorse locali, devono fare in modo di potersi garantire il minimo della sopravvivenza; poi possono pensare di affidare al mercato il loro surplus o le loro esigenze rimaste insoddisfatte.

Chi sostiene che solo il mercato garantisce la "qualità delle merci", dimentica sempre di aggiungere che per ottenere questa qualità molte persone devono pagare dei prezzi moralmente inaccettabili. È quindi preferibile meno sofisticazione nelle merci e più *garanzie sociali per tutti*. Anche la sicurezza della propria sopravvivenza fa parte dei beni primari da salvaguardare. Questo senza considerare che è tutto da dimostrare che la qualità delle merci capitalistiche sia tale da risultare assolutamente innocua per gli interessi della natura.

Vanno tenacemente combattute le espressioni di chi sostiene che se non si riduce il costo del lavoro non si può essere competitivi. Semplicemente perché la competitività acquisita, riducendo il costo del lavoro, non si traduce mai in una maggiore sicurezza sociale.

Origine e futuro del capitalismo

Perché il capitalismo non è nato nel mondo romano? Perché mancava il cristianesimo, o meglio, il suo tradimento. Ciò è, in un certo senso, paradossale: l'assenza del cristianesimo ha impedito la nascita del capitalismo, invece di favorirla. Eppure il capitalismo è nato a causa della crisi del cattolicesimo occidentale.

Questo significa che il capitalismo non sarebbe mai potuto nascere se non ci fosse stato un grande ideale (in decadenza) da distruggere. Ma questo significa anche che, al momento di nascere, il capitalismo ha avuto bisogno di affermare degli ideali non meno elevati di quelli cattolici in decadenza, per poter essere accettato dalle masse.

Il fatto che le masse non si siano subito accorte della falsità di questi ideali borghesi, la dice lunga sul tipo di crisi che stava attraversando il cattolicesimo-romano. Ora, se c'è una cosa che andrebbe studiata è proprio l'origine storica di questa crisi del mondo cattolico, che va sicuramente messa in relazione alla rottura dei rapporti col mondo cristiano-ortodosso dell'Europa orientale.

Quando saranno chiarite le responsabilità della chiesa romana nella formazione di una mentalità anticristiana, bisognerà poi occuparsi dei tradimenti che la stessa chiesa ortodossa ha operato nei confronti dell'autentico messaggio di Cristo (tradimento che si può rilevare nell'elaborazione degli stessi vangeli e soprattutto nell'ideologia paolina).

Una problematica di questo genere risulterà ovviamente del tutto estranea alla storiografia sviluppatasi negli Usa, la quale praticamente ha a che fare con una nazione *nata protestante* (calvinista in particolare). Gli Usa potranno essere aiutati a recuperare le radici della democrazia sociale, riscoprendo il valore delle società e culture pre-colombiane.

Viceversa, in Europa occidentale da tempo non esiste più nulla di pre-capitalistico. Le uniche realtà esistenti si trovavano nella parte orientale, almeno fino a quando il socialismo amministrato non ha cercato di inglobarle nel proprio statalismo.

Se in Europa orientale non riscoprono il valore delle civiltà pre-capitalistiche, costruendo un socialismo moderno veramente democratico, saranno costretti a riprodurre il modello capitalistico attualmente egemone a livello mondiale. Il che sarebbe catastrofico per l'intera umanità, poiché il capitalismo può sussistere solo se accanto a pochi paesi sfruttatori ne esistono tanti altri che si lasciano sfruttare.

Anche da questo si comprende che il capitalismo non ha futuro. Se si facesse una nuova guerra mondiale per rimescolare le carte dello sfruttamento internazionale, le conseguenze sarebbero tragiche per gli stessi paesi capitalisti (di vecchia e nuova data), poiché con gli attuali arsenali nucleari difficilmente potrebbero esserci dei vincitori.

Se in futuro esisteranno delle potenze che vorranno dominare la scena mondiale, esse non potranno certo utilizzare i metodi (vecchi e nuovi) del capitalismo. La loro forza bellica dovrà essere messa al servizio di ideali che, almeno in apparenza, dovranno sembrare più grandi di quelli del capitalismo. Si farà una guerra in nome di un socialismo mistificato.

Possibili alternative al capitalismo

Se ci attenessimo scrupolosamente a quanto tramandatoci dalla storia, cioè alla sapienza degli antichi o delle generazioni che ci hanno preceduto, noi faremmo ben pochi errori. La storia dell'uomo, sino alla rivoluzione industriale, è stata una storia di conoscenze consolidate, trasmesse per tradizione. La tradizione era più importante della scienza, della ragione, del dubbio che poteva avere la singola persona, il singolo intellettuale. Si doveva credere in certe cose perché vi si era sempre creduto. E dal punto di vista produttivo questo atteggiamento di vita era strettamente connesso all'attività socioeconomica del mondo agricolo-pastorale.

Generazioni di uomini e di donne hanno creduto in valori comuni proprio perché la dimostrazione della validità di questi valori era data dalla stessa attività rurale, nonché da quella artigianale che le era correlata. Agricoltore, allevatore e artigiano: ecco cosa sono stati l'uomo e la donna nell'arco di millenni, prima che la loro attività venisse completamente sconvolta dalla rivoluzione borghese (che è scientifica, tecnologica, industriale), inaugurata dall'Italia comunale e portata avanti dall'Europa protestante. Il capitalismo è una civiltà che ha avuto un chiaro inizio, ben individuabile, in quanto punto di non ritorno rispetto a quanto v'era prima.

Oggi nessuno di noi mette in dubbio il valore di eminenti scienziati e filosofi che agli albori del capitalismo seppero mettere per iscritto le tendenze che andavano imponendosi sul terreno produttivo e riproduttivo della società civile. Costoro seppero interpretare egregiamente ciò che il loro tempo manifestava più o meno spontaneamente, e in virtù delle loro riflessioni essi seppero dare ulteriore impulso a processi già in atto. Mi riferisco a pensatori come Cartesio, che fece nascere la filosofia moderna, Galilei, che teorizzò la scienza sperimentale, Ugo Grozio, che pose le basi del moderno giusnaturalismo, Machiavelli, che inaugurò la scienza della politica, ecc. Costoro, e altri come loro, posero uno spartiacque ben definito tra passato e presente, tra feudalesimo e capitalismo, ne fossero o no consapevoli.

L'Europa occidentale generò una sorta di rivoluzione sociale e culturale che trovò poi negli Stati Uniti il suo terreno di sviluppo più favorevole. La differenza tra Europa occidentale e Stati Uniti sta proprio nel fatto che in Europa la nascita del capitalismo ha dovuto tener conto della resistenza di una cultura medievale ben consolidata: quella cattolico-romana, che sul piano politico si presentava in forma autoritaria, non amando spartire il potere con altre forze sociali (e in parte ancora oggi è così).

Dal punto di vista politico e intellettuale la chiesa romana è stata la principale responsabile della rottura delle tradizioni secolari del mondo contadino, in quanto ha spezzato il senso di collegialità ecclesiale e ha imposto il principio della monarchia pontificia. Non ci sarebbe stata alcuna rivoluzione borghese senza questa premessa autoritaria e individualistica. Ma la prosecuzione coerente di tale prevaricazione è stata assicurata dalla riforma protestante, che ha saputo trasformare l'individualismo politico del cattolicesimo in un'esperienza di tipo sociale, alla portata di ogni soggetto borghese, interessato a fare profitti.

Oggi tutte queste forme d'individualismo, politico, sociale e culturale, sono giunte al capolinea. Si tratta soltanto di dover riconoscere il fallimento storico di un'esperienza insostenibile, che di umano non ha praticamente nulla. Oggi non abbiamo nemmeno bisogno di dimostrare i limiti della filosofia e della politica borghese, della scienza sperimentale, del diritto moderno... Non occorre più un lavoro teorico di critica, di smontaggio delle tesi individualistiche: è sufficiente prendere atto dei disastri ottenuti in virtù delle loro applicazioni.

Oggi piuttosto occorre lavorare concretamente sulle possibili *alternative*, sociali ed economiche anzitutto, per far sì che questo disastro non ci sconvolga completamente, non renda definitivamente impossibile la prosecuzione della vita. Occorre creare delle alternative praticabili, non borghesi, non capitalistiche, capaci di riallacciarsi a un passato lontano, perduto e tradito. Se non riusciamo a collegarci organicamente al nostro passato, inventando un nuovo futuro, ponendo le basi oggi per un futuro diverso da quello che ci prospettano i poteri forti della politica e soprattutto dell'economia (sotto il capitalismo è l'economia che detta legge alla politica), il nostro destino sarà quello di vivere sempre più in maniera disumana, sempre più in forme e modi innaturali.

I nuovi interlocutori del capitalismo mondiale

Forse non ci rendiamo ben conto che quando non si riesce a trovare il modo di superare le contraddizioni che c'impediscono di tornare al comunismo primordiale (quel periodo che, con molta supponenza, chiamiamo "preistoria"), e anzi si vuole che quelle contraddizioni permangano, in quanto le consideriamo irrinunciabili, si è costretti ad accentuare il lato mistificatorio della democrazia, se si vuol far credere alla popolazione che un loro superamento (che ovviamente risulterà fittizio) sia assolutamente possibile.

Si deve diventare sempre più astuti non solo nel nascondere la realtà delle cose, il cui individualismo è la regola, ma anche per poter essere più cinici nella gestione del potere economico e politico. Quando l'antagonismo appare ineludibile (e forse addirittura lo si considera desiderabile) e lo si vuole o lo si deve comunque gestire, occorre far vedere, con tutta la finzione di cui si è capaci, che si è impegnati a risolverlo davvero. Sulla base di questa strategia è avvenuto il passaggio dal feudalesimo al capitalismo e dal capitalismo al socialismo di stato.

Ora stiamo assistendo a una nuova forma di transizione, del tutto inedita: quella che va da una gestione "sociale" del capitalismo (in cui il singolo proprietario, o il ceto d'appartenenza, detta legge) a una sua gestione "statale", intendendo col concetto di "Stato" non un ente che, seppur formalmente equidistante, di fatto fa gli interessi della borghesia, ma un ente che può essere padrone di tutto e che permette alla società di essere capitalistica entro certi limiti.

Questa nuova forma di transizione oggi viene gestita dalla Cina e, in un certo senso, anche dalla Russia. Le differenze tra i due paesi stanno nel fatto: 1) che uno formalmente si dice comunista ed è un regime monopartitico, l'altro no; 2) che la Russia, con la Siberia, possiede una quantità enorme di risorse energetiche, mentre la Cina è costretta a sfruttare come schiava la propria popolazione e, col plusvalore ricavato, deve rivolgersi alle aree povere del pianeta per poter acquisire risorse strategiche a basso prezzo.

Un sesto dell'umanità non può vivere in un paese non ricco di risorse energetiche come la Cina, oppresso dai deserti e ancora costretto a usare il carbone come combustibile (è peraltro diventato importatore netto di petrolio e gas a partire dal 1993): il che la porta ai limiti del collasso sul piano ambientale. Questo spiega anche il motivo per cui la Cina, sul piano politico, ha avuto bisogno di continuare a definirsi comunista.

Quando si vive in una dura realtà come quella cinese, dimostrare di avere degli ideali egualitari è sicuramente un vantaggio.[10] L'avrebbe fatto anche la Russia (di restare comunista, almeno formalmente), se non avesse avuto la Siberia.

La Cina è la dimostrazione più lampante che il capitalismo non può essere vissuto all'interno di una singola nazione, senza che ve ne siano altre costrette a subire le sue contraddizioni. Questo certamente lo sappiamo da almeno 500 anni, ma proprio perché lo sappiamo, dobbiamo aspettarci che prima o poi avvenga un ingorgo, tra potenze capitalistiche, nello sfruttamento delle risorse del pianeta, il quale non è più in grado di soddisfare tutti a un ritmo così forsennato.

Fino ad oggi la natura ha potuto abbastanza resistere perché i poli dell'imperialismo erano sostanzialmente tre: Stati Uniti, Europa occidentale e Giappone. Ma con l'entrata in scena della Cina, in maniera prepotente, gli equilibri sono destinati a rompersi, e lo saranno ancor più in un futuro molto prossimo, quando entrerà sulla scena internazionale l'India, che ha un tasso di crescita demografica superiore a quello cinese.

Il governo cinese ha imboccato una strada senza ritorno. Una volta accettato il capitalismo, non è possibile dire alla propria popolazione che ci si era sbagliati e che ora si vuole tornare indietro. Se prendesse una decisione del genere, scoppierebbe la guerra civile. Dunque meglio andare avanti, mettendo l'umanità alle strette: o si accettano le esigenze di espansione economica di questo gigante o una nuova guerra mondiale è inevitabile.

---

[10] Da notare che il principale ideale egualitario in Cina è che la terra appartiene allo Stato, anche se ciò che vi si costruisce sopra può appartenere ai privati.

Il momento giusto per cambiare

Nei vangeli esistono parabole molto suggestive per indicare i comportamenti da tenere nei casi di transizione politica. P.es. quella delle dieci vergini, cinque delle quali si preoccupano di tenere accesa la lampada della speranza, nell'attesa dello sposo.

Ma esistono anche affermazioni di tipo profetico che i sinottici han voluto attribuire al Cristo, per quanto il loro contenuto non sia in sé anti-rivoluzionario: "Vegliate perché non sapete in quale giorno il messia verrà" (Mt 24,42), e simili.

In tutte le piccole apocalissi evangeliche la necessità di compiere una insurrezione anti-romana viene sostituita col dovere di attendere fiduciosi il giorno del giudizio universale.

Forse l'argomentazione più significativa, in tal senso, è offerta dal vangelo di Giovanni, allorché il Cristo, rivolto ai suoi parenti, che gli chiedevano di esporsi pubblicamente in Giudea, risponde: "Per voi che vivete secondo il principio del tanto peggio tanto meglio, ogni occasione è buona" (Gv 7,6).

Per un essere umano è molto difficile stabilire il momento in cui è possibile che avvenga un cambiamento significativo delle cose. Cambiamenti del genere non possono voler dire, ovviamente, "saper sfruttare l'occasione della propria vita", quanto piuttosto saper vedere questa occasione come un'opportunità generale, che non riguarda solo una vita individuale; anche perché nelle società basate sui conflitti di classe, sugli antagonismi sociali, spesso le occasioni individuali vengono usate a titolo di rivalsa personale, senza tener conto degli interessi altrui.

Noi misuriamo lo scorrere del tempo sulla base della nostra esperienza, ma per poter avere una percezione obiettiva del tempo, bisognerebbe che l'esperienza fosse la più possibile condivisa. Un'esperienza individuale o familiare o di piccolo gruppo non è di molta utilità per avere il polso della situazione.

Il tempo ha delle pretese che solo un popolo può soddisfare, anche perché i tempi sono sempre incredibilmente lunghi, in grado di andare ben oltre l'esistenza di individui singoli.

Le masse si muovono solo quando convinte che un certo modo di vivere la vita ha concluso il suo tempo. Occorre una percezione collettiva del problema, un sentire comune.

Le masse si muovono quando smettono d'illudersi che un determinato tipo di esistenza possa continuare a essere sopportato. Ma perché sorga questa convinzione occorrono situazioni disperate, di gravissima crisi. Non bastano le contraddizioni, i conflitti, gli antagonismi: ci vuole la *disillusione*, cioè la convinzione che se non si fa qualcosa di completamente diverso, si perde solo tempo, si rende il problema ancora più irrisolvibile.

Quelli sono i momenti in cui le masse, per prendere decisioni epocali, hanno bisogno di essere guidate da leader intelligenti e coraggiosi, dotati di senso tattico e strategico, capaci di organizzazione politica e persino militare (poiché bisogna sempre tenersi pronti a difendere le conquiste rivoluzionarie), insomma leader all'altezza della situazione, consapevoli del momento cruciale.

È così che nascono le svolte epocali. Per questo la storia potrebbe essere studiata solo a partire dalle rivoluzioni, che sono un concentrato di tutti i problemi di un'epoca e dei tentativi messi in atto per risolverli.

Tra una rivoluzione e l'altra il compito è soltanto quello di porre le condizioni perché la transizione avvenga nel miglior modo possibile, cioè rispettando le esigenze più vere, quelle più generali, possibilmente senza spargimento di sangue.

La lotta diventa tra speranza e disperazione, in attesa che giunga il momento decisivo: la speranza di chi vuole uscire dalla disperazione, la disperazione di chi non vuole uscire dai propri privilegi.

Siamo noi che diamo alle cose il loro senso e il loro tempo, e quando il tempo non dà più senso alle nostre cose, è ora di cambiarlo.

Tempo scaduto per l'occidente

Perché s'imposero le moderne monarchie nazionali sull'impero e sui potentati feudali? Semplicemente perché l'idea di "impero cristiano" era stata profondamente corrotta dalla pretesa teocratica dei pontefici.

In Italia, pur di affermare questa pretesa contro gli imperatori, il papato finì con l'appoggiare le rivendicazioni borghesi dei grandi Comuni settentrionali, nella convinzione che, una volta ridimensionato il potere imperiale (germanico), la chiesa non avrebbe avuto problemi a circoscrivere quello degli stessi Comuni. Cosa che se in Italia riuscì effettivamente a fare, con l'aiuto della Spagna controriformistica, sino al momento dell'unificazione nazionale, non poté però fare nel resto dell'Europa, dove le grandi città avevano creato le monarchie assolutistiche appoggiate dalla borghesia.

In realtà quindi la crisi dell'impero cristiano-feudale d'occidente coinvolse non solo gli imperatori tedeschi ma anche gli stessi pontefici: i primi a tutto vantaggio dei grandi feudatari, che disponevano di enormi territori da trasmettere ai propri discendenti (anche se poi questa nobiltà nulla potrà fare contro l'avanzata della borghesia); i secondi a vantaggio delle chiese nazionali, che sempre più legavano i loro interessi a quelli delle monarchie dei loro paesi, fino al punto in cui la fine dell'impero feudale, accelerando il processo di laicizzazione della fede, aprirà le porte al successo della riforma protestante.

Da quando era salito al trono Carlo Magno, le istituzioni ragionavano solo in termini politico-militari, dove gli aspetti etico-religiosi svolgevano un ruolo del tutto subordinato, di mera facciata, funzionale alla conservazione e anzi all'ampliamento di un potere politico ed economico sempre più autoritario, sempre meno legittimato.

Gli ideali venivano usati in maniera strumentale, al fine di ripartire questo potere in mani diverse: p.es. dagli imperatori ai feudatari, dai feudatari alla borghesia. Ovvero gli ideali affermati in sede giuridica, politica, filosofica, etica e religiosa, venivano sistematicamente smentiti da una pratica politica, sociale ed economica tutt'altro che *umana* e *democratica*.

Persino quando, col socialismo, si pensò di fare gli interessi del proletariato, emersero delle situazioni non molto diverse da quelle delle peggiori dittature borghesi. Questo perché non si volle ripensare sino in fondo *tutta la struttura della società borghese*.

Nonostante le immani catastrofi belliche, di cui l'Europa occidentale è stata oggetto e soggetto, coinvolgendo il più delle volte dei territori extraeuropei, dalla formazione dell'impero romano sino alla seconda guerra mondiale, non si è ancora stati capaci di trovare una coerenza significativa tra ideali teorici e pratica politica ed economica.

Questo potrebbe anche portare a pensare che né l'Europa occidentale, né gli Stati Uniti, che dell'Europa moderna sono l'erede più significativo, hanno ancora più titoli per guidare le sorti dell'umanità o per proporsi come modello da imitare.

Per poter dimostrare la loro coerenza, il tempo che gli europei e gli statunitensi hanno avuto, è finito. È giunto il momento di ripensare le relazioni internazionali. E per poterlo fare è necessario riprendere in esame, a titolo esemplificativo, i rapporti tra feudatari locali-regionali e monarchie nazionali.

Dunque per quale motivo in Europa occidentale vinse la borghesia, che appoggiava i re nazionali? Semplicemente perché i feudatari non vollero abolire il servaggio e usavano la religione come strumento di potere. Quando i feudatari si opponevano alla borghesia, non incontravano il favore dei contadini. E questi, a guerra finita, si trovarono a vivere, sotto la monarchia nazionale borghese, una situazione peggiore di quella che avevano vissuto sotto il giogo feudale. Una situazione che invece a molti sembrò migliore solo perché in realtà le contraddizioni insanabili del capitalismo vennero fatte pagare, col colonialismo, ai paesi più deboli sul piano militare (africani, asiatici e americani).

Mezzo millennio fa si lottò per affermare il livello nazionale contro quello locale-regionale. Poi ci fu lo scontro tra le nazioni, durante le ultime due guerre mondiali, da cui emerse lo strapotere degli Usa, che, per dominare, si servono di organismi internazionali (Onu, Fmi, Banca Mondiale, Nato, Wto, Ocse ecc.).

Oggi abbiamo il problema inverso: come uscire da questo mondialismo globalizzato, riaffermando il valore del livello *locale-regionale*, da gestirsi però non in maniera feudale, ma secondo i principi del *socialismo democratico* e dell'*umanesimo laico*.

Dobbiamo spezzare il cerchio dell'incoerenza tra teoria e pratica, riprendendoci i beni che ci permettono di vivere dignitosamente. Dobbiamo eliminare la dipendenza nei confronti di chi decide arbitrariamente i nostri destini.

La dittatura della democrazia

Che cos'è la democrazia? È il governo dei rappresentanti del popolo, eletti periodicamente. Non è il governo "del" popolo ma "per" il popolo, in cui il popolo è attivo solo nel momento in cui va a *votare*: cosa che avviene nel corso delle elezioni amministrative o politiche. Un altro momento in cui il popolo si esprime direttamente col voto è quello del referendum abrogativo di leggi o, più spesso, di articoli di leggi già in vigore.

In genere nei paesi cosiddetti "democratici" la democrazia non è che la possibilità di votare chi *di fatto* governerà *per conto proprio*, anche se *di diritto* o formalmente egli governerà *per conto del popolo*, o se si vuole per conto dei cittadini aventi diritto di voto e che hanno esercitato effettivamente questo diritto (negli Usa p.es. solo la metà degli elettori partecipa alle elezioni dei candidati alla presidenza, sicché chi viene eletto si trova ad avere un consenso esplicito solo da parte di un quarto della nazione).

Un parlamentare dovrebbe sentirsi in dovere di render conto del proprio mandato agli elettori che l'hanno votato. Ma, a parte il fatto che la legge stessa gli garantisce ampie immunità e privilegi, questo è vero solo teoricamente, in quanto di fatto il parlamentare agisce in piena autonomia, pur sapendo di rischiare di non essere rieletto se non soddisfa determinate richieste del proprio elettorato.

Non a caso il parlamentare non può essere chiamato a rispondere delle opinioni espresse e delle deliberazioni prese nell'esercizio delle sue funzioni; egli non ha nessuna responsabilità penale, civile, amministrativa o patrimoniale per tali attività. Nessun parlamentare può essere perquisito, arrestato, processato senza l'autorizzazione (che, dopo la riforma costituzionale dell'ottobre 1993, non è invece richiesta per condurre un'indagine nei suoi confronti) da parte della Camera cui appartiene, a meno che non si sia in presenza di una sentenza irrevocabile di condanna o della flagranza del reato. Solo allo scadere del mandato parlamentare, il deputato o il senatore perdono il diritto all'immunità e tornano a essere come tutti gli altri cittadini, quindi perseguibili per i reati eventualmente commessi.

Questa regola, che oggi appare come una sorta di "impunità parlamentare", fu particolarmente rigida nella Costituzione italiana del 1948 per reazione ai soprusi commessi dal fascismo contro i deputati d'opposizione. Una regola giusta in un regime autoritario s'è trasformata in una regola ingiusta in un sistema democratico.

In questa maniera infatti, l'accesso al parlamento è diventato un'àncora di salvezza per i trasgressori della legge, una sorta di via di fuga per coloro che intendono sottrarsi a un giusto processo. Finché resta in carica, il parlamentare ha tutti gli strumenti per gestire al meglio la propria situazione a delinquere: ovvero un supporto economico conside-revole, la possibilità di una sua rielezione e, soprattutto, la possibilità d'incidere con una legge *ad personam* sulla propria posizione nei confronti della giustizia. Di qui l'accusa rivolta ai parlamentari d'essere una "casta di intoccabili".

Che cos'è il voto? Il voto, specie quello di preferenza per uno specifico candidato, dovrebbe essere una sorta di "patto" tra un elemento *forte*: il *popolo*, e un elemento *provvisorio*: il *parlamentare*, il cui mandato può essere confermato o revocato.

Nella pratica però il voto è soltanto un rituale formale, che serve a confermare un potere politico-parlamentare che agisce separatamente dalla società che dovrebbe rappresentare. Sotto questo aspetto votare un partito o un altro, una coalizione di partiti o un'altra non fa molta differenza. Il voto serve soltanto per ribadire una stretta dipendenza della società nei confronti dello Stato. La dipendenza è spesso rafforzata dal fatto che al momento del voto gli elettori sono costretti a scegliere tra candidati preventivamente decisi dai partiti, o addirittura soltanto tra coalizioni di appartenenza.

Per la politica dei parlamentari il popolo non è "sovrano" ma "bue", e i politici altro non sono che sirene ammaliatrici, che inducono il bue ad accettare i sacrifici più gravosi.

Qual è in genere la giustificazione che i politici danno al fatto che la democrazia può essere solo "delegata"? Il motivo sta nel *numero* dei componenti di una popolazione, che negli Stati nazionali è ovviamente molto alto. La democrazia infatti è la tipica forma di governo degli Stati nazionali.

Che questi Stati siano centralisti o federalisti, sotto questo aspetto, non fa molta differenza, poiché in nessun caso viene mai messo in discussione il principio della *delega*. La democrazia ha lo scopo di far governare i pochi sui molti. È in tal senso una forma di oligarchia, ma con la differenza che al momento del voto non si fanno più differenze di censo, di sesso o altro.

Uno dei principali compiti della propaganda dei media occidentali è proprio quello di far credere che nei propri Stati nazionali la democrazia è un tipo di governo voluto espressamente dalla stragrande maggioranza dei cittadini: una volontà che si manifesta appunto nel fatto che il popolo va a votare in tutti gli organi dello Stato, da quelli centrali a quelli periferici (da quest'ultimi vanno però escluse le prefetture, le questure, le preture ecc., che sono dirette emanazioni dello Stato).

Dunque che il governo dei pochi eletti sui molti elettori avvenga in una porzione di territorio grande o piccola, locale o nazionale, federata o centralista, significa in sostanza la stessa cosa. In tutte le civiltà antagonistiche, basate sullo scontro tra classi sociali, la democrazia parlamentare (delegata o indiretta), è la forma più mistificata della dittatura dei poteri forti.

Generalmente quando in uno Stato centralista si parla di federalismo è perché in periferia i poteri forti dell'economia vogliono rivendicare un maggiore protagonismo politico. È una richiesta di maggiore democrazia nei confronti dello Stato centralista, ma nel territorio locale questa esigenza spesso si traduce nell'affermazione di una maggiore libertà di manovra da parte dei padroni dell'economia e della finanza. Il federalismo infatti non mette mai in discussione il sistema capitalistico: semplicemente lo dà per scontato.

Che cosa significa "governo del popolo"? Significa il contrario della democrazia parlamentare, il che avviene quando il popolo, là dove localmente vive, decide la soluzione dei problemi che incontra. Decide per conto proprio, senza delegare nessuno; oppure, in caso di delega, questa è sempre a termine, per un mandato specifico: oltre una certa scadenza, oppure una volta esaurito il compito, il delegato decade dalla propria nomina o elezione.

Durante il proprio mandato il delegato deve periodicamente rendere conto agli eletti del proprio operato. Il mandato non può essere troppo lungo, altrimenti il popolo si disabitua a governare se stesso. Generalmente, nella democrazia diretta, si sceglie la soluzione del mandato solo in casi molto particolari, quando non si può fare diversamente, quando è più semplice o più conveniente fare così, senza che con questo si voglia stabilire alcuna regola di carattere generale.

Il principio della democrazia del popolo è infatti molto chiaro: o la democrazia è *diretta* o non è. Le eccezioni possono essere tollerate solo a condizione che restino tali.

Stando le cose in questi termini è evidente che la democrazia diretta può essere esercitata solo in porzioni di territorio molto *ristrette*. Anzi, quanto più il territorio s'allarga tanto meno la democrazia può essere diretta. Se noi diciamo che l'unico potere forte dev'essere il popolo che decide la soluzione dei propri problemi, è evidente che i poteri particolari di determinati gruppi o ceti o classi sociali, devono essere tenuti sotto stretto controllo. Certo, non si può impedire a qualcuno di prevaricare; occorre però assicurare al popolo gli strumenti per potersi difendere.

Il massimo della democrazia e dei suoi poteri decisionali va garantito a livello *locale*, cioè *comunale*, ivi incluse le realtà dei *quartieri* (le circoscrizioni in cui ogni Comune è suddiviso). Il quartiere è, se vogliamo, l'istanza principale della *democrazia diretta*. Quanta meno democrazia c'è a livello locale tanta più dittatura s'impone a livello nazionale.

Con questo non si vuol sostenere che la democrazia *diretta* è di per sé migliore di quella *delegata*. Infatti non bisogna mai dimenticare che parallelamente al concetto di democrazia *politica* va affermato anche quello di democrazia *economica*. Senza *uguaglianza sociale*, anche la democrazia diretta diventa un'espressione vuota di contenuto.

Democrazia popolare significa che è il popolo a decidere le sorti della propria vita, fin nei minimi particolari. Solo così è possibile rendersi conto che una propria azione sbagliata può avere ripercussioni negative sull'intero collettivo e che l'azione giusta di un collettivo può avere ripercussioni positive anche su chi individualmente non l'ha condivisa.

La rappresentazione del nemico

Per giustificare l'uso di metodi autoritari è necessario dare del nemico una rappresentazione truce o caricaturale. L'ha fatto la mitologia greca nei confronti delle civiltà pre-schiavistiche; l'impero romano nei confronti del cristianesimo, ma anche la Spagna nei confronti delle popolazioni mesoamericane, quando parlavano di sacrifici umani, o l'Inghilterra nei confronti degli indiani, accusati di scotennare i bianchi.

Nel mondo romano il passaggio dalla repubblica all'impero non poteva realizzarsi senza l'uso di metodi autoritari e soprattutto senza l'uso propagandistico dei vantaggi che alla popolazione potevano dare questi metodi. Ottaviano appariva come un principe assolutamente illuminato, di larghe vedute, magnanimo ecc. Eppure con lui iniziò una delle peggiori dittature della storia, che durò oltre quattro secoli.

Ebraismo, cristianesimo, sètte pagane non autorizzate, sommosse schiavili, rivolte di ceti oppressi...: tutto poteva servire come pretesto per legittimare quella transizione dalla dittatura del senato alla dittatura del principe. Purtroppo il mondo ebraico-cristiano fallì il proprio tentativo rivoluzionario quando la transizione all'imperialismo politico-militare era appena agli inizi, e sino alla svolta costantiniana non si poté fare più nulla. La stessa sollevazione, guidata dallo schiavo Spartaco, se fosse stata vincente, avrebbe potuto cambiare il corso della storia.

Ad un certo punto anzi fu lo Stato romano ad accorgersi che con le persecuzioni stava facendo passare il cristianesimo come molto più pericoloso di quello che effettivamente era: Teodosio arrivò persino a cristianizzare tutte le istituzioni, mettendo il paganesimo fuori legge; e la dirigenza cristiana, convinta che questo fosse un favore insperato che le si concedeva, lo accettò senza riserve, trovandosi improvvisamente ad usare gli stessi metodi dittatoriali contro cui aveva fino a quel momento combattuto (nei limiti, ovviamente, della religione).

Lo Stato romano aveva capito, dopo tre secoli di inutili persecuzioni, che una diversità ideologica e culturale non necessariamente comportava un'alternativa politica al sistema. Anzi, proprio il cristianesimo poteva essere utilizzato per ribadire i principi classisti e autoritari del medesimo Stato, dando ad essi, questa volta, una patina di "umanità".

Gli ideali del socialismo

È curioso vedere come i dittatori, dopo il loro fallimento politico, cerchino sempre di "rifarsi una verginità", semplicemente riproponendo alla collettività i loro ideali giovanili, cui avevano dovuto rinunciare per poter appunto realizzare la loro dittatura, considerata come mezzo estremo per risolvere i problemi della nazione. La parabola politica di Mussolini può essere letta in questa maniera.

Quanto in questo atteggiamento di sopravvivenza sia presente il cinismo o un autentico scrupolo di coscienza, è cosa che non può certo interessare lo storico, che deve esaminare ben altri fatti, dei quali uno dei più significativi resta quello secondo cui le dittature, quando nascono, non vengono percepite negativamente dalle grandi masse. Poiché da millenni si è abituati a rapporti di tipo antagonistico, quando questi rapporti raggiungono livelli di assoluta insopportabilità, si tende a guardare con favore chi promette di risolvere i problemi usando metodi autoritari. Non ci si rende conto di stare per passare da una dittatura a un'altra, lasciando semplicemente che ai vertici del potere avvengano "cambi di guardia", che alla resa dei conti saranno del tutto formali.

Le masse non sono inclini alla violenza, anche perché in genere la subiscono, però amano pensare che certe svolte politiche autoritarie possano costituire una valvola di sfogo alle loro frustrazioni.

Le masse di per sé non sono reazionarie (anche perché senza il loro consenso e il loro impegno nessuna dittatura può reggersi in piedi per molto tempo); esse semplicemente si lasciano trarre in inganno, non avendo gli strumenti idonei per autogestirsi, e sotto questo aspetto conta poco essere acculturati (come i tedeschi sotto il nazismo) o analfabeti (come i russi sotto lo stalinismo).

In particolare, da quando è nato il socialismo, in Europa le dittature, nel mentre cercano il consenso popolare, spesso tendono a servirsi, in qualche maniera, degli stessi ideali del socialismo, che vengono utilizzati come specchietto per le allodole, a testimonianza che nessuna ideologia del mondo, da due secoli a questa parte, ha saputo formulare degli ideali politici e sociali così democratici come quelli del socialismo. Il nazismo diceva d'essere un socialismo nazionalistico (cioè avverso a qualunque forma d'internazionalismo proletario) e il fascismo un socialismo massimalistico (ma sostanzialmente a favore della borghesia): in entrambi i casi le funzioni dello Stato erano "dirigistiche". Il socialismo di queste feroci dittature era caricaturale e, in un certo senso, mimetico-imitativo di quello stalinista.

Oggi la democrazia borghese non ha bisogno di dimostrare d'essere migliore del socialismo, poiché quest'ultimo, all'inizio degli anni Novanta, è come imploso; cioè essa non ha bisogno di utilizzare in maniera demagogica un armamentario ideologico che non le appartiene, ma possiamo tranquillamente scommettere che tornerà a farlo il giorno in cui avrà di nuovo bisogno di dimostrare ch'essa è migliore di qualunque socialismo.

D'altra parte il capitalismo da un pezzo non ha più nulla da dire: nel dopoguerra lanciò l'idea keynesiana di *Stato sociale* (le cui basi erano già state poste sotto il nazi-fascismo) cercando di porsi come alternativa al socialismo di stato dei paesi est-europei, sopravvissuto per altri quarant'anni alla catastrofe della guerra. Oggi si sta smantellando anche questa forma pseudo-sociale di Stato proprio perché non ha più un'alternativa da combattere.

Lo stalinismo ha davvero fatto un grande favore al capitalismo. Ogniqualvolta il socialismo si presenta in maniera autoritaria, massimalistica, nazionalistica ecc., il capitalismo non fa che prolungare indisturbato la propria esistenza.

Idealismo ed estremismo

Quand'è che l'idealismo si trasforma in estremismo? Quando sul piano pratico non sa come realizzare i propri ideali. È questo, in nuce, il passaggio da Croce a Gentile, ovvero dal liberalismo al fascismo, ma anche quello da Lenin a Stalin.

L'idealista si trasforma in estremista perché crede, a torto, che determinati compromessi siano vergognosi, siano un cedimento ai propri princìpi; ma siccome i metodi autoritari che usa non riescono a risolvere alla radice i problemi, è costretto o ad accentuare al parossismo il proprio autoritarismo, facendo guerre contro un nemico esterno (nazifascismo) o guerre contro un nemico interno (stalinismo), e quindi mettendo a rischio la propria sopravvivenza (poiché le masse, se attraverso la guerra non ottengono una compensazione ai loro sacrifici, finiscono col ribellarsi ai governi in carica), oppure è costretto ad accettare compromessi ancora più vergognosi.

Quando l'idealista vuol conservare a tutti i costi una propria "purezza ideologica", rifiutando ogni intesa con forze politiche giudicate false, finisce coll'assumere posizioni antitetiche ai suoi stessi princìpi, diventa estremista, finisce col perseguire obiettivi opposti a quelli prefissati e fa in sostanza il gioco degli avversari.

L'estremista è sostanzialmente un illuso, in quanto sopravvaluta le proprie forze e sottovaluta quelle degli avversari. Inoltre è totalmente incapace di distinguere le posizioni ideologiche da quelle politiche. Pretendendo sempre il massimo, l'estremista non riesce neppure a ottenere il minimo. Forse questo può anche spiegare la sconfitta delle forze progressiste durante la guerra civile spagnola.

Gli ideali delle vittime

Come potranno mai i carnefici e i torturatori essere perdonati dalle loro vittime? Potrà mai essere sufficiente sapere ch'essi agivano così perché costretti dalle circostanze, accecati dalle loro ideologie, condizionati da eventi che si sono rivelati negativi solo successivamente?

Cosa dovranno fare i carnefici per farsi perdonare? È escluso infatti che debbano essere costretti a subire le medesime persecuzioni, altrimenti la democrazia non avrebbe alcun senso.

Probabilmente l'unico modo per poter tornare a vivere in armonia è quello d'indurre i carnefici, con la ragione o con l'esempio, a credere nel valore degli ideali delle vittime. Una persona perseguitata, se è tollerante, dimentica abbastanza facilmente i torti subìti quando può in qualche modo dimostrare che le sue idee erano giuste. Però questa possibilità bisogna dargliela, altrimenti le ferite non si rimarginano. Ecco perché quando le dittature finiscono, bisogna in qualche modo regolare i conti, democraticamente, cioè attraverso dibattiti, analisi storiche, gesti rituali di riappacificazione, scelta di simbologie condivise, ripresa delle attività di scambio culturale ed economico, ecc.

Quel che bisogna escludere è la vendetta, cioè la giustizia sommaria, ma anche il perdonismo fine a se stesso, le amnistie a scatola chiusa, che non chiariscono mai le ragioni di certi comportamenti. Gli stessi risultati giudiziari del processo di Norimberga lasciano a desiderare: non ha alcun senso impiccare gli sconfitti, giustiziare quelli che si sono arresi o quelli che sono stati catturati. Non è questo il modo migliore per rieducare le coscienze, per far capire gli errori compiuti.

Neppure il diritto è sufficiente, ci vuole la *pedagogia*. Non basta la legge, ci vuole il *rapporto umano*. Spesso il senso di umanità di un pentito è più grande di quello di un idealista, perché l'idealista, pur di restare coerente coi propri ideali, può arrivare a compiere cose di cui un giorno potrà anche pentirsi. Il pentito invece le ha già compiute e ne conosce già gli effetti.

Bisogna inoltre fare attenzione a non considerare la vittima, solo perché vittima, migliore del carnefice. Il martirio, di per sé, non offre una patente di verità per determinate idee. Molti martiri sono stati in realtà dei fanatici intolleranti, anche se non per questo, ovviamente, meritavano d'essere martirizzati.

La verità storica dei fatti non è mai così evidente da poter dire con sicurezza: "ecco è qui", escludendo categoricamente che sia anche "là". Spesso il fanatico va a cercare il martirio perché non riesce a dimostrare in altri modi la verità delle proprie idee, che, guarda caso, sono sempre estremistiche e intolleranti, quindi di difficile attuazione. Kierkegaard *docet*.

Democrazia e dittatura

La peggiore dittatura della storia antica è stata quella romana, proprio perché il fatto che sin dagli inizi sia stata una dittatura che si è servita del *diritto* per mascherare l'uso della *forza*, le ha permesso di durare più a lungo di tutte le altre.

Vi è una linea di continuità tra l'impero romano e quello cristiano della chiesa feudale e tra questo e le nazioni borghesi, che abbraccia un periodo di 2700 anni di storia.

Quanto più è aumentata l'ipocrisia tra la tutela *giuridica* della libertà personale e la pratica *sociale* dello sfruttamento del lavoro altrui, tanto più è aumentata l'esigenza di frapporre, nel rapporto tra proprietario e lavoratore, l'uso delle *macchine*.

Il vertice di questa oppressione sociale è stato ottenuto sotto lo stalinismo, in cui il ruolo dominante che mediava i rapporti tra potere e società veniva svolto dall'*ideologia*, considerata superiore al diritto. Anche per la chiesa romana l'ideologia (religiosa) era superiore al diritto (canonico), ma, tutelando essa l'esplicito servaggio e non la libertà personale, questa forma di ipocrisia era destinata ad essere superata.

Il mondo romano illudeva che l'acquisizione della cittadinanza rendesse liberi, uguali agli altri cittadini. La chiesa romana illudeva che l'obbedienza alle gerarchie ecclesiastiche rendesse sicuri. La classe borghese illude che il possesso di capitali renda potenti. Il socialismo di stato illudeva che la conformità all'ideologia dominante rendesse invincibili.

La cosa curiosa è che ogniqualvolta un impero pretende d'essere l'erede del precedente, lo dice come se quest'ultimo avesse contraddizioni assolutamente irrisolvibili e fosse quindi destinato al crollo; sicché, in questa forma di *continuità*, si vuol far credere in realtà ch'esista una vera e propria *discontinuità*, ovvero che il futuro sarà sicuramente migliore del passato: cosa che invece viene immancabilmente smentita.

Altro non sembra la storia che un continuo tentativo, in varie forme e modi, di far valere il principio dell'antagonismo sociale, affinché si possa arrivare un giorno a capire che nessuna forma di antagonismo è destinata a durare nel tempo.

La perfezione dell'imbroglio

Nelle civiltà antagonistiche, dove l'uomo è il lupo dell'uomo, e sicuramente la nostra (di noi occidentali) è una delle più perfette, l'imbroglio non è l'eccezione ma la regola. Se il cosiddetto "socialismo reale" fosse sopravvissuto, avremmo dovuto dire che loro erano più perfetti di noi, in quanto gestivano l'imbroglio sottomettendo l'economia alla politica. Ma in Russia sono stati poco furbi, soprattutto perché troppo autoritari, troppo ideologici. La gente può rassegnarsi a vivere una vita grama, ma non a tenere sempre la bocca chiusa.

Sono stati più astuti i cinesi, che hanno potuto salvaguardare molte cose del vecchio "socialismo reale", aprendo le porte della società civile (ma non quelle dello Stato) a dinamiche tipicamente borghesi. In tal modo è come se avessero detto: "politicamente devi continuare a tenere la bocca chiusa, ma economicamente, se ne sei capace, puoi emanciparti notevolmente".

Quando i cinesi arriveranno a comprendere i meccanismi inerenti alla gestione di un diritto del tutto formale e di una democrazia del tutto fittizia, avranno raggiunto la perfezione dell'imbroglio. Sì, perché, oltre a queste cose, che devono ereditare da noi, loro avranno anche quella capacità autoritaria di farle funzionare che a noi oggi manca del tutto.

La dittatura del capitale dovrà servirsi di elementi che esaltino la democrazia e il socialismo *apparenti*, e che nella sostanza (quella nascosta) siano caratterizzati da un implacabile autoritarismo, analogo a quello staliniano e maoista, che, quando nacquero, erano avanzatissimi nella gestione dell'imbroglio, pur essendo privi del supporto della borghesia. Entrambi infatti si servirono dei *funzionari statali*, cioè di una classe sociale apparentemente al di sopra delle parti, che fingeva di fare gli interessi degli operai e dei contadini.

Stalinismo e maoismo sono durati molto di più del nazismo e del fascismo non tanto perché la Russia e la Cina non avevano forti tradizioni borghesi o una cultura delle libertà civili e dei diritti umani, quanto perché il nazifascismo era una dittatura priva di una vera *idealità politica*. Infatti, pur volendo imporre l'idea di Stato a tutta la società, di fatto né Hitler né Mussolini vi sono mai riusciti, in quanto il capitale privato non è mai stato toccato, anzi è stato favorito in tutti i modi, tant'è che proprio sotto di loro nasce il *capitalismo monopolistico di stato*.

Non solo, ma i partiti totalitari dell'Europa occidentale sono sempre stati caratterizzati da un notevole *cesarismo*, sicché, alla morte dei loro leader, sarebbe stato impossibile continuare con lo stesso tipo di autoritarismo.

Viceversa sia in Russia che in Cina la dittatura è continuata ben oltre la morte di Stalin e di Mao e, in un certo senso, continua ancora oggi. Con questa differenza, che in Russia il governo ha potuto continuare ad essere autoritario rinunciando anche formalmente alle idee del socialismo, in quanto là ci si può avvalere d'immense risorse energetiche, che danno l'illusione d'una ricchezza illimitata, per cui non si ritiene necessario parlare di "socialismo"; senza poi considerare che la Russia, essendo un paese immenso, è convinta d'essere praticamente non conquistabile da parte di altri paesi.[11]

In Cina invece, dove tali risorse sono assai minori, l'autoritarismo ha potuto formalmente continuare in nome degli ideali socialisti, illudendo quell'immenso serbatoio di manodopera a basso costo (nella parte occidentale del paese), sfruttata in maniera così intensa che, se la situazione dovesse degenerare, si può sempre contare sull'appoggio dello Stato e del partito unico, i quali han concesso alla società civile d'imborghesirsi in via transitoria, a titolo, per così dire, sperimentale, giusto per evitare un'altra Tien an men.

---

[11] Tuttavia, se la Russia non pare essere conquistabile da parte di un paese euroccidentale, non si può dire che non lo sia mai stata nel passato da parte di un paese asiatico - Mongolia *docet*! E non è detto che non possa esserlo in futuro da parte della Cina, che, in un certo senso, la sta già "occupando" in Siberia, in quanto i russi han sempre meno voglia d'andare a lavorare in quella immensa, impervia e freddissima regione, dalle risorse incalcolabili.

Democrazia elettronica

La democrazia partecipativa in rete ha senso quando le idee che si vogliono cambiare esistono in rete, quando i soggetti da "colpire" per le loro idee sbagliate, antiquate, liberticide ecc. si muovono in rete, agiscono con disinvoltura in rete e vogliono loro stessi "colpire" quella parte di rete ostile alle loro idee. Se questi soggetti antidemocratici agiscono al di fuori della rete, la democrazia elettronica, digitale, può far poco.

La democrazia telematica può organizzare un consenso virtuale tra soggetti democratici che agiscono in rete, ma poi questi soggetti hanno bisogno di vedersi fisicamente e di agire fisicamente.

Un soggetto telematico, per essere presente in rete in maniera convincente, ha bisogno di visibilità, di consenso, d'interazione. Se questo soggetto ha idee antidemocratiche, facilmente viene colpito, facilmente si crea attorno a lui un'efficace opposizione.

Ma se questo soggetto usa la rete in maniera superficiale, poco interattiva, come semplice vetrina, la battaglia dei soggetti democratici non può essere svolta unicamente coi mezzi della rete: occorre anche un impegno diretto, personale, fisico, occorre agire in campi che con la rete hanno poco o nulla a che fare.

Questo significa che chi si butta nella rete, con idee democratiche o antidemocratiche, può farlo solo a condizione di doversi assumere delle responsabilità, dei rischi.

La rete fa paura: l'interazione troppo spinta può essere pericolosa (anche sul piano semplicemente tecnico), fastidiosa da gestire (perché disperde le energie, spreca il tempo), può causare spamming o infezioni da virus, può far scoppiare liti furibonde, denunce, esagerate incomprensioni (spesso anomale nella vita reale).

Quanto più le idee sono "politiche" tanto più suscitano delle reazioni "ideologiche". L'Italia è fatta così. Spesso non si vedono veri dibattiti culturali, tra persone civili, che vogliono capire, che vogliono cercare motivazioni sociali, scientifiche ecc. Ma vi sono soltanto insulti tra persone trincerate su schieramenti opposti, come se fossero in guerra.

La domanda che a questo punto verrebbe da porsi è: davvero la democrazia digitale aiuta la democrazia reale? Il fatto che l'interazione sia più semplice, tra persone geograficamente molto distanti tra loro, davvero incide positivamente sulla democrazia in generale? Non si sta forse caricando la democrazia telematica di aspettative superiori alle sue stesse forze e capacità?

Bisogna guardare le cose con disincanto. Quando la rete è nata, aveva pochi strumenti interattivi (la posta elettronica, le newsletter, le mailing list), poi col tempo sono venuti fuori i forum, le chat, i blog, i cosiddetti *social network*, gli applicativi per la formazione a distanza, le aree riservate in cui interagire a vari livelli. All'inizio si avevano pochi strumenti ma molta ansia di creare progetti comuni, di creare qualcosa di alternativo alla mancanza di partecipazione nella vita reale.

Oggi gli strumenti sono moltissimi, ma ancora poca resta la tensione a creare una vera democrazia digitale, in cui strumenti come petizioni e sondaggi sortiscano l'effetto di mutare aspetti significativi della vita politica o legislativa.

La prima generazione che ha visto la rete nascere, oggi è demotivata. E le generazioni successive che si sono appropriate degli strumenti della rete, non riescono a fare *community*, a incidere sui meccanismi della vita reale.

Qui bisogna procedere, secondo me, in due direzioni:

1. fare della democrazia digitale un supporto della democrazia reale, ma questa democrazia reale non può semplicemente essere quella che si esplica al momento del voto. La democrazia reale è quella che vede impegnati costantemente i soggetti sul piano *locale*, intenti a riappropriarsi di un potere decisionale che è stato loro tolto dalle istituzioni rappresentative. La democrazia non può essere solo delegata, deve essere anche *diretta*;

2. indurre i poteri istituzionali a scendere in rete, a darsi strumenti tecnologici che permettano la diffusione e il confronto delle idee. Ai cittadini non serve conoscere le email di tutti i parlamentari, se poi questi parlamentari non rispondono alle loro richieste di collaborazione, d'intervento ecc. Possiamo pretendere che la democrazia delegata s'avvicini a quella diretta nella misura in cui sappiamo unire la democrazia virtuale a quella reale.

Se la democrazia diretta ha ancora un qualche significato, allora non è più possibile ch'essa sia rappresentata dai soli partiti. Il partito è uno strumento della democrazia; altri strumenti possono essere quelli dell'associazionismo, del volontariato, della cooperazione... Anche queste realtà possono pretendere di partecipare alla democrazia diretta.

*

La rete è nata per esigenze militari, di sicurezza (fare di ogni parte un tutto, per evitare che colpendo il centro si blocchi tutta la periferia). È nata dalla paura.

Poi ha contribuito a diffondere le idee negli ambienti scientifici e accademici. Infine, quando s'è sviluppata ampiamente in ambito sociale, s'è scoperto che un altro importante fattore la teneva in piedi: la solitudine.

La rete è figlia di società avanzate di tipo individualistico: società che si sentono minacciate nel loro benessere fasullo, nella loro apparente sicurezza e che s'illudono di poter risolvere questi problemi creando "comunità virtuali", cioè astratte, in cui la fisicità del contatto viene sostituita dalla magia dei bit. C'è più "religione" di quanto si pensi in questa tecnologia.

E la generazione di allora oggi è terribilmente in crisi, demotivata. Era entrata in rete con grandi aspettative: si pensava di poter cambiare la realtà con gli strumenti della rete. Invece la rete sembra marciare su un binario parallelo rispetto a quello della realtà. Probabilmente perché la realtà è dominata dalla politica dei partiti e questa politica è dominata da una generazione che della rete non sa nulla o quasi.

Oggi la rete è gestita da chi non ha potere effettivo nella realtà. Anzi chi ha potere nella realtà ha paura della rete, la vuole strumentalizzare, o addirittura strangolare (come sta facendo p.es. la Siae, o come voleva fare la legge Urbani). Dunque come può il web, sviluppandosi, influire sulle dinamiche della vita reale? A quali condizioni può farlo?

La rete può senza dubbio contribuire ad allargare il mercato (le aziende possono più facilmente vendere all'estero); la rete ha fatto nascere nuovi mestieri e aree produttive: sistemista, Ceo, webmaster, grafico digitale, giornalista telematico, webmarketing, logistica, archiviazione dati, sicurezza... Ma possiamo con certezza dire che ha fatto anche aumentare la democrazia politica nel nostro paese? Di sicuro è aumentata quella sociale: ma quella politica? I centri del potere si sentono in qualche modo vincolati dai comportamenti della rete?

Internet, all'inizio, veniva sentita come una minaccia da tv e quotidiani. Oggi forse questa paura non esiste più. L'editoria è entrata finalmente in rete e forse un giorno smetteremo di comprare giornali di carta o di usare un televisore separato dal monitor del pc.

Ma il potere politico, a parte i siti istituzionali e burocratici di Camera e Senato e quant'altro, è davvero entrato in rete? La casta di privilegiati che ci governa è davvero disposta a interagire con chi potrebbe mandarla a quel paese per un milione di motivi?

I politici non sono abituati ad ascoltare la realtà, per molti versi non sanno neppure cosa sia la realtà. Per questo la rete dovrebbe sempre essere affiancata da una partecipazione alla vita reale. Non possiamo rischiare di diventare come i politici, loro sul versante della realtà, noi su quello del virtuale. Non possiamo sostituire la democrazia reale con quella virtuale; abbiamo già i politici che hanno sostituito quella reale con quella formale, quella diretta con quella delegata.

Una democrazia formale

Nella nostra società la democrazia è formale perché viene esercitata da poche persone elette in Parlamento o in altre istituzioni di potere, ove il vero potere democratico, quello popolare, è stato delegato a dei rappresentanti che non rendono conto di quello che fanno e che, in ogni caso, hanno la facoltà di fare quasi quello che vogliono per tutta la durata del loro mandato. Persino la *Costituzione* afferma che di fronte al popolo il Parlamento non ha "vincolo di mandato" (art. 67). Nessuno può contestare una decisione presa dal Parlamento. Nessuno può perseguire legalmente un parlamentare o un partito che disattendano il proprio programma elettorale. Tale articolo è inoltre la giustificazione del fatto che ai parlamentari non può essere revocato il mandato mentre lo esercitano: occorre attendere nuove elezioni (sempre che, beninteso, l'elettorato abbia la possibilità effettiva di scegliere i propri rappresentanti).

In tal senso la democrazia è formale non tanto o non solo perché *borghese* (anche nel socialismo amministrato esisteva una democrazia delegata), quanto perché *esclusivamente delegata*, cioè non anche *diretta*.

Il concetto di *democrazia* viene usato in maniera strumentale perché per i politici il *consenso* non ha un valore in sé, ma solo in funzione della loro elezione. Questo è molto più vero per il voto politico-parlamentare che non per quello amministrativo-locale. Il fatto di dover esercitare la delega nella capitale è indubbiamente, per il politico, un incentivo a deresponsabilizzarsi. Quanto più egli si allontana dall'ambiente che lo ha eletto, tanto più sarà soggetto a corruzione, cioè ad assumere atteggiamenti arbitrari.

In tal senso si può dire che la democrazia delegata fine a se stessa non è che una delle maschere della moderna dittatura, pronta a essere tolta in caso di necessità. Le parole che escono da tale maschera: *progresso, sviluppo, pluralismo, diritti, libertà, democrazia...*, sono il pane quotidiano con cui si cerca d'ingannare la buona fede della gente comune.

Se i potentati politico-economici avessero a che fare con gente ignorante e spoliticizzata, probabilmente userebbero meno artifici retorici (come in genere accade nei paesi del Terzo mondo).

Questo per dire che gli abusi compiuti dai politici generalmente non dipendono da motivazioni di carattere *personale* (si troveranno sempre persone più o meno disposte alla corruzione o alla concussione), ma dipendono proprio dal fatto che il sistema politico è strutturato in modo tale che i parlamentari non potrebbero comportarsi diversamente. E, vedendo loro come esempio, gli amministratori locali non possono che imitarli.

Un eletto che sostituisce in Parlamento un eletto corrotto, prima o poi sarà anch'egli soggetto a corruzione. Il fatto stesso di prendere degli stipendi così elevati e di fruire di immensi privilegi di varia natura, è già fonte di un incredibile abuso, a prescindere dall'ideologia politica che si professa. Il bello è che, vedendo la corruzione dilagante degli amministratori locali, i politologi ritengono che lo Stato centralista dovrebbe avere ancora più poteri. Si mettono sullo stesso piano di gravità etica due corruzioni che in uno Stato centralista non possono che essere molto diverse.

12 princìpi da rivedere

I principi fondamentali della Costituzione sono intangibili?

È stato detto che i princìpi fondamentali della nostra Costituzione sono intangibili e che, in 60 anni di vita, nessun governo ha mai pensato di modificarli. Sembrano una sorta di decalogo veterotestamentario, una serie di enunciati assolutamente dogmatici. Vediamo se davvero dobbiamo considerarli così.

Art. 1. La Repubblica è democratica in quanto fondata sul *lavoro* e non sulla rendita o sullo sfruttamento del lavoro altrui. Questo è vero, ma bisognerebbe specificarlo espressamente, perché il concetto di "lavoro", *in sé*, non indica affatto il carattere "democratico" di una repubblica. Nel sistema capitalistico il lavoro è soltanto una *merce*, al pari di altre, che si acquista sul mercato, tant'è che si parla di "mercato del lavoro".

Più che essere "fondata" sul lavoro, la Repubblica italiana dovrebbe essere fondata sulla "proprietà collettiva dei mezzi di lavoro", quella che permette a tutti di non dover essere sfruttati per poter vivere. Il lavoro può non essere una "merce" soltanto se la proprietà dei fondamentali mezzi produttivi *non è privata*.

Il lavoro è un diritto-dovere, ma dove esiste proprietà privata dei mezzi produttivi, spesso diventa soltanto una casualità, una fortuna o un ripiego. Se davvero la Repubblica fosse fondata sul lavoro, noi non dovremmo avere disoccupati o inoccupati o sottoccupati o cassintegrati, né lavoratori in nero o clandestini, né quelli che svolgono mansioni che non c'entrano nulla con gli studi fatti, né quelli che, non rassegnandosi a questo trend di sprechi e inefficienze, emigrano dal nostro paese per cercare un'occupazione inerente ai propri studi o comunque un'occupazione che permetta di vivere dignitosamente. Né dovremmo avere quelli che approfittano del bisogno o delle debolezze o della precarietà altrui per estorcere favori di ogni genere, per obbligare a servizi umilianti, per ridurre in stato di schiavitù. Non dovremmo neppure avere tutti quei giochi, sommamente diseducativi, che promettono premi favolosi col miraggio di non lavorare o di lavorare molto meno.

Solo se la Repubblica è fondata sulla proprietà collettiva dei fondamentali mezzi produttivi, si può davvero dire che la "sovranità appartiene al popolo", come recita la seconda parte di questo articolo. In caso contrario la definizione resta puramente formale. Non è sufficiente essere lavoratori o cittadini per esercitare un'effettiva "sovranità". La sovranità *politica* è una diretta conseguenza di quella *economica* e *sociale*. Là dove manca la proprietà comune dei mezzi produttivi, la sovranità politica si esercita unicamente nel momento della scadenza periodica del *voto*. In tal modo la vera sovranità politica non viene esercitata dal popolo ma dai suoi delegati parlamentari, i quali tendono a fare gli interessi solo di quella parte di popolazione che dispone di proprietà privata.

Art. 2. Poiché non si è specificato nell'art. 1 che la Repubblica deve essere fondata sulla proprietà comune dei principali mezzi produttivi, accade inevitabilmente, quando si afferma ch'essa "riconosce e garantisce i diritti inviolabili dell'uomo", che all'interno di questi diritti debba essere inteso anche quello alla *proprietà privata*, come è naturale che sia in tutte le Costituzioni borghesi, dove appunto tra i diritti fondamentali si prevedono sempre quelli alla *libertà* e alla *proprietà*, concepiti quasi in maniera interscambiabile.

In realtà il diritto alla proprietà privata può essere tollerato solo quando questa proprietà non è relativa ai mezzi fondamentali di produzione, che sono poi quelli che garantiscono la sopravvivenza di un'intera collettività, ovvero quelli che le permettono di esercitare i diritti irrinunciabili che la caratterizzano o la identificano come tale.

Tutti gli articoli relativi al titolo III della Costituzione: "Rapporti economici" non rendono affatto più chiara l'esigenza di precisare il primato della proprietà comune dei mezzi produttivi rispetto al lavoro.

Art. 3. È inutile affermare l'uguaglianza *giuridica* di tutti i cittadini di fronte alla *legge*, quando non si precisa a chiare lettere la necessità della loro uguaglianza *sociale* ed *economica* di fronte al *bisogno*. La seconda parte dell'art. 3, in assenza della suddetta precisazione, rischia di restare, sul piano pratico, una pia intenzione, ovvero di tradursi in uno sforzo moralistico o paternalistico di dubbia efficacia.

Infatti, se si fosse puntato più sul bisogno che sulla legge, più sulla concreta proprietà pubblica che non sull'astratta tutela del lavoro, non si sarebbe detto, in questo articolo, che tutti i cittadini sono uguali davanti alla legge, ma, al contrario, che i cittadini con più *bisogni* hanno più *diritti* davanti alla legge. Hanno più diritti di precedenza e di preferenza, proprio al fine di colmare il loro gap dovuto a motivi fisici, psichici, esistenziali, sociali, geografici, linguistici ecc., rispetto agli altri concittadini.

L'uguaglianza assoluta davanti alla legge può andar bene quando tra cittadini non esistono differenze rilevanti. Tuttavia, se consideriamo che persino la natura pone una certa differenza di genere tra i sessi e pone altre differenze dovute all'età anagrafica, è del tutto inutile auspicare un'uguaglianza assoluta di fronte alla legge.

È la legge che deve adeguarsi alla diversità dei bisogni, non sono i bisogni che devono adeguarsi all'uniformità della legge. Ci si adegua all'uniformità imposta dalle circostanze per soddisfare meglio il bene comune. Ma è evidente che le circostanze possono cambiare e, con esse, la regola dell'uniformità.

Una società che per molto tempo si vantasse di avere regole uniformi a livello nazionale, potrebbe dare impressioni del tutto opposte: di grande coerenza democratica, ma anche di grande forza dittatoriale. Non è certo dal contenuto in sé delle leggi che si può valutare il grado di democraticità di una nazione. Bisogna piuttosto esaminare il livello di rispondenza delle leggi ai bisogni collettivi. E, considerando che i bisogni sono per lo più mutevoli, soggetti al continuo modificarsi delle circostanze, può apparire, al limite, del tutto superflua l'esigenza di darsi delle leggi scritte.

Art. 4. Questo articolo è molto importante e la Repubblica dovrebbe essere denunciata quando non assolve il proprio dovere di assicurare a tutti un lavoro. Se il lavoro è un diritto-dovere, allora è compito della Repubblica garantirlo. Non basta dire ch'essa "promuove" le condizioni che rendono effettivo il diritto; le condizioni devono essere "assicurate", "garantite", altrimenti non è possibile sostenere che il lavoro è un "dovere" di tutti.

Come noto il lavoro è un diritto che può essere rivendicato, ma se è anche un dovere, il cittadino dovrebbe essere obbligato a lavorare, anche nel caso in cui non volesse farlo.

Finché il cittadino rivendica il lavoro come un diritto, significa che la Repubblica non è in grado di assolvere al proprio dovere di assicurarlo a tutti. È dunque giusto affermare che ognuno ha il dovere di lavorare, salvo che qualcosa di oggettivo non gli impedisca di esercitare questo obbligo.

Art. 5. Questo articolo non è mai stato applicato per due semplici ragioni:

1. esistono nel territorio italiano degli spazi geografici in cui la sovranità dello Stato è insussistente, come p.es. quelli della Città del Vaticano, della Repubblica di S. Marino e delle basi Nato. In queste aree delimitate da precisi confini si esercita il principio della extraterritorialità da parte di uno Stato che inevitabilmente deve essere considerato come "straniero" all'interno della nostra Repubblica;

2. il nostro Stato, prima monarchico poi repubblicano, è nato e si è sviluppato in maniera centralistica, usando gli Enti Locali Terri-

toriali come propri organi periferici. Sono state piuttosto le autonomie locali a lottare per essere riconosciute come tali dallo Stato.

Nella nostra Repubblica non è lo Stato ad essere a servizio della società civile, ma il contrario. E non è detto che questo rapporto sia destinato a mutare trasformando lo Stato da centralista a federalista.

Art. 6. Questo articolo non è mai stato attuato con coerenza, semplicemente perché uno Stato centralista non può farlo. In particolare il centralismo si è espresso sul versante del confessionalismo, emarginando le minoranze religiose, e sul versante educativo, esercitando il monopolio dell'istruzione pubblica: la scuola "statale", essendo di estrazione, di formazione, di cultura "borghese", ha fagocitato la cultura contadina e operaia, ha impedito l'uso dei dialetti, ha distrutto tutto quanto era di tradizione "pre-borghese". Se le minoranze hanno continuato ad esistere, è stato unicamente per merito loro, per la loro volontà di sopravvivenza.

Art. 7. Questo articolo è la dimostrazione più evidente della debolezza del nostro Stato, costretto a riconoscere, da un lato, la propria limitatezza *istituzionale*, in quanto il Vaticano agisce in piena autonomia politica ed economica in una determinata porzione di territorio, rivendicando una gestione temporale dei propri beni che lo qualifica come uno Stato a pieno titolo (in grado addirittura di agire indisturbato a livello internazionale); e, dall'altro, il nostro Stato dimostra la propria insufficienza *normativa*, in quanto il Vaticano gli impedisce di affermare con coerenza i principi della laicità in materia di libertà di coscienza.

Questo articolo andrebbe completamente abolito o riscritto, evidenziando la piena sovranità e laicità dello Stato.

Art. 8. Questo articolo non prevede la libertà di *non credere* in alcuna religione. La libertà di coscienza viene qui equiparata alla libertà di religione, nel senso che ogni cittadino è libero di credere nella confessione che vuole.

In realtà la libertà di religione è solo un aspetto della libertà di coscienza, la quale appunto prevede anche la libertà di non credere in alcuna confessione.

Art. 9. Questo articolo è troppo generico per essere importante. Per renderlo più significativo si potrebbe aggiungere che la Repubblica tutela solo lo sviluppo di quella cultura orientata a promuovere l'umanizzazione dei rapporti sociali, e solo lo sviluppo di quella ricerca tecnico-scientifica favorevole alle esigenze riproduttive della natura.

Bisogna dettagliare questo per impedire che la prima parte dell'articolo finisca col trovarsi in contrasto con la seconda. Non tutta la cultura, non ogni tipo di ricerca merita d'essere tutelata.

Art. 10. Questo articolo dovrebbe avere un valore sia in tempo di pace che in tempo di guerra, e quindi a prescindere da qualunque contenzioso la nostra Repubblica possa avere con chicchessia.

Inoltre bisognerebbe precisare che la nostra Repubblica si attiene alle norme del diritto internazionale solo quando queste sono conformi ai valori umani universali e alle esigenza di tutela ambientale.

Infine bisognerebbe aggiungere che nelle controversie internazionali o anche solo bilaterali (tra Stato e Stato), la nostra Repubblica si appellerà, se lo riterrà opportuno per risolverle, a organi di carattere internazionale, riconoscendo a questi organi un potere vincolante per le decisioni che prenderanno.

Art. 11. Questo articolo viene costantemente smentito dalle cosiddette "missioni di pace", che vengono compiute da un personale militarizzato. Bisogna quindi precisare che qualunque intervento armato, non avente scopo meramente difensivo dei nostri confini territoriali, cioè dell'integrità della nostra nazione, va considerato illegale. Dal nostro territorio non dovrebbero uscire forze armate di alcun genere, neppure per fare delle esercitazioni.

Anzi, il nostro Stato dovrebbe operare affinché si riconosca a livello internazionale il divieto, da parte di forze militari nazionali, di occupare spazi di cielo, di terra e di mare che risultano comuni a più nazioni o anche a tutte le nazioni del mondo. Gli spazi internazionali devono essere lasciati liberi da qualunque tipo di arma.

Dovrebbe essere tassativamente vietato che uno Stato possa disporre di proprie basi militari al di fuori dei propri confini.

Sarebbe bene che il nostro Stato s'impegnasse per primo in questa direzione, mostrando agli altri Stati che la sicurezza è maggiormente garantita non in presenza ma in assenza delle armi.

Inoltre nella Costituzione dovrebbe esserci un articolo che prevede la rinuncia definitiva alla produzione, alla vendita, all'uso di qualunque arma di sterminio di massa. Dovrebbe essere proibita in maniera tassativa anche la vendita di qualsivoglia arma all'estero.

Art. 12. Questo articolo è frutto dello Stato centralista. Si può riconoscere allo Stato una determinata bandiera, ma permettendo anche alle Regioni e persino ai Comuni di aggiungere sullo sfondo tricolore gli elementi simbolici che li caratterizzano da secoli.

Il primato dell'economia

Sotto il capitalismo, essendo l'interesse generale della società subordinato a quello particolare di una classe specifica: la *borghesia* (soprattutto quella imprenditoriale), inevitabilmente la politica è subordinata all'economia. Solo in apparenza dunque lo Stato borghese si pone come forza autonoma che organizza il movimento spontaneo dell'economia.

Nel socialismo democratico non sarà sufficiente affermare che il plusvalore può essere recuperato da una classe operaia padrona delle proprie fabbriche (anche i contadini saranno padroni delle loro terre). Cioè non sarà sufficiente affermare la *fine del lavoro salariato* e la *socializzazione integrale dei mezzi produttivi*. Occorrerà anche affermare la possibilità di *abolire la divisione del lavoro*. Se un cittadino vuole diventare un lavoratore globale, onnilaterale, la società dovrà offrirgliene l'opportunità.

Inoltre la democrazia avrà senso solo se *locale*, e a livello locale, sul piano economico, si dovrà affermare il principio dell'*autosufficienza* e dell'*autoconsumo*, altrimenti la democrazia non avrà mai delle basi solide.

Si può anche sviluppare la scienza e la tecnica al punto da rendere superfluo l'operaio nella produzione industriale: in tal modo peraltro gli si permetterebbe di gestire il proprio tempo libero secondo i propri desideri. Ma questa prospettiva non costituirebbe una soluzione convincente: 1) perché gli uomini diventerebbero schiavi delle macchine; 2) perché essi s'illuderebbero che il benessere sia garantito in modo automatico.

Il socialismo non può essere contrario al macchinismo, poiché caratteristica dell'uomo è quella di avere con la natura anche un rapporto strumentale, artificiale. Inoltre l'essere umano è "artigiano" di natura.

Tuttavia il socialismo deve creare le condizioni perché il macchinismo non arrivi a prevalere sul rapporto *naturale* dell'uomo con l'ambiente. Il macchinismo deve rimanere una libera scelta dei singoli individui e non un'imposizione. Ciò significa che tra macchinismo e non-macchinismo andrà continuamente cercato un compromesso. L'uomo può esercitare benissimo la propria creatività senza danneggiare affatto la natura.

Le condizioni che la società deve creare, sono relative all'*umanizzazione* dei rapporti sociali. Quanto più la società è esigente su tale umanizzazione, tanto più essa deve pretendere di non sentirsi minacciata da elementi artificiosi ed eccessivamente complessi. La vera complessità deve riguardare la *profondità del rapporto umano*, cioè l'intensità con cui lo si vive, e a tale scopo il macchinismo non è indispensabile.

Lo sviluppo del macchinismo, partito dall'esigenza di compensare un vuoto esistenziale e sociale, non ha fatto altro che rendere sempre più superficiali i rapporti umani. Con l'uso sistematico della scienza e della tecnica, l'uomo ha smesso di volgere lo sguardo verso se stesso e di cercare la qualità delle cose nel loro aspetto interiore.

La socializzazione dei rapporti umani - quale si è verificata sotto il capitalismo - ha escluso la loro umanizzazione. Nei sistemi pre-capitalistici non mancava la socializzazione, ma mancava la piena *umanizzazione*, in quanto vigevano rapporti antagonistici. Non era la natura a determinare completamente la qualità, il tipo, le modalità del rapporto umano, poiché questa modalità è stata possibile solo nelle civiltà pre-schiavistiche. Con l'introduzione dello schiavismo il rapporto umano ha preso a determinare se stesso in maniera relativamente indipendente dalla natura: ciò che lo ostacolava, ciò che impediva il suo approfondirsi era appunto la divisione in classi della società.

Col capitalismo l'alienazione dell'uomo ha raggiunto livelli eccezionali; con il socialismo di stato questi livelli sono stati addirittura superati. I paesi est-europei hanno avuto la forza di liberarsi dei loro errori e speriamo non abbiano la stupidità di accettare le nostre alienazioni.

Davvero il capitalismo non ha alternative?

In una democrazia sociale autogestita non accadrebbero ai nostri agricoltori le assurdità imposte dall'Unione Europea (relative alle quote fisse di latte, al numero massimo di capi di bestiame, alla quantità di produzione possibile, ai prezzi ridicoli dei prodotti agricoli e così via). Non accadrebbe che un prodotto uscito di fabbrica e giunto al negozio venga a costare tre-quattro-cinque volte di più. O che i prezzi di molti prodotti siano decisi non dalla loro qualità intrinseca, ma dall'etichetta, dalla firma, dalla pubblicità, dal monopolio, dalla moda, dalla stagione e così via. Ha forse un senso che i prezzi dei prodotti agricoli vengano decisi dall'industria di trasformazione o dalle grandi borse di commercio o dalle commissioni economiche degli Stati o addirittura dai singoli negozianti, in una parola da tutti meno che dall'agricoltore?

I prezzi delle merci vanno decisi non solo dai produttori, non solo dai monopoli, non solo dai tecnici e dagli esperti, non solo dal mercato, e neppure soltanto dai consumatori, ma vanno decisi da una società i cui produttori non siano sostanzialmente diversi dai consumatori: una società cioè dove il rapporto tra produttore e consumatore sia così stretto che praticamente la diversità dei mestieri non possa di per sé creare alcun ostacolo alla realizzazione di quel rapporto.

Lo stesso deve accadere nei tribunali, dove i cittadini devono poter giudicare i loro concittadini, essendo gli unici a conoscerli meglio di chiunque altro. Giudici, avvocati, pubblici ministeri devono essere scelti dagli stessi cittadini che assisteranno, come testimoni, come parenti o conoscenti, come giuria popolare ecc., ai processi pubblici e privati.

Lo stesso servizio militare non dovrebbe forse essere fatto nel luogo in cui si vive e che si conosce perfettamente e che si saprebbe difendere con sicurezza? In questo senso, non dovrebbe forse essere fatto da tutti i cittadini, periodicamente, e non da professionisti stipendiati o da soldati di leva?

Ogni esperienza di *autogoverno locale* nel passato è fallita non perché fosse locale, ma perché non si era risolto l'antagonismo delle classi. I concetti di Stato, nazione, impero ecc. sono ogni volta emersi per cercare di risolvere un conflitto di livello geografico più circoscritto. In tal modo non si faceva che estendere il conflitto a livelli più elevati, offrendo solo l'illusione d'averlo risolto. Il crollo degli Stati, delle nazioni, degli imperi è sempre stato e sempre sarà una conseguenza di quella illusione.

L'assenza di responsabilità personale

In assenza di *autogestione*, la democrazia resta *formale* anche quando, dopo una crisi di governo, si verifica l'alternanza nella guida di un Paese. Una democrazia delegata che non prevede quella *diretta* rappresenta solo una gestione elitaria del potere, soggetta continuamente al pendolo fra anarchia e dittatura. Infatti, quando l'aristocrazia politica s'accorge che i suoi metodi non garantiscono ai gruppi oligarchici la necessaria stabilità economica, ecco che scatta l'esigenza di cercare "l'uomo della Provvidenza".

Quando la democrazia parlamentare è in crisi, perché i soggetti politici si sono dimostrati incapaci di governare e non godono più di alcuna fiducia da parte degli elettori, è facile che qualche gruppo parlamentare inizi a rivendicare un rapporto diretto con le masse (magari in questo viene sollecitato da altri gruppi o movimenti extraparlamentari).

Improvvisamente la democrazia tende ad assumere un atteggiamento ambivalente: facendo ricorso, specie attraverso i media, all'istintività delle masse (populismo), essa mira a cercare una legittimazione dell'autoritarismo al di fuori dell'ambito meramente parlamentare. L'obiettivo è soltanto quello di rafforzare l'esecutivo, le funzioni monocratiche del governo o di affermare addirittura un personalismo presidenziale.

Fra la democrazia delegata e l'anarchia è dunque difficile dire cosa sia meglio, poiché la prima si trasforma facilmente in un arbitrio legalizzato ("di Stato"), patrimonio di pochi: il che può comportare conseguenze più nefaste dell'arbitrio dei singoli cittadini.

Non è forse singolare che nei paesi a democrazia delegata ci si appelli al principio della "responsabilità personale" solo quando si tratta di punire il cittadino per aver compiuto un'azione illegale? "Positivamente" la responsabilità personale, in una democrazia delegata, non appartiene a nessuno: a chi comanda infatti spetta il privilegio dell'arbitrio, a chi ubbidisce il dovere di sottostarvi.

Per i governi delle democrazie delegate un esempio di cittadino modello è quello che obbedisce alle leggi dello Stato e paga le tasse, cioè obbedisce a leggi e tasse che "altri" gli hanno imposto, senza chiedergli alcun parere.

Il massimo della democrazia diretta, in questi paesi, è rappresentato dall'esercizio del *referendum popolare*, cioè dalla possibilità (piuttosto lenta e macchinosa) di abolire una legge già in vigore.

Un nuovo rapporto tra eletto ed elettore

La vera democrazia non può essere delegata se l'eletto non è un'espressione *diretta* dell'elettore, cioè un'emanazione circostanziata, nel tempo e nello spazio, della sua volontà, la quale deve poter tenere sotto controllo, in qualunque momento, l'operato del parlamentare. L'eletto ha il dovere di rappresentare *costantemente* la volontà di un elettore particolare (che può essere un gruppo, una comunità, sempre di dimensioni ristrette, poiché l'eletto deve costantemente tenersi in rapporto, in contatto con la base che l'ha votato).

Per essere veramente efficace, l'esercizio della responsabilità personale deve essere *quotidiano*, in modo tale che i risultati di tale impegno si possano vedere con una certa *periodicità*.

Se l'esercizio di tale responsabilità non comporta, col tempo, una progressiva trasformazione della società (nel suo complesso e non soltanto nei suoi singoli settori), facilmente la democrazia involve verso una gestione arbitraria del potere. Quanto più gli antagonismi, gli abusi... diventano un male endemico, tanto più si vanno a cercare soluzioni estreme, categoriche, destinate soltanto a peggiorare le cose.

Naturalmente l'eletto, in una democrazia diretta, è a sua volta un membro della comunità che lo ha votato: ciò significa ch'egli non può limitarsi a rappresentare passivamente la volontà di altri, ma deve interagire con tale volontà, manifestando le proprie opinioni.

Le masse popolari, di per sé, non sono migliori dei singoli eletti (a volte non sono migliori neppure dei singoli autocrati). Cosa sono stati, in fondo, il nazi-fascismo e lo stalinismo se non la miscela di due volontà perverse: una individuale (consapevole) e l'altra collettiva (strumentalizzata)?

Per questa ragione non ha senso sostenere che laddove le masse pretendono maggiore protagonismo, lì c'è sicuramente più democrazia. La democrazia non è un concetto che si può ipostatizzare, non è mai una definitiva acquisizione: la sua presenza va dimostrata ogni volta, in quanto è sempre un obiettivo da raggiungere. Se non fosse così, noi p.es. non riusciremmo a spiegarci il passaggio dal comunismo primitivo allo schiavismo.

Al massimo si potrebbe dire questo: la democrazia è molto di più un obiettivo nelle formazioni sociali antagonistiche che non in quelle collettivistiche, nel senso che mentre nelle prime il raggiungimento dell'obiettivo comporta un preliminare rovesciamento del sistema, nelle seconde invece comporta di quest'ultimo una progressiva evoluzione. In un tipo di sistema la democrazia affermata come valore serve per ricordare agli uomini che non sono delle bestie selvagge; nell'altro tipo serve a ricordare che, se tradiscono certi ideali, possono sempre diventarlo.

Di sicuro noi sappiamo solo una cosa: che è più facile realizzare la democrazia là dove la gente è abituata a *decidere*, cioè ad assumersi direttamente delle responsabilità. Certo, anche questa gente può compiere delle scelte sbagliate o addirittura lasciarsi corrompere, ma avrà meno motivi di addebitarne la causa a enti impersonali o a persone estranee.

*

Quando c'è l'esigenza di farsi rappresentare, deve esserci inoltre la possibilità di potersi rappresentare da soli. Vi possono infatti essere dei casi così gravi (minacce alla libertà, violazioni di diritti, disastri ambientali...), per i quali l'intervento diretto di un gruppo o dell'intera comunità è più efficace di qualunque altra soluzione.

Per queste ragioni la *democrazia diretta*, che è poi l'unica vera democrazia, può funzionare solo quando la comunità sociale non è troppo grande, cioè quando esiste, in concreto, la possibilità di controllare l'operato dei cittadini e quindi anche dei loro delegati, che devono poter essere rimossi in qualunque momento se vengono meno al mandato ricevuto (ciò ovviamente significa che all'eletto va data la possibilità di difendersi).

In tal senso è assurdo che una persona possa pretendere di fare il politico di professione. La politica è lo strumento per rivendicare dei diritti, per gestire degli spazi, per prendere delle decisioni, per risolvere dei conflitti sociali: non può essere una *dimensione di vita*.

La politica è un contenitore che può essere riempito solo di tutto ciò che non è politico. Quando la politica si rende autonoma dalla vita sociale e dalla cultura, diventa *eo ipso* arbitraria, sempre e comunque, a prescindere dalle sue azioni particolari.

Quali speranze per il futuro?

La storia spesso manifesta questo singolare aspetto: proprio mentre le forze regressive s'incaponiscono a difendere i loro privilegi e la cultura del passato, che ha già perso di credibilità, tende a formarsi l'alternativa per il futuro. Questa, tuttavia, per risultare vincente, ha bisogno di porsi in maniera creativa e costruttiva: non può limitarsi ad attendere che il consenso le venga consegnato su un piatto d'argento. Anche perché il crollo rovinoso della reazione potrebbe travolgerla.

In altre parole, proprio mentre è più forte il potere politico e militare delle forze conservatrici, molto più debole è il loro potere morale, la loro legittimazione sociale - ed è questo, in definitiva, che deciderà la loro sorte.

Tale momento di transizione sarà tanto più veloce, tanto meno cruento quanto più risoluta sarà la resistenza alle forze regressive. Naturalmente la velocità della transizione non è di per sé un indice sicuro della sua democraticità: la velocità distruttiva di certe rivoluzioni (si pensi p.es. a quella francese) s'è trasformata ben presto in altrettanta velocità autodistruttiva.

In effetti, non basta la fiducia dei cittadini per essere sicuri che le nuove istituzioni saranno caratterizzate *eticamente*. Occorre anche e soprattutto che si realizzi la *democrazia sociale*, quella per la quale le istituzioni hanno compiti davvero limitati. Un'istituzione ha senso solo quando non può staccarsi dalla società, ma questo, quando una società per secoli ha convissuto con la realtà delle istituzioni, è più facile a dirsi che a farsi. Si regola le istituzioni nascono per sovrapporsi alla realtà.

Il cittadino democratico dovrà abituarsi all'idea che in una *società autogestita* ogni abuso si ripercuote immediatamente su tutti i cittadini, nessuno escluso: o si vive insieme nel bene comune o nessuno si salva. Là dove esiste la democrazia sociale, la corruzione non può dilagare come un cancro incurabile.

L'affermazione della democrazia

Come noto, i momenti della dissoluzione della comunità primitiva e del feudalesimo sono anche quelli dell'affermazione della democrazia politica (Grecia..., Europa borghese).

La democrazia è una grande illusione, poiché con essa il capitalismo s'è posto lo scopo di convincere il servo della gleba che, emancipandosi politicamente dal servaggio, avrebbe potuto diventare veramente libero, anche sul piano economico.

Da dove aveva preso la borghesia la capacità di elaborare una finzione giuspolitica così sofisticata? Ovviamente dal cristianesimo, prima nella sua corrente cattolica, poi in quella protestantica. Il liberalismo borghese, in effetti, non è che una laicizzazione del dualismo cristiano di metodo e contenuto.

È stato il cristianesimo a permettere la nascita del capitalismo, a offrire le coordinate ideologiche alla borghesia per compiere la propria rivoluzione. Il borghese ha potuto scindere il valore cristiano dalla sua pratica perché questo stesso valore era già scisso, cioè era già il frutto di un'interpretazione distorta dell'autentico messaggio del Cristo, che di religioso non aveva nulla. Il borghese ha trasformato la scissione, l'alienazione (che è tipica di ogni religione, ma che nel cristianesimo raggiunge il suo vertice) in un qualcosa di conforme, di compatibile, anzi di funzionale ai propri interessi privati. Egli ha saputo illudere il contadino, oppresso dallo sfruttamento feudale, che l'affermazione del valore cristiano, in forma secolarizzata, comportasse, di per sé, la realizzazione della democrazia sostanziale.

La laicizzazione del valore cristiano non è dipesa soltanto dall'esigenza di emanciparsi dal feudalesimo, ma anche dall'esigenza d'impostare un rapporto di dominio nei confronti della natura. Essa è stata anche uno sviluppo conseguente, in Europa occidentale, della laicizzazione che già la teologia cattolica, a partire dalla riscoperta dell'aristotelismo, aveva iniziato a livello accademico.

Nell'antichità, allorché si affermò la democrazia politica, ovviamente non poteva esserci alcun riferimento alla religione cristiana. Ma è anche vero che nella democrazia ateniese non si pose mai all'ordine del giorno la questione di emancipare gli schiavi (o di illuderli che potessero esserlo). La democrazia serviva ai ceti medi commerciali per opporsi all'aristocrazia fondiaria conservatrice: non aveva altro scopo.

Nell'epoca borghese lo Stato viene a sostituire la chiesa e il suo braccio secolare: l'imperatore cristiano; così come il diritto sostituisce la teologia. Ora lo Stato (che astrattamente unifica le classi) diventa l'espressione politica del capitale, mentre la chiesa viene usata come strumento religioso per riconciliare le componenti culturalmente più arretrate (o politicamente più marginali) con quelle dominanti. Lo strumento principale (e laico) resta però quello del diritto, che si basa sull'assunto formale: "La legge è uguale per tutti", un principio che sul piano democratico andrebbe rovesciato: "La legge è diversa per ognuno", nel senso che andrebbe applicata più severamente nei confronti di chi ha maggiori responsabilità o maggiori disponibilità di mezzi e risorse.

Dalla repubblica all'impero

Coi governi di centro-destra di marca berlusconiana vien spontaneo chiedersi se stiamo assistendo agli ultimi colpi di coda della prima Repubblica o se invece non si stia formando un nuovo modo di fare politica.

In che cosa consisterebbe questo modo nuovo? Anzitutto nel fatto che il premier, una volta eletto dai cittadini, vuole considerarsi al di sopra delle istituzioni. Esattamente come gli imperatori romani, che non tenevano in alcuna considerazione le tradizionali istituzioni statali, preferendo puntare sull'esercito, su propri funzionari di fiducia, sul consenso demagogico delle masse e, indirettamente, su quello dei grandi proprietari terrieri, per i quali decisivo era il fatto che nessuna istituzione politica doveva minacciare il loro enorme potere economico (gli imperatori infatti si limitarono a togliere loro soltanto il potere politico).

L'esercito dava al principe la sicurezza relativa alla propria incolumità, alla società la difesa dell'ordine pubblico e all'impero quella dei confini. I funzionari, nominati personalmente dal sovrano, garantivano da possibili tendenze autonomistiche, specie nelle lontane province. Il populismo serviva invece per contrastare i reiterati tentativi, da parte delle istituzioni formalmente democratiche (la maggiore delle quali era il senato), di riprendersi il potere politico perduto o almeno di ridurre in maniera significativa quello dell'imperatore. Il marcato individualismo degli imperatori si traduceva in un inevitabile culto della personalità, che non raramente sfiorava l'idolatria.

A quel tempo i mezzi e i modi per garantirsi il consenso delle masse erano la costruzione di imponenti edifici pubblici, la cui realizzazione richiedeva ingente manodopera, la possibilità che veniva concessa di fare carriera politica, militare, amministrativa in maniera molto rapida, ma anche di poter frequentare luoghi di ozi e di divertimento che prima erano appannaggio di pochi, e così via. La ricchezza doveva essere, apparentemente, alla portata di tutti e nessuno doveva avere l'impressione che l'impero fosse terribilmente in crisi. Cosa che invece fu chiarissima a partire dal III secolo.

L'esigenza di una *leadership* imperiale assunse particolare consistenza proprio quando terminarono le imponenti rivolte schiavistiche. L'ultima significativa fu quella di Spartaco, mentre tutte quelle che avvennero nella fase imperiale, non riguardarono l'Italia, ma le province, cioè le colonie, dove il motivo prevalente era l'esosità fiscale dello Stato, che gli imperatori cercheranno di mistificare concedendo ai "provinciali" diritti pari a quelli dei "cittadini romani".

Al tempo di Diocleziano l'esercito raggiungeva le 600 mila unità e il potere politico aveva quattro corti da mantenere (tetrarchia). Per difendere i confini dell'impero si era ripristinata la leva obbligatoria, pur senza rinunciare a un esercito di professionisti. Questo perché da tempo i ribelli interni all'impero si trovavano sempre più spesso a fare combutta coi barbari che vi premevano dall'esterno. Persino gli imperatori, piuttosto che cimentarsi in dispendiose guerre di frontiera, preferivano chiedere ai barbari di entrare nelle file dell'esercito romano, difendendo, contro altri barbari, gli stessi confini che prima cercavano di valicare.

La figura "magica" dell'imperatore non nasce per reprimere la resistenza degli schiavi, ma perché la gestione statale del senato stava mandando in rovina gli stessi cittadini romani, appartenenti a classi meno abbienti di quelle latifondistiche e imprenditoriali. Il senato non era minimamente in grado di difendere le categorie più deboli dalle vessazioni di quelle più forti, sicché, per cercare di risolvere questo problema (che fece scoppiare non poche guerre civili), invece di puntare sulla vera democrazia si preferì un'aperta dittatura.

Sotto questo aspetto le dittature fasciste che l'Europa ha sperimentato nel corso del XX sec., esprimono una sorta di "neo-imperialismo" in stile romano. Probabilmente se il nazifascismo non avesse perduto la guerra contro l'Urss, in Europa non avremmo avuto soltanto un quarantennale franchismo.

La differenza fra le dittature nazifasciste e quella che si sta profilando adesso è che le prime erano anzitutto *un'espressione di forza militare*, che doveva rimediare agli effetti disastrosi della I guerra mondiale e ai tentativi di rovesciare il sistema borghese con rivoluzioni comuniste (come già era avvenuto in Russia). L'attuale dittatura invece si serve prevalentemente di *strumenti mediatici*, non avendo un forte nemico "in casa" con cui fare i conti. Entrambe comunque si ergono ufficialmente a difesa del popolo oppresso, frustrato nelle proprie aspettative, e solo ufficiosamente a tutela del grande capitale.

È singolare tuttavia che l'imperialismo romano sia nato da esigenze tutte interne al sistema, la prima delle quali consisteva nel fatto che la riduzione notevole delle terre da conquistare (a causa dell'opposizione germanica, sarmatica, persiana ecc.), acuiva inevitabilmente i *conflitti sociali* interni, che non riguardavano soltanto quelli tra liberi e schiavi, ma anche e soprattutto, nella fase imperiale, quelli tra deboli e forti, all'interno della categoria dei cittadini "liberi".

Gli imperatori non nascono perché i barbari premevano ai confini, né per le ribellioni schiavili e neppure per la resistenza dei cristiani. L'impero nasce perché il senato non era più in grado di controllare i conflitti sociali, cioè d'impedire che andasse in miseria una grande fetta della popolazione giuridicamente "libera", vessata dai grandi proprietari terrieri, dai funzionari corrotti, dagli speculatori, dagli usurai e dal fiscalismo statale. È proprio questa popolazione che, mentre fino a qualche tempo prima era disposta a combattere contro schiavi, barbari e cristiani, ad un certo punto si trova a simpatizzare per costoro.

Avendo dalla loro parte gli eserciti (oggi diremmo i mass-media), gli imperatori pensavano di avere un potere illimitato e facevano di tutto per ostacolare le vecchie istituzioni di potere, che contro l'autoritarismo dei singoli sovrani opponevano quello delle vecchie classi sociali. Quanto più s'afferma l'idea di *dominatus*, tanto più la tradizionale classe dirigente cerca di liberarsene.

Gli imperatori erano apprezzati per le loro doti militari ma non erano amati dai senatori come leader politici, anche perché non avevano fatto alcuna carriera politica, spesso anzi provenivano da ceti molto umili, erano di origine anche non italica, tendevano - come facilmente fanno i militari - a semplificare le cose, a uniformarle, fidando nel fatto che le classi sociali, alla base della loro popolarità, non amavano le complicazioni della politica.

Erano uomini d'azione, che mostravano sui campi di battaglia il loro valore, sicché mentre sul piano politico preferivano applicare il principio dell'adozione nella loro successione, piuttosto che quello dinastico-ereditario, su quello invece amministrativo preferivano il principio della nomina personale di funzionari strettamente legati alla loro volontà.

Quello del senato e degli imperatori era lo scontro tra un arbitrio contro un altro arbitrio, e se nell'area occidentale ciò avrà effetti catastrofici per le sorti dell'impero, nell'area orientale invece la cosa troverà un punto di mediazione nel fatto che, per altri mille anni, si permetterà alla chiesa cristiana di svolgere un ruolo di mediazione tra le istanze imperiali e la popolazione, senza che essa arrivi a pretendere alcun ruolo politico. Cosa che nella realtà occidentale non riuscirà ad avvenire, in quanto la chiesa romana si sentirà sempre in opposizione alle istanze governative civili.

Gli imperatori furono una soluzione sbagliata a un problema mal posto. Fingendo di stare dalla parte del popolo oppresso, dapprima opponendosi ai senatori, in seguito sfruttando l'idea di una cristianità universale, essi usarono l'impero come una mucca da mungere, promettendo cose irrealizzabili e restando impotenti nei confronti della corruzione dilagante, delle tendenze centrifughe molto forti nelle province e soprattutto nei confronti della sfiducia verso le istituzioni.

Sarà proprio questo atteggiamento arrogante, assolutamente refrattario a riconoscere le cause della crisi sistemica, che indurrà le popolazioni locali a fidarsi solo di se stesse, ad abituarsi a vedere il "nemico" nella propria stessa patria e a rinchiudersi in un sistema sociale dove l'*autogoverno* e l'*autoconsumo* iniziarono a giocare un ruolo di rilievo.

La democrazia greco-classica e contemporanea

Si può parlare di "democrazia diretta" nella polis ateniese dei secoli V e IV a.C.? Diciamo che un primo tentativo di scardinare gli antichi privilegi gentilizi, tipicamente aristocratici, fu compiuto alla fine del VI sec., quando Clistene creò dieci nuove tribù territoriali, aventi valenza anche militare, al posto delle vecchie quattro tribù gentilizie.

I *demi*, che andarono a sovrapporsi alle *trittie*, erano piccole autonome comunità di villaggio, coi loro magistrati (politici e funzionari). Ora, con Clistene, diventavano un sistema di autogoverno che coinvolgeva circa 30.000 persone (cioè i cittadini maschi adulti e liberi, di legittima ascendenza ateniese, in quanto nati da genitori ateniesi legittimamente sposati, con esclusione quindi delle donne, degli schiavi e degli stranieri).

La base della democrazia era costituita, per ogni *demo*, dall'Assemblea popolare (*ekklesìa*), esclusiva fonte politica e normativa delle decisioni popolari. Essa si riuniva 40 volte l'anno, con una frequenza media di 6.000 persone. Vi intervenivano i leader del popolo (demagoghi e retori), i quali non rappresentavano gli interessi di determinati partiti politici, organizzati come oggi, ma semplicemente si facevano portavoce di istanze popolari.

Oltre all'*ekklesìa* vi era la *bulê* (il Consiglio dei Cinquecento: 50 per ognuna delle 10 tribù territoriali). I buleuti si occupavano degli affari correnti, assicurando la continuità del governo. Nessuna decisione dell'Assemblea poteva essere ratificata senza il parere preventivo del Consiglio. D'altra parte ogni discussione preliminare in Consiglio andava autorizzata dall'Assemblea. Quando il Consiglio aveva esaurito il dibattito interno, presentava all'Assemblea una proposta organica su cui bisogna prendere una decisione. Sotto questo aspetto si può sostenere che nella democrazia ateniese non è mai esistita una reale separazione dei poteri.

Vi era anche il corpo giudiziario dei cittadini, cioè 6.000 giudici del tribunale popolare e circa 700 funzionari pubblici di età non inferiore ai 30 anni. Fatto singolare di questo organo è che non si conosceva in anticipo la causa che si doveva giudicare.

Tutte le cariche venivano assegnate per sorteggio ed esercitate per un solo anno, a rotazione e ogni carica per non più di due volte nella vita. L'esercizio delle cariche richiedeva molto tempo e tendeva a escludere quanti non avevano sufficienti risorse, almeno finché non si deciderà, nel IV secolo, con Pericle, un livello adeguato di remunerazione, in grado di coprire le spese sostenute o i mancati introiti.

Si trattava di una democrazia esclusivamente politico-amministrativa e giudiziaria, che riguardava una minoranza di persone, non implicando l'estensione universale dei diritti umani e civili. Inoltre non andava a coinvolgere gli aspetti materiali e produttivi della popolazione, per una più equa redistribuzione delle ricchezze. Anzi, per il pagamento dei pubblici uffici Atene si avvaleva, in gran parte, delle risorse degli alleati (soprattutto dopo la battaglia di Salamina).

Il fatto stesso che obbligasse a una rotazione così frequente delle cariche, dimostra l'inesistenza di una vera e propria democrazia economica: non ci si fidava gli uni degli altri. Lo stesso diritto alla cittadinanza non era il conseguimento di un diritto naturale, in ambito politico, ma il godimento di un privilegio, che permetteva di esercitare il potere legislativo, esecutivo e giudiziario. Insomma permanevano distinzioni di censo e di rango: cosa peraltro che non riguardava la sola Atene, ma tutte le poleis della Grecia.

Una differenza semmai stava tra la democrazia ateniese, dove la votazione abituale era per alzata di mano (e in taluni casi per voto segreto), e l'oligarchia spartana, dove la votazione era soltanto per acclamazione. Inoltre a Sparta non vi era un'uguale opportunità di parola nelle assemblee pubbliche. È evidente infatti che là dove esiste uguale diritto di parola e uguaglianza davanti alla legge, il cittadino si sente indotto a riflettere di più tra le diverse opzioni politiche che gli vengono proposte. Ad Atene gli stessi oratori dovevano sottostare a controlli preliminari e al rispetto di un rigoroso iter procedurale e di un certo codice deontologico. Non era certo facile presentare proposte illegali, anche se sarà proprio una democrazia del genere a decidere la morte di Socrate (cosa che avvenne anche perché Socrate si permise di giudicare i cittadini nella loro totalità, riuniti appunto in Assemblea).

Di singolare, in questo esperimento democratico, è che non vi fu alcuna teoria politica, almeno non nel senso in cui l'intendiamo oggi. Se ne trova assai di più nei testi di Platone e anche in quelli di Aristotele, quando però la democrazia politica era già in forte declino, finché scomparve del tutto sotto la dominazione macedone.[12] Per avere una teoria po-

---

[12] Platone, Aristotele e anche Senofonte ritenevano la democrazia ateniese una forma di anarchia, in cui i demagoghi manipolavano i partecipanti alle assemblee, i quali non riuscivano a difendersi proprio perché non avevano sufficiente preparazione per poter prendere decisioni oculate. La politica, come qualunque altra arte, richiedeva una certa dose di specializzazione, per cui non poteva essere posseduta da molti. Per Aristotele il popolo, al massimo, poteva eleggere i magistrati e chiamarli a rendicontazione, ma non doveva tenere i pubblici uffici.

litica moderna, riguardante la democrazia diretta, si dovrà aspettare l'opera di Rousseau.

Ciononostante in quella fase storica il popolo ateniese di sentiva "sovrano" (*kyrios*). Gli bastava l'equa distribuzione dei diritti e delle cariche (un uomo un voto). Naturalmente pretendevano, da parte degli eletti, una rendicontazione generale, a fine mandato (soprattutto di tipo fiscale). Nel caso in cui vi fossero state denunce da parte dei cittadini, il magistrato poteva anche essere sottoposto a un processo davanti al tribunale popolare.

Quel che a noi oggi pare poco logico era la decisione di usare il sorteggio per svolgere cariche di una certa importanza. Evidentemente gli ateniesi erano convinti di avere tutti un merito equivalente. Solo gli ufficiali militari (strateghi) venivano eletti mediante il voto: la loro era l'unica carica che poteva assicurare una certa continuità, benché fosse di durata annuale. A dir il vero il popolo, quand'erano in corso dei conflitti armati, chiedeva una competenza specifica non solo in campo militare, ma anche in quello economico-finanziario.

Oggi invece tendiamo a considerare il sorteggio una pratica inerente alla sfera dei doveri più che a quella dei diritti. Nel mondo militare del passato i plotoni di esecuzione venivano sorteggiati, se non ci si offriva spontaneamente; in guerra si può essere sorteggiati quando si devono compiere delle operazioni che comportano un elevato rischio personale; si può ricorrere al sorteggio anche quando le persone che si offrono spontaneamente per compiere un'impresa rischiosa, sono superiori al necessario; ma si potrebbero fare molti altri esempi.

In genere, quando nessuno si offre spontaneamente per fare una determinata cosa, si procede al sorteggio, cui si può anche far seguire la periodica rotazione degli obblighi tra tutti gli appartenenti a un collettivo. Sorteggio, nella fase iniziale, e rotazione, in quella successiva, riguardano sempre la sfera degli obblighi o dei doveri. Chi può essere, di diritto, esentato da questa procedura è chi dalla comunità viene riconosciuto di un grado superiore rispetto a tutti gli altri, nel senso che si riconosce un merito o una capacità particolare. È anche vero però che se, in caso di necessità, questa persona si rifiutasse di accettare un dovere cui ogni altra persona si sente obbligata, facilmente verrebbe considerata poco meritevole d'essere riconfermata nel suo incarico.

Viceversa, Protagora era convinto che il popolo poteva essere educato a praticare l'arte di governare tramite l'insegnamento dei sofisti e la pratica quotidiana della politica. Vi furono dei sofisti (come Callicle, Antifonte e Alcidamante) che sostenevano addirittura l'uguaglianza naturale di tutti gli uomini, inclusi gli schiavi.

Oggi quindi se, da un lato, ci pare assurdo affidare al caso la gestione di importanti compiti politici o amministrativi; dall'altro tendiamo a confermare l'idea della rotazione delle cariche, proprio per impedire gli abusi di potere.

Naturalmente nelle democrazie moderne, tutte meramente rappresentative, il riconoscimento del merito e la rotazione delle cariche hanno un valore molto relativo. Questo perché, per quanto riguarda il merito, è abbastanza consueto che venga riconosciuto, se lo si deve esercitare in ambiti amministrativi, con procedure piuttosto formali e meramente burocratiche, come p.es. i pubblici concorsi, dove il controllo effettivo delle capacità è sempre piuttosto teorico, basato su conoscenze nozionistiche. Quando poi si ottiene l'incarico, i controlli sull'effettiva capacità gestionale sono sempre piuttosto scarsi: in genere avvengono in seguito a denunce o segnalazioni da parte di alcuni cittadini, tra quelli che fruiscono dei servizi inerenti a quell'incarico. Tuttavia il diretto interessato raramente viene rimosso o licenziato: più facilmente verrà trasferito altrove, quando non sarà sufficiente limitarsi a redarguirlo o a sanzionarlo.

La democrazia rappresentativa di uno Stato nazionale può sempre avvalersi della vasta estensione geografica del proprio territorio, unitamente all'assenza di una vera e propria democrazia diretta[13], per celare i propri errori di valutazione, le proprie incapacità nella selezione del personale e nel controllo del suo operato.

Viceversa, per quanto riguarda l'attribuzione del merito in campo politico, i controlli devono per forza essere più stringenti, poiché ne va di mezzo il destino non dello Stato (o di una sua porzione), ma dell'intero partito politico, che garantisce un certo potere, che è piuttosto ristretto, riservato a pochi.

Nell'ambito dello Stato si possono acquisire poteri sul piano amministrativo, giudiziario e militare, ma tutti questi settori sotto sottomessi, almeno in via di principio, a quello politico, che è l'ambito di potere per eccellenza e che, non a caso, permette di fare carriera anche in altri ambiti, una volta che, per un motivo o per un altro, da esso si è usciti.

In ambito politico i meriti personali non vengono riconosciuti dagli elettori dei partiti e neppure da tutti i loro iscritti, ma soltanto dai loro dirigenti più influenti. Nei partiti si fa carriera solo per cooptazione, cioè solo se si viene scelti da un gruppo ristretto di persone, che devono fidarsi reciprocamente o dove comunque la minoranza deve sottostare alla vo-

---

[13] Anche i Consigli comunali, pur essendo pubblici, rientrano nella mera democrazia rappresentativa. Per avere una democrazia diretta bisognerebbe dare tutti i poteri ai Consigli di quartiere, che invece oggi sono strumenti del tutto pletorici.

lontà della maggioranza. Una volta eletto "dirigente" del partito (o di un suo qualche settore), si rimane in carica fino a quando le condizioni per cui si è stati scelti restano immutate. È praticamente impossibile che una scelta compiuta dai dirigenti di un partito possa essere contraddetta dalla volontà dei suoi aderenti, che costituiscono la base degli elettori, siano essi tesserati o no. Dovrebbero esserci motivazioni piuttosto gravi.

Il leader di un partito può pretendere la revoca di alcune nomine, che si sono rivelate sbagliate, ma perché prenda decisioni del genere, devono esserci forti contestazioni da parte di qualcuno, che è tenuto a documentarle o a motivarle con dovizia di particolari. A nessun leader piace far vedere d'aver compiuto scelte sbagliate. Di regola i partiti politici non amano né i sorteggi, né le rotazioni delle cariche, ma la stabilità, la continuità nell'esercizio del potere. È questo il motivo per cui rimangono del tutto impreparati, addirittura sconcertati, quando vengono sconfitti dai partiti avversari, soprattutto se lo sono platealmente nelle competizioni elettorali o nelle rivoluzioni o nei colpi di stato. Essi infatti sono convinti di poter vivere di rendita politica.

La democrazia rappresentativa degli Stati moderni è in realtà una forma di dittatura di pochi privilegiati, il cui tasso di moralità è spesso di levatura piuttosto modesta, in quanto, per conservare il potere acquisito, si deve essere disposti ad accettare molti compromessi, anche piuttosto vergognosi.

D'altra parte anche nella democrazia greca fu impossibile evitare che si formassero dei politici di professione o delle élite di potere, che andavano a convergere verso le élite di censo, di lignaggio e di superiore educazione e istruzione.

La democrazia comunale nel Medioevo

In epoca feudale non tutte le città erano dei Comuni. Per esserlo ci voleva uno Statuto, cioè una volontà politica associativa. Nel Medioevo le città sono sempre esistite, anche se la loro importanza era inferiore a quella delle campagne, ove dominava la figura del nobile proprietario terriero, che sfruttava i suoi tanti servi della gleba.

In un sistema sociale basato prevalentemente su autoconsumo e baratto, la terra aveva molto più valore della moneta, e quindi la città si trovava ad essere subordinata alle esigenze della campagna.

Generalmente nelle città si trovava la sede episcopale, che svolgeva funzioni amministrative, connesse alla gestione dei sacramenti, e culturali, per l'istruzione del clero e della nobiltà e di chiunque potesse permettersi di pagarla.

Per tutto l'alto Medioevo, cioè fino al Mille, le città, con esclusione di quelle marinare, non ebbero neanche lontanamente un ruolo paragonabile a quello che avevano avuto in epoca greco-romana. Questo perché le popolazioni germaniche e slave provenienti da oriente e penetrate nell'impero romano, non erano urbanizzate. Sicché quando, intorno al Mille, iniziarono a formarsi i primi Comuni, si ebbe la trasformazione delle città da qualcosa di meramente *amministrativo*, gestito dai vescovi, a qualcosa di specificatamente *politico*, gestito da una nuova classe sociale: la *borghesia*, che comprendeva i mercanti, gli artigiani e i liberi professionisti.

Da dove provenivano queste categorie sociali, visto che per tutto l'alto Medioevo dominava la figura del contadino, che insieme era artigiano (anche con l'aiuto delle donne, che filavano e tessevano) e commerciante delle proprie eccedenze alimentari, che sul mercato barattava con le eccedenze altrui? La stessa cultura era patrimonio quasi esclusivo del clero, soprattutto di quello regolare, che non la usava per giustificare pratiche di tipo commerciale. Generalmente i contadini erano analfabeti, in quanto si accontentavano della trasmissione orale di conoscenze ancestrali.

Le nuove categorie sociali si formarono in virtù dei contatti che le città marinare tenevano con l'area bizantina, la quale, a sua volta, faceva da ponte tra il mondo asiatico e quello europeo. Poi, quando l'espansione araba, una volta arrivata in Spagna, smise di essere aggressiva, forti divennero i contatti commerciali anche con questa civiltà, almeno fino al periodo delle crociate, quando s'interruppero per colpa degli ottomani e degli europei.

Bisanzio non aveva subìto le devastanti invasioni barbariche, poiché aveva saputo farvi fronte in maniera intelligente. Roma invece, che mal aveva digerito il trasferimento costantiniano della capitale dell'impero sul Bosforo, non ebbe mai la stessa lungimiranza e rinunciò a coordinare le proprie forze con quelle dei cristiani d'oriente.

I commerci col Levante erano proseguiti, senza soluzione di continuità, sin dall'epoca romana, estendendosi anche al mondo slavo. Di questi commerci si favoleggiava enormemente in Europa occidentale, e città come Amalfi, Pisa, Genova, Venezia, ma anche Bari, Brindisi, Palermo e altre ancora sapevano molto bene che l'impero bizantino era economicamente florido. Di tutte queste città Venezia fruiva di un ruolo privilegiato, di cui approfitterà notevolmente in occasione della quarta crociata (1204), tradendo la fiducia del *basileus*.

Furono gli scambi col mondo bizantino e quindi la possibilità di ottenere oggetti preziosi, introvabili in occidente, di ottima fattura, inizialmente alla portata di pochi privilegiati, che favorì la nascita dei ceti mercantili. Gli artigiani non erano altro che ex-contadini particolarmente abili nel fare qualcosa che poteva essere venduto sul mercato (p.es. sapevano usare bene il tornio o il fuoco). Lo stesso lavoro tessile svolto dalle donne per le esigenze domestiche, poteva essere valorizzato da qualche mercante, che, dopo aver offerto la materia prima, andava a vendere il prodotto finito in un mercato locale, che poi diventerà sempre più europeo.

Quanto ai liberi professionisti (avvocati, notai, medici, architetti, artisti, insegnanti, cambiavalute, banchieri o finanzieri ecc.), è evidente che la loro provenienza implicava una buona dose di cultura (che p.es. non mancava mai agli ebrei). Invece di diventare teologi o chierici o militari mercenari, i nobili di rango inferiore (quelli esclusi dall'asse ereditario, in quanto cadetti) potevano anche scegliere funzioni amministrative o di rappresentanza, di cui la borghesia aveva sempre più bisogno per svolgere i propri affari o per tenere in piedi le sorti degli stessi Comuni.

Tutte queste nuove figure sociali assumono, col tempo, una particolare veste politica, basata su una variegata attività produttiva, commerciale e amministrativa, con cui si riuscirà a trasformare la decadente città alto-medievale in un fiorente Comune di epoca basso-medievale. Infatti quando si parla di "democrazia" in epoca feudale, ci si deve necessariamente riferire a una nuova tipologia di città: i *Comuni*.

Si può parlare di "Comuni" in riferimento all'area bizantina? No, si può parlare soltanto di città. I Comuni sono il prodotto spontaneo di una serie di figure sociali che si sentono libere proprio in quanto hanno giurato fedeltà a uno *Statuto* che loro stesse si sono date. Una cosa del genere non l'avrebbero permessa né le autorità bizantine, né quelle islamiche o slave e neppure quelle cinesi o indiane. Infatti il potere politico-istituzionale poteva sì permettere l'attività commerciale (che comunque teneva sempre sotto controllo), ma non poteva permettere che sulla base di un'attività del genere si potesse formare un *potere politico autonomo*, potenzialmente concorrente. Ecco perché quando si parla di "Comuni" si deve intendere qualcosa di specificatamente *italiano*.

Questi Comuni si sentivano in rivalità coi poteri feudali della grande aristocrazia terriera e cercavano di realizzare dei rapporti reciprocamente vantaggiosi con la diocesi vescovile e il papato, anche in funzione anti-imperiale. Inizialmente la borghesia non è nemica della chiesa, ma anzi cerca di essere la sua principale alleata, scalzando il ruolo dell'aristocrazia terriera.

Quando avverrà la lotta per le investiture ecclesiastiche, la borghesia starà sempre dalla parte del papato, proprio perché sapeva bene che gli imperatori volevano sfruttare fiscalmente le città e tenere sotto controllo tutti i loro commerci. I due grandi imperatori svevi: Federico Barbarossa e suo nipote, Federico II, furono sostanzialmente sconfitti dai Comuni.

Solo quando la borghesia avrà acquisito un certo potere *economico*, ridimensionando di molto quello della nobiltà, essa comincerà a rivendicare un proprio potere *politico*, separato da quello della chiesa e anzi, per molti versi, ostile a quest'ultimo.

A questo punto però la domanda cui bisogna cercare di dare una risposta è la seguente: com'è stato possibile un tale sviluppo della borghesia comunale? E perché esso è avvenuto anzitutto in Italia? Perché uno sviluppo del genere non si è verificato nell'area bizantina, dove i commerci sono sempre stati molto fiorenti, almeno sino all'occupazione turca? La risposta è molto semplice: in Italia la corruzione della chiesa, nei suoi livelli gerarchici (soprattutto pontifici), era molto forte, a motivo del fatto ch'essa voleva porsi come *chiesa politica*, in competizione col potere imperiale bizantino, al punto da desiderare due cose che suscitarono non poco scandalo tra i cristiani orientali: la prima fu quella di attribuire il titolo di "imperatore" a Carlo Magno, quando a Bisanzio ne esisteva già uno; la seconda fu quella di rompere l'unità del mondo cristiano, separandosi nettamente dalla chiesa ortodossa nel 1054, dopo secoli di controversie dogmatiche risoltesi negativamente. Nel primo caso ebbe bisogno dell'alleanza nobiliare, nel secondo di quella borghese, tant'è che le crociate scoppiarono subito dopo l'affermazione della teocrazia pontificia. L'alleanza con la grande borghesia fu decisiva per affermare la propria ideologia teocratica assolutistica.

Ora, quando a livello politico-istituzionale s'impone una corruzione così marcata, diventa poi molto difficile, da parte delle istituzioni, impedire un'autonoma gestione dell'economia, in cui il criterio del *profitto privato* risulta essere la regola dell'agire comune. Con questo non si vuol dire che l'impero bizantino e tutte le altre compagini governative del periodo medievale fossero esenti da corruzione. Si vuol semplicemente dire che solo in Europa occidentale si era formata una chiesa che voleva svolgere un ruolo direttamente *politico*, considerando lo Stato (impersonato dagli imperatori) un proprio braccio secolare.

Questa incapacità di distinguere gli aspetti laici da quelli ecclesiastici, l'uso della ragione da quello della fede, l'etica dalla religione è stata la causa principale del sorgere della borghesia, la quale ha potuto svolgere i propri traffici individualistici proprio perché sapeva bene che la chiesa, nel proprio assoluto integralismo, era sommamente corrotta e quindi non titolata a "giudicare" una pratica che lo era altrettanto sul piano sociale. Una volta acquisito il necessario potere economico, la stessa borghesia ha poi potuto esigere che sul piano politico si tornasse a fare differenza tra sacro e profano, relegando il sacro in un ambito sempre più privato o comunque trasformandolo in una pratica sempre meno significativa. Di qui la trasformazione della chiesa da cattolica a protestante.

La borghesia non è nata direttamente dalla chiesa romana, ma è stata un suo involontario prodotto derivato, che, ad un certo punto, le è sfuggito di mano, sicché la stessa chiesa si è sentita indotta a darsi una veste meno esigente sul piano politico e ideologico, più conciliante con l'attività affaristica, anche perché il tentativo di frenare questo processo con la strategia della Controriforma si rivelerà del tutto fallimentare nell'Europa del Nord.

Solo quando nascerà il proletariato industriale, principale nemico della borghesia imprenditoriale, quest'ultima avvertirà il bisogno di ritrovare anche nella chiesa romana l'alleata di un tempo; e il papato, con lo strumento del Concordato e soprattutto con la svolta del Concilio Vaticano II, accetterà il nuovo "patto d'acciaio", anche per far fronte alla dilagante indifferenza verso le questioni religiose.

Il destino comune dell'umanità

La droga del capitalismo

Il capitalismo è un sistema malato perché produce anzitutto per accumulare, non per soddisfare bisogni sociali. In questo senso quando si parla di "consumismo" bisogna riferirsi solo all'aspetto più esteriore del fenomeno, non a quello essenziale. Il consumismo di massa esiste perché pochi imprenditori privati vogliono accumulare molto più di quanto la loro azienda abbia bisogno per riprodursi, anche se oggi certe aziende hanno raggiunto dimensioni tali che, per riprodursi, necessitano di tanti capitali quanti nessun singolo imprenditore è in grado di disporre. Di qui la necessità di lavorare accumulando debiti colossali, che si spera di poter coprire coll'intervento dello Stato o lasciandosi assorbire da aziende ancora più grandi. Non a caso la sovrapproduzione connessa alla miseria è una caratteristica tipica di questo sistema. In occidente la miseria è relativamente poco visibile, proprio perché siamo riusciti a "esportarla" nei paesi del Terzo mondo, facendo pagare alle loro tasche il costo del nostro benessere.

Dunque la malattia che, da almeno mezzo millennio, ha intaccato la coscienza occidentale è quella dell'*accumulazione*, cioè del profitto per il profitto. Si tratta di una vera e propria "dipendenza" da una droga. Ne vanno esenti, ovviamente, quelli che vengono spogliati dei loro beni per pagare la "droga" degli altri, a meno che una qualche illusione borghese non riesca a convincerli che è bene rassegnarsi, vivere alla giornata, darsi al misticismo o alla malavita, ecc.: in questo caso bisognerebbe parlare di "effetti collaterali" al più generale fenomeno della "droga da profitto".

In un contesto del genere è impossibile non chiedersi a cosa possono servire le rivoluzioni socialiste. I più infatti danno per scontato che il sistema borghese sia immodificabile, al massimo sono disposti ad accettare l'idea di migliorarlo.

I fatti invece portano alla conclusione che il crollo del capitalismo è inevitabile, in quanto la sua sopravvivenza si regge unicamente sullo sfruttamento dei lavoratori (soprattutto quelli del Terzo mondo): il che - come ognuno può facilmente immaginare - non potrà durare in eterno. Se si parte da questo presupposto si comprende meglio l'utilità delle rivoluzioni socialiste. Esse servono appunto per accelerare il più possibile il crollo del capitalismo, impedendo che il capitalismo si rafforzi e che, nel suo crollo, coinvolga l'intera umanità. Ovvero esse servono per dimostrare che un'alternativa esiste e che il crollo non sarà la fine di "tutto".

Le rivoluzioni socialiste vanno fatte là dove vi è la necessità di farle, là dove le contraddizioni sono esplosive ed è altresì forte la consapevolezza e l'organizzazione politica delle masse. I tempi per queste rivoluzioni sono maturi da quando è nato il capitalismo: non c'è bisogno infatti d'aspettare le recessioni, le depressioni o le crisi per capire che questo sistema ha una logica perversa[14], che lo porta a una progressiva disumanizzazione. Tuttavia, per capire il senso di tale logica e la necessità del suo superamento, occorre un paziente lavoro di sensibilizzazione, di persuasione, sulla base di esempi molto concreti. La realizzazione effettiva degli obiettivi rivoluzionari dipende soprattutto da fattori di tipo "soggettivo", cioè deve tenere in grande considerazione la consapevolezza politica delle masse.

Dove stiamo andando?

Le tendenze che vanno emergendo nel mondo capitalistico sono le seguenti:

1. privatizzazione progressiva dell'economia, garantendo il decentramento, ma senza mettere in discussione i monopoli e i rapporti capitalistici. Si vuole una *razionalizzazione del sistema*, e le forze politiche che sembrano più adatte a tale scopo sono quelle riformiste di "sinistra";

2. rafforzamento dell'esecutivo, cioè dello Stato poliziesco-militare, ivi incluso il presidenzialismo governativo, riducendo il peso della partitocrazia, ovvero convogliando lottizzazioni e clientele verso un obiettivo strategico comune;

3. coordinamento a livello internazionale della repressione contro i lavoratori, sia che essa avvenga all'interno dei singoli Stati capitalisti, sia che avvenga nel rapporto di questi Stati col Terzo mondo. L'imperialismo cioè si va "politicizzando", cioè va assumendo una connotazione politico-militare più funzionale alla riproduzione del capitale.

Come contrastare queste tendenze?

---

[14] Si pensi solo a quando dicono di "spendere" per far "funzionare" il sistema: bisogna comprare per comprare, cioè perché serve non alle proprie esigenze personali, ma, indirettamente, a quelle della società nel suo insieme, in cui gli interessi dei produttori prevalgono su tutto.

1. socializzare l'economia, non limitandosi semplicemente a priva-
    tizzarla. Autogestione e decentramento devono essere effettivi, a
    disposizione di tutti i cittadini;
2. l'esecutivo va rafforzato a livello locale, dando potere reale ai la-
    voratori e riducendo quello statale;
3. l'integrazione mondiale comporta che i problemi debbano essere
    affrontati in maniera mondiale, ma questo significa:
    a) che i lavoratori devono acquisire una coscienza internazionale
    del loro sfruttamento, poiché l'imperialismo non può essere com-
    battuto soltanto con una lotta nazionale;
    b) che il banco di prova della lotta mondiale resta quello locale,
    regionale e nazionale, al fine di dare la maggiore concretezza
    possibile al movimento operaio internazionale.

Se l'integrazione europea non riesce a conciliarsi con il decentramento e l'autogestione a livello locale, gli europei saranno costretti a rinunciare all'idea di nazione per trovarsi poi a combattere con un'idea di
"sovranazione" ancora più pericolosa.

Da notare che le Leghe vogliono creare un conflitto tra centro e
periferia, portando la periferia a diventare centro di se stessa. Apparentemente questo discorso potrebbe essere democratico. In realtà, esse vogliono riprodurre nel nuovo centro localistico gli stessi meccanismi di
sfruttamento e di oppressione che il vecchio centro sosteneva. La differenza sta che nel nuovo centro lo sfruttamento sarà più intensivo, più
funzionale. Le Leghe in questo senso rappresentano la "nuova destra".

La democrazia americana e i diritti dei cittadini

Una delle principali preoccupazioni della Casa Bianca è sempre stata quella di presentare il proprio sistema politico-sociale come lo stadio supremo della classica democrazia borghese. In particolare, la dottrina americana del diritto costituzionale tutela il principio della libertà di associazione, inteso come diritto dei cittadini a istituire partiti e organizzazioni sociali di vario tipo.

Tuttavia questo diritto non solo è stato (ed è) sistematicamente contraddetto dalla prassi, ma spesso viene sottoposto a inique restrizioni anche in sede giuridica, specie quando si tratta di reprimere attività di associazioni radicali, progressiste o comunque di sinistra.

Una delle leggi più antidemocratiche elaborate dallo Stato americano fu quella del 1940 sulla registrazione degli stranieri: la cosiddetta "legge Smith". Essa prevedeva severe sanzioni contro coloro che costituivano società o gruppi intenzionati a rovesciare il governo o che vi contribuivano in qualche modo.

Teoricamente la "legge Smith" era destinata a reprimere l'attività sovversiva degli agenti segreti fascisti presenti nel territorio americano, cioè a prevenire la formazione di una "quinta colonna" nel paese. Ma questo in realtà non era che un pretesto: gli autori della legge non miravano affatto a colpire i fascisti. Il suo potenziale coercitivo anticomunista si manifestò chiaramente alla fine degli anni Quaranta, allorché il governo decise di fare "legalmente" i conti con il partito comunista americano.

Il processo di un gruppo di dirigenti dei partito, cominciato nel marzo '49, proseguì per nove mesi, concludendosi con un verdetto dì condanna. Nel 1951, rispondendo all'appello dei condannati, la Corte suprema confermò la fondatezza di quel verdetto, al pari del carattere costituzionale della "legge Smith". Questo naturalmente diede il via ad altri procedimenti penali a carico dei comunisti, mediante i quali l'accusa, non potendo fornire le prove della loro concreta "attività dolosa", li sottoponeva a giudizio semplicemente per le loro convinzioni. Solo più tardi si rinunciò ad applicare questa legge reazionaria.

Dopo la fine della seconda guerra mondiale il Comitato della Camera dei Rappresentanti del Congresso per l'esame delle attività antiamericane ripristinò le sue funzioni di "guardiano delle basi dell'americanismo". Dal 1945 al 1957 tale organo effettuò 230 inchieste: più di 3.000 persone vennero interrogate e di queste 135 vennero tradotte davanti alla

Corte di Giustizia per essersi rifiutate di sottostare agli umilianti interrogatori sulle loro opinioni politiche.

Era soprattutto l'ordinanza esecutiva del Presidente Truman (n. 9835 in data 21.3.1947) che, richiedendo il sistema di verifica della "lealtà" dei candidati ai posti dell'amministrazione pubblica, violava apertamente il diritto costituzionale alla libertà di professione politica. La norma fondamentale esigeva che il candidato prestasse giuramento di non appartenere ad alcuna organizzazione avente come scopo il rovesciamento del governo. La verifica della lealtà permise di procedere a vaste epurazioni, di cui certo i comunisti non furono le sole vittime.

Nel 1950 il Congresso votò l'*Internal Security Act*, meglio conosciuto col nome di "legge McCarran Wood", il prodotto più tipico dell'epoca buia del maccartismo e della guerra fredda. Con l'adozione di questa legge lo Stato si garantiva il potere di perseguire legalmente non soltanto i singoli cittadini, politicamente indesiderabili, ma anche intere organizzazioni chiaramente specificate nella legge, come appunto quelle comuniste.

Ancora una volta il pretesto era di proteggere le basi repubblicane e democratiche del paese dalle trame dei "sovversivi" e dei "terroristi". Una vera e propria "caccia alle streghe" venne inaugurata su scala nazionale, onde eliminare qualsiasi organizzazione progressista presente nel mondo politico, culturale, scientifico, artistico, ecc. Promotore di questa campagna fu il tristemente noto senatore Joseph McCarthy.

Con tale legge, anzitutto, s'impedì ai membri delle organizzazioni di sinistra di accedere ai posti di lavoro nell'apparato statale e militare, o si costrinse loro ad abbandonarli, se già erano occupati; si vietò anche di appartenere ai sindacati, di possedere un passaporto, di usufruire dei vantaggi previsti per gli anziani, ecc.

In secondo luogo la legge contemplava la possibilità, nel caso in cui il presidente proclamasse lo stato d'emergenza, di arrestare e incarcerare (cioè di mettere in detenzione preventiva) le persone semplicemente sospettate d'appartenere a organizzazioni giudicate "sovversive" o d'esservi in qualche modo coinvolte: a tale scopo era prescritta la creazione di una vasta rete di campi di concentramento.

Infine la legge McCarran esigeva la registrazione del partito comunista e degli altri movimenti progressisti al Ministero della Giustizia. A proposito di tale registrazione gli stessi giuristi borghesi d'allora sostenevano ch'essa era in aperta contraddizione con l'idea democratica della libertà d'associazione, poiché metteva le organizzazioni sotto il diretto controllo poliziesco del governo.

Passarono gli anni. L'opinione pubblica mondiale condannò risolutamente il vergognoso maccartismo. Moltissime proteste si levarono anche negli Stati Uniti, tanto che nel 1964 la Corte Suprema fu costretta a stabilire che la disposizione della legge McCarran sul diritto del Dipartimento di Stato di rifiutare ai membri del partito comunista i loro visti di uscita sul passaporto non era conforme al dettato costituzionale, in quanto violava il diritto fondamentale dei cittadini alla libertà di circolazione.

Nel 1968 la stessa Corte dovette ammettere che la suddetta registrazione obbligatoria era in contrasto con la clausola costituzionale (emendamento n. 5) relativa all'inammissibilità di costringere chicchessia ad accusare se stesso. In effetti, dovendo registrarsi al Ministero della Giustizia, il partito comunista veniva riconosciuto, *ipso facto*, come partito "sovversivo" e "criminale".

Si dovette abrogare anche l'interdizione ai posti di responsabilità nell'amministrazione statale e alla militanza nei sindacati.

Nel 1971, pressato dall'opinione pubblica, il Congresso annullò la disposizione relativa ai campi di concentramento.

Nel 1976, dopo lo scandalo del Watergate, lo stesso Congresso impose alcune limitazioni all'attività dei servizi segreti.

Tuttavia, all'inizio degli anni Ottanta, con l'ingresso nella *White House* dell'amministrazione repubblicana di Reagan, le leggi volte a colpire l'attività dei movimenti democratico-progressisti hanno ripreso la loro marcia con particolare vigore.

Approfittando del cosiddetto "riflusso", gli ambienti neoconservatori hanno cominciato a sferrare duri colpi alle libertà e ai diritti faticosamente conquistati dai cittadini americani nei caldi anni Sessanta e Settanta.

Esattamente come nel dopoguerra si cominciò a respirare un'aria di sospetto e di controllo: si era ripresa in grande stile la "caccia alle streghe"; si era di nuovo organizzata una vera e propria "guerra psicologica" contro i movimenti pacifisti, accusati d'essere degli "agenti stranieri".

Nel dicembre 1981 entrò in vigore l'ordinanza dei presidente Reagan che autorizzava la CIA a spiare legalmente negli Usa i cittadini e le organizzazioni sociali e politiche. L'anno dopo vennero arrestate più di 4.000 persone per aver partecipato a manifestazioni pacifiste.

Sempre nel 1982 sono state epurate le biblioteche di 2/3 delle scuole americane dai libri cosiddetti "nocivi": più di 600 titoli sono stati drasticamente vietati. I consigli bibliotecari e i patronati scolastici dovevano sottoporsi ad "autocensura" nell'adozione dei libri di testo e di consultazione.

Nel marzo 1983 il Ministero della Giustizia autorizzò l'FBI a infiltrarsi in quelle organizzazioni che, secondo le autorità, potevano trovarsi sotto "influenza straniera".

Oggi l'FBI, principale organo americano di perseguimento giudiziario, registra ogni attività "pacifista" intrapresa da associazioni come "Il comitato del 12 giugno", "I medici per la responsabilità sociale", "La mobilitazione per la sopravvivenza", "Il consiglio della pace degli Usa", ecc.

I metodi sono vecchi e nuovi: conversazioni telefoniche intercettate, corrispondenza epistolare controllata, irruzioni domiciliari senza mandato di perquisizione, pedinamenti, uso di delatori e di infiltrati, uso di trasmissioni televisive via cavo in grado di trasmettere al computer i programmi preferiti dall'utente, ecc. L'FBI ricevette allora dal governo 60 milioni di dollari per ampliare lo spionaggio elettronico a carico delle persone considerate "sleali".

Nel 1983 la polizia ha proceduto a 2.474 arresti nel corso di sette manifestazioni organizzate dal *Livermore Action Group*, che è pacifista. Lo stesso anno a Washington 242 militanti di organizzazioni confessionali sono stati arrestati per aver protestato contro i piani di costruzione dei missili MX.

Il Ministero della Giustizia ha persino classificato come "propaganda politica straniera" tre film canadesi chiaramente pacifisti. Anzi, le autorità cercano di tenere sotto controllo tutti coloro che vorrebbero vedere film giudicati indesiderabili.

Nel marzo 1984 Reagan firmò una disposizione relativa al vasto impiego del *lie detector* (il cosiddetto "poligrafo" o "macchina della verità") che sarebbe dovuto servire per accertare, in modo "scientifico", la lealtà dei cittadini, specie di quelli impiegati nell'apparato amministrativo e militare, ad eccezione naturalmente del presidente e del suo vice. Lo stesso Reagan sottoscrisse in quell'anno un decreto esecutivo che, per la prima volta nella storia americana, dava all'FBI il permesso di svolgere operazioni segrete all'interno del paese.

Ormai ogni cittadino americano si trova sotto continua sorveglianza: schedato in base alle sue convinzioni politiche, qualificato secondo il suo grado di "patriottismo".

I nomi dei cittadini americani, comprese certe informazioni personali, vengono registrati nella memoria elettronica delle banche-dati di 39 enti statali e di 40 privati. 1 fascicoli, oggi, sono arrivati all'astronomico numero di 4 miliardi. Soltanto l'FBI ne ha 34 milioni. La polizia ne ha circa 20 milioni e i servizi investigativi privati raggiungono i 14 milioni.

Gli Usa si stanno trasformando sempre più in quell'orribile Stato super-poliziesco descritto da Orwell nel libro *1984*.

Nel novembre 1984 la Camera dei rappresentanti ha votato, seguendo l'esempio del Senato, in favore dell'introduzione di una nuova definizione delle parole "crimine" e "istigazione". Ora può diventare molto più facile arrestare e processare chiunque commetta un crimine, ma anche tutti coloro che vi hanno semplicemente "pensato"!

Nello stesso anno si è proceduto a più di 1.100 arresti di pacifisti, dei quali 577 sono stati processati. Dalla fine del novembre 1984 alla fine dell'anno dopo quasi 5.000 partecipanti a manifestazioni anti-apartheid sono stati fermati.

La "Direttiva sulla lotta contro il terrorismo", emanata nel 1983 dal Ministero di Giustizia, ha praticamente giustificato la possibilità di qualificare come "terroristiche" tutte quelle organizzazioni democratiche che si battono per la giustizia sociale, la pace e i diritti umani.

La direttiva n. 138 sulla sicurezza nazionale, firmata da Reagan, inerente alla lotta antiterroristica, prevedeva addirittura la costruzione negli Usa di altri 10 campi di concentramento per 200 mila persone, in aggiunta a quelli già esistenti e sempre pronti all'uso in caso di "emergenza".

L'Amministrazione repubblicana si batte ancora oggi per l'approvazione di una legge che permetta al Segretariato di Stato di affibbiare autonomamente l'etichetta di "terrorista" a qualsiasi organizzazione che critichi in modo palese la politica della Casa Bianca.

Ogni campagna è volta prima di tutto a soffocare le forze democratiche che si oppongono alla politica reazionaria del governo Reagan (ad es. contro il "Comitato americano per la concordia tra Est e Ovest", il "Comitato degli amici americani al servizio della società", l'"Associazione dei sostenitori del controllo degli armamenti", ecc.). Il terrorismo di pochi serve appunto come pretesto per il terrorismo di Stato.

È difficile trovare oggi negli Usa una legislazione dichiaratamente anticomunista, ma questo non significa che le autorità abbiano rinunciato a perseguitare gli avversari politici. Lo Stato tende anzi, sempre più, a incaricare per vie traverse gli organi di polizia locali ad assumersi funzioni chiaramente repressive.

L'obiettivo è quello di far passare i militanti dei movimenti di opposizione come trasgressori del diritto comune. Con ogni mezzo e nei più svariati modi si vogliono rivitalizzare i "gloriosi anni Cinquanta", quelli in cui l'*american way of life* s'era esteso a macchia d'olio in tutta l'area occidentale, e la forza dell'imperialismo yankee non si faceva scrupoli di fronte all'eventualità di scatenare un'altra guerra mondiale.

Boria e fanatismo, culto delle illusioni e sfrenato individualismo: oggi come allora è questa l'immagine di società che gli ambienti reazionari americani vogliono imporre al mondo intero. La differenza è che, oggi, la consapevolezza dell'inarrestabile declino di questo stile di vita sta raggiungendo, nella maggioranza dei cittadini americani, la sua piena maturità.[15]

La fine di un'illusione

Per quale motivo il capitalismo del secondo dopoguerra ha trovato negli Usa il suo terreno più favorevole? L'America aveva già subito il crac del 1929, cui fece seguito una dura recessione: come poteva diventare la nazione più importante del mondo? I nazisti erano stati sconfitti grazie soprattutto ai russi, non agli americani, che avevano invece contribuito a sconfiggere soprattutto i giapponesi, impadronendosi di tutte le loro colonie.

Eppure fu l'America a trarre i vantaggi più grandi dalla fine del conflitto. È vero che gli Usa non poterono far nulla contro l'Urss, se non sganciando due bombe atomiche su Hiroshima e Nagasaki, giusto per far capire chi era il più forte, ma poterono fare qualunque cosa sia nei confronti dello stesso Giappone che nei confronti degli europei, loro alleati, usciti completamente distrutti dalla guerra, che pur avevano vinto. Il piano Marshall fu la principale arma di ricatto, quella che permise agli Usa di considerare l'Europa occidentale una propria colonia.

Francia e Inghilterra smisero addirittura d'essere le prime potenze mondiali. Come avrebbero potuto, finita la guerra, ridare credibilità al capitalismo? Con le due guerre mondiali il capitalismo europeo l'aveva persa del tutto: nel corso della prima era nata infatti la rivoluzione bolscevica e nel corso della seconda il nazismo era stato sconfitto dal socialismo statale. Se non ci fossero stati gli Usa a sbarcare in Normandia e in Sicilia, le sorti dell'Europa occidentale sarebbero state segnate, nel senso che sarebbe diventata un continente socialista. Troppo dolore avevano procurato le dittature nazi-fasciste. Forse soltanto l'Inghilterra sarebbe rimasta capitalistica.

Invece dagli Usa venne una nuova ventata di ottimismo, un nuovo sogno in cui credere, l'unica vera alternativa al socialismo statale.

---

[15] Oggi il governo americano si trova alle prese con l'attività rivelatrice di documenti segreti molto imbarazzanti da parte di WikiLeaks, un'organizzazione mondiale nata nel 2006. Per non parlare dello scandalo nato dalle intercettazioni telefoniche da parte del sistema americano di spionaggio globale, chiamato Echelon.

Ecco perché gli Usa hanno dovuto costruire una gigantesca fabbrica dei sogni. Con loro il capitalismo è diventato davvero un fenomeno di massa, strettamente associato alla democrazia politica, dove l'individualismo è il fondamentale criterio di vita per avere successo, dove si premia il merito di chiunque, senza guardare la sua provenienza etnica o sociale o il suo credo religioso, dove tutte le religioni sono uguali davanti allo Stato, dove l'emancipazione sessuale è sicuramente più forte che in Europa.

La mentalità consumistica è entrata a far parte dello stile di vita europeo. Gli elettrodomestici hanno invaso le nostre abitazioni e il cinema hollywoodiano ha legittimato questa svolta epocale. La nuova democrazia veniva basata sulla capacità di spendere. In cambio gli Usa chiedevano all'Europa d'essere profondamente anticomunista. E l'Europa, nel complesso, obbedì, anche se, per impedire lo sviluppo del socialismo, dovette dotarsi di uno strumento poco usato in America: lo *Stato sociale*.

Dopo quarant'anni di guerra fredda è però avvenuto un fatto del tutto inaspettato: il socialismo statale è crollato per motivi endogeni, in quanto la giustizia sociale che garantiva veniva pagata dalla mancanza della libertà personale (di parola, di associazione e persino di coscienza). Sembrava fatta. Invece il capitalismo americano, dopo neppure un ventennio da quel crollo, ha subìto un grave disastro finanziario, che ha avuto ripercussioni sul mondo intero. Il sogno pareva finito. I debiti erano talmente grandi che s'è rischiato un crac analogo a quello del 1929.

Cioè proprio mentre i paesi del cosiddetto "socialismo reale" capivano che una società massificata, se non vuole finire in una guerra civile, ha bisogno del capitalismo, gli Stati Uniti sono stati invece i primi a rendersi conto, dalla fine della guerra, che, lasciando il capitalismo a se stesso, si rischiava la bancarotta, cioè di morire a causa delle sue intrinseche contraddizioni. Anche loro, quindi, erano arrivati alle stesse conclusioni cui era giunta l'Europa nel corso delle due guerre mondiali.

Agli effetti disastrosi della *deregulation*, iniziata col reaganismo, si è ad un certo punto dovuto supplire, con l'amministrazione Obama, potenziando lo Stato sociale (almeno nel campo della sanità e dell'assistenza), benché non sia mai mancata una legislazione di tipo sociale negli Usa (la prima risale al 1935, grazie al presidente F. D. Roosevelt).

Tuttavia i nodi stanno venendo al pettine, in entrambe le aree geopolitiche. Le differenze sociali, legate al reddito, sono aumentate a dismisura nell'ex socialismo reale; le casse degli Stati capitalisti non hanno più soldi per rimediare ai guasti del loro sistema economico. Tutti i paesi capitalisti avanzati sono enormemente indebitati, e anche il Terzo mondo, che loro sfruttano da almeno mezzo millennio, non ne può più: questo gigantesco limone arriverà a un punto che non si potrà più spremere, anche perché vi sono paesi (come Cina, India, Brasile...) che vogliono decisamente far parte del Primo mondo.

Siamo seduti su una pentola a pressione: sentiamo il fischio uscire dalla valvola di sicurezza, ma nessuno è capace di abbassare il fuoco e, tanto meno, di spegnerlo. La politica non sa trovare alcun vero rimedio ai guasti dell'economia. Invece di ipotizzare sin da adesso una via d'uscita, praticabile per tutti, continuiamo a ballare sul Titanic.

Supply Side Economics e New Classical Macroeconomics

Sul piano della teoria e della politica economica hanno dominato, negli Stati Uniti, dalla fine degli anni Settanta e per tutto il decennio successivo, la *Supply-Side Economics* e la *New Classical Macroeconomics*, soprattutto sotto le amministrazioni di Reagan e di Bush, i cui effetti però si fanno sentire ancora oggi, tant'è che la crisi finanziaria scoppiata nel 2008 trova qui le sue radici di fondo.

Per gli economisti di queste correnti[16] il problema non era mai quello, sul piano metodologico, di verificare se le ipotesi di partenza (tutte favorevoli al capitalismo) potevano essere falsificate dalle ricerche empiriche, ma, al contrario, quello di come servirsi di tale ricerche per confermare l'impianto logico-formale di partenza, che faceva da presupposto a tutto. Naturalmente nei confronti dei postulati di altre teorie economiche, non assimilabili ai loro schemi precostituiti e artificiosi, i pregiudizi erano molto forti.

Bene si applica alle loro concezioni un giudizio di Marx riferito a Proudhon: "Invece di considerare le categorie politico-economiche come delle astrazioni fatte sulla base di relazioni sociali reali, transitorie, storiche, Proudhon, per un'inversione mistica, non vede nei rapporti reali che delle incorporazioni di queste astrazioni. Queste stesse astrazioni sono per lui delle formule che hanno dormito nel seno del dio-padre sin dall'inizio del mondo".

Non a caso questi monetaristi e *supplysiders* consideravano lo scambio e la libera competizione borghese come fattori extrastorici, sovratemporali, né riuscivano a vedere gli antagonismi sociali inerenti al capitalismo o la natura di classe dello Stato borghese. Da questo punto di vista lo scontro tra i keynesiani e questi neo-conservatori rispecchiava soltanto le differenze d'interesse fra i vari gruppi di monopoli.

---

[16] Ci riferiamo a Martin Feldstein, Robert Barro, Arthur Laffer, Timothy P. Roth, Milton Friedman, Jude Wanniski, Robert Mundell, Ragnar Frisch, Jan Tinbergen.

L'idea principale di questi economisti era quella di abbassare il più possibile le tasse per incentivare gli investimenti privati, evitando quindi di assegnare allo Stato un ruolo da protagonista attivo. L'aumento del gettito statale sarebbe avvenuto successivamente, con l'aumento dell'occupazione.

Queste teorie, che con Reagan divennero politica-economica, non solo provocarono una diminuzione del prodotto interno lordo, ma anche l'aumento della disoccupazione e un indebitamento colossale del paese. Il motivo era molto semplice: il grosso dei risparmi ottenuti dalla minore tassazione non veniva affatto investito in attività produttive di tipo industriale, ma in operazioni di tipo finanziario-speculativo, i cui profitti erano a breve termine. Oppure si utilizzavano per acquisire attività produttive più deboli, la cui ristrutturazione, dopo la fusione, comportava sempre una maggiore disoccupazione.

Le amministrazioni neo-conservative han cercato di porre rimedio al fallimento di queste teorie sostanzialmente in tre modi, i cui effetti, non meno preoccupanti, si stanno rivelando proprio oggi:

1. anzitutto si è permesso alla banche e agli istituti finanziari di compiere speculazioni di ogni sorta, a condizione che si facesse incetta di capitali da tutto il mondo, offrendo tassi di interesse assolutamente appetibili ma anche rischiosissimi (il che ha provocato sconvolgimenti borsistici e crac finanziari e bancari di notevole entità); infatti per elargire questi tassi sono stati venduti titoli cosiddetti "tossici", cioè basati su ipoteche o su mutui immobiliari, in una parola su crediti ipotetici e che alla fine si sono rivelati inesigibili;

2. il secondo modo è stato quello di vendere il debito pubblico dello Stato a paesi finanziariamente molto forti, come Giappone, Cina e paesi arabi, che però non sarebbero stati in grado di ricattare il paese in quanto più deboli militarmente, anche se certamente sarebbero stati in grado di influenzarlo economicamente (impedendogli p.es. di praticare qualunque forma di protezionismo o di ostacolare i flussi immigratori);

3. il terzo modo di reagire, tipico degli americani, è stato ed è quello di far vedere che gli Usa sono in grado di fare guerre regionali in qualunque parte del pianeta e quindi di controllare i grandi giacimenti petroliferi, ovvero le grandi risorse vitali del capitalismo avanzato.

La democrazia nordamericana

L'egualitarismo statunitense non è che una sorta di conformismo, utile a realizzare più facilmente profitti di tipo capitalistico.

In effetti, gli americani, provenendo da tradizioni e culture diverse, se volevano superare i limiti dell'Europa occidentale, dovevano immediatamente operare una divisione tra pubblico e privato (e quindi tra Stato e chiese). In pubblico bisognava essere tutti "uguali" (compatibilmente alle possibilità offerte dal capitale), mentre in privato ognuno era libero di agire come meglio credeva (compatibilmente all'intangibilità del principio della proprietà privata).

Negli Usa il conformismo (pubblico) s'è imposto con relativa facilità, sia perché i cittadini provenivano da situazioni che volevano presto dimenticare, ritenendole antiquate, sia perché negli Usa vi è sempre stata una scarsa tradizione di lotte per la giustizia sociale. La poca consistenza di queste lotte è dipesa dal fatto che l'America (scoperta da Colombo) era un territorio "vergine" per il capitale europeo. La sua grande estensione geografica permise di attutire la profondità delle contraddizioni economiche.

Oggi però non c'è più modo di compensare in "estensione" quello che non si riesce a risolvere in "profondità". Da tempo, in realtà, gli States hanno avuto bisogno di allargare i confini nazionali per conservare, attraverso il colonialismo, le leggi del proprio capitalismo. La loro massima espansione mondiale s'è realizzata con la fine della II guerra mondiale.

In questo momento il problema principale che gli Usa devono affrontare è quello di come conservare ciò che hanno conquistato con la forza, quella forza divenuta sempre più oggetto di contestazione e che, per tale ragione, viene ora "coperta" con le armi del diritto internazionale (vedi p.es. il ruolo dell'ONU nella guerra del Golfo o nell'intervento in Somalia, in Serbia, in Afghanistan...).

Fino ad oggi gli Usa si sono serviti della loro superiorità economica, finanziaria, tecnico-scientifica e naturalmente militare per dominare il mondo. Tuttavia, a partire dal secondo dopoguerra, nazioni come il Giappone o continenti come l'Europa occidentale hanno saputo ridurre di molto le distanze che li separavano dagli Usa (per taluni indici li hanno addirittura superati).

Per cui se è vero che gli Usa dominano incontrastati la scena mondiale, perché assai forte è la loro potenza militare, è anche vero ch'essi tendono sempre più a dimostrare che l'impiego del loro bellicismo non è finalizzato a un interesse esclusivamente nazionale.

L'imperialismo ch'essi vogliono affermare sta acquisendo sempre più una fisionomia etico-politica, mirando a superare quella meramente tecnico-economica. È un imperialismo che si serve della forza militare per realizzare obiettivi che apparentemente sembrano "umanitari".

È dunque un imperialismo più intelligente, meno prigioniero dell'ideologia isolazionista, più consapevole che la propria periferia neocoloniale può diventare una bomba a scoppio ritardato.

Il valore del gruppo negli Stati Uniti

In una società basata sull'individualismo come valore assolutamente prioritario non è detto che non esistano i valori di gruppo, della squadra, del team, della lobby. Tutt'altro. Se prendiamo p. es. la società americana il gruppo è più importante dell'individuo singolo, lo è persino rispetto alla famiglia, in quanto è più facile separarsi dal proprio partner che non dal gruppo che permette di affermarsi socialmente.

La donna americana è emancipata proprio perché sa di non poter contare con sicurezza su una stabilità di rapporto col proprio partner. Questo non toglie che in una società fortemente individualistica come quella, la donna non costituisca l'anello debole, anche se nei confronti del rapporto coi figli le sue responsabilità sono infinitamente superiori a quelle dell'uomo.

Il motivo per cui il gruppo sociale d'appartenenza è più importante del singolo è che gli Stati Uniti non solo non hanno il concetto di "famiglia" (e quindi di tradizioni parentali, se non a livelli sociali molto elevati, quelli p. es. presidenziali, o in certi clan mafiosi), come invece succede nei paesi mediterranei, ma, non avendo subito le devastazioni delle ultime due guerre mondiali, non hanno neppure il concetto europeo di "Stato sociale", nel senso che l'unico concetto *sociale* che hanno è appunto quello del *gruppo*.

In quella società l'obiettivo non è tanto quello di premiare l'individuo singolo, preso in sé e per sé, quanto piuttosto tutta l'organizzazione che gli sta attorno. Questo significa che si deve vivere e soprattutto lavorare per far crescere il gruppo d'appartenenza, proprio perché, là dove i legami naturali sono deboli e le tutele statali contro gli antagonismi sociali sono scarse, il gruppo è l'unica risorsa che permette di sopravvivere. Sono i gruppi che permettono di controllare il territorio, di realizzare il consenso sociale, di farsi una clientela, di organizzare l'assistenza, la beneficenza, il pronto intervento, la difesa dei diritti ecc.

Naturalmente il talento viene molto apprezzato, poiché, grazie ad esso, possono fare affari molte altre persone, ognuna delle quali vuole affermare un pezzo della propria individualità, cioè vuole emergere come individuo, vuole essere riconosciuto come entità individuale appartenente a un gruppo. Tutti i valori che gli verranno insegnati saranno quelli dell'individualismo, cioè quelli basati sul vedere l'altro, al di fuori del proprio gruppo, come un nemico da sconfiggere e, se necessario, da eliminare, naturalmente salvando le apparenze dell'affabilità, della cordialità, del bon ton, come spesso vediamo nei loro film.

Il gruppo serve appunto per lottare meglio: è la differenza che passa tra chi pratica la caccia da solo e chi no. Il gruppo non è che una somma di individui che si pongono come obiettivo quello di emergere su un altro gruppo. Ogniqualvolta il gruppo subisce una sconfitta, va rimotivato con grande fervore e animosità, soprattutto devono esserlo quegli individui che vengono ritenuti più responsabili della momentanea battuta d'arresto dell'intero gruppo. La rimotivazione possiede un qualcosa di mistico, di esaltante, in quanto i più esperti, i più anziani o i più capaci fanno leva sull'emotività, sull'autoconvincimento, sull'orgoglio personale, sull'amor proprio...

Ogni gruppo è come se dovesse compiere una propria crociata contro qualcuno, una specie di missione "religiosa", e il suo capo non è che un "sacerdote laico", preposto a condizionare le menti, sfruttando anche gli aspetti più emotivi, più personali. Quindi è un leader che non può essere messo in discussione, altrimenti l'incantesimo si spezza. Se un leader va cambiato, saranno altri leader a farlo, magari riuniti in un consiglio esclusivo, che dispone dei bottoni di comando. Tutto deve apparire come formalmente corretto, democraticamente salvaguardato, fatalisticamente condiviso.

Nei gruppi esistono determinati rapporti gerarchici da rispettare e nessuno può far valere la propria individualità se prima non ottiene il consenso di chi lo comanda. Il gruppo infatti deve raggiungere un sufficiente livello di fanatismo da ritenere possibile per il singolo o per l'intero gruppo anche il supremo sacrificio di sé, se ciò venisse chiesto.

È questo il lato *mistico* che caratterizza i gruppi americani, che è tale anche quando il gruppo non ha nulla a che fare con la religione, per quanto in una società abituata a strumentalizzare qualunque cosa, quantificandone subito il suo valore commerciale (che è poi quello che permette al gruppo di sopravvivere materialmente), sia abbastanza normale usare la religione come aiuto esterno alla coesione di un qualunque gruppo. Il sacerdote è soltanto colui che deve cercare nella Bibbia quei versetti adatti per le circostanze particolari di un gruppo: in tal senso la religione è come un aspetto della psicologia. Nei film americani persino chi non è sacerdote è in grado di citare a memoria dei versetti *ad hoc* e non senza relativa numerazione.

Sotto questo aspetto tra un gruppo sportivo e uno religioso o finanziario o di altra natura non esiste molta differenza. Il fanatismo deve portare a credere che al di fuori del proprio gruppo non c'è un vero significato della vita, di sicuro non ce n'è uno equivalente. Certo, uno può passare da un gruppo all'altro, ma la dinamica del gruppo si ripete.

La squadra viene composta proprio perché c'è qualcuno che la finanzia e a cui bisogna sempre rendere conto, oppure si basa sull'autofinanziamento dei propri aderenti, i quali comunque devono provvedere a incrementare le entrate, poiché la soddisfazione di sé e del gruppo è strettamente correlata al successo economico e finanziario.

I gruppi sono ovviamente in competizione tra loro, per cui ci si deve combattere con ogni mezzo e modo, essendo in gioco la sopravvivenza e soprattutto l'idea di successo. Ma anche all'interno di ogni gruppo esiste una forte competizione tra i suoi appartenenti, per quanto le regole impongano riservatezza, omertà, discrezione..., almeno finché si appartiene al gruppo. La competizione è comunque indispensabile, proprio perché il merito va sempre premiato e il premio non può essere solo morale, ma anche e soprattutto *economico*. Qui è l'ideologia calvinista che deve trionfare: il successo economico è misura di "benedizione divina", anche nel caso in cui il proprio comportamento sia più simile a quello di un ateo che non a quello di un credente. Il demerito invece va severamente punito, ma solo se è di tipo individualistico, al di fuori di ogni gruppo, come nel caso di taluni criminali.

Bibliografia su Lulu

www.lulu.com/spotlight/galarico

- Cinico Engels. Oltre l'Anti-Dühring
- Amo Giovanni. Il vangelo ritrovato
- Pescatori di uomini. Le mistificazioni nel vangelo di Marco
- Contro Luca. Moralismo e opportunismo nel terzo vangelo
- Arte da amare
- Letterati italiani
- Letterati stranieri
- Pagine di letteratura
- L'impossibile Nietzsche
- In principio era il due
- Da Cartesio a Rousseau
- Le teorie economiche di Giuseppe Mazzini
- Rousseau e l'arcantropia
- Esegeti di Marx
- Maledetto capitale
- Marx economista
- Il meglio di Marx
- Io, Gorbaciov e la Cina (pubblicato dalla Diderotiana)
- Il grande Lenin
- Società ecologica e democrazia diretta
- Stato di diritto e ideologia della violenza
- Democrazia socialista e terzomondiale
- La dittatura della democrazia. Come uscire dal sistema
- Etica ed economia. Per una teoria dell'umanesimo laico
- Preve disincantato
- Che cos'è la coscienza? Pagine di diario
- Che cos'è la verità? Pagine di diario

- Scienza e Natura. Per un'apologia della materia
- Siae contro Homolaicus
- Sesso e amore
- Linguaggio e comunicazione
- Homo primitivus. Le ultime tracce di socialismo
- Psicologia generale
- La colpa originaria. Analisi della caduta
- Critica laica
- Cristianesimo medievale
- Il Trattato di Wittgenstein
- Laicismo medievale
- Le ragioni della laicità
- Diritto laico
- Ideologia della Chiesa latina
- Esegesi laica
- Per una riforma della scuola
- Interviste e Dialoghi
- L'Apocalisse di Giovanni
- Spazio e Tempo
- I miti rovesciati
- Pazìnzia e distèin in Walter Galli
- Zetesis. Dalle conoscenze e abilità alle competenze nella didattica della storia
- La rivoluzione inglese
- Cenni di storiografia
- Dialogo a distanza sui massimi sistemi
- Scoperta e conquista dell'America
- Il potere dei senzadio. Rivoluzione francese e questione religiosa
- Dante laico e cattolico
- Grido ad Manghinot. Politica e Turismo a Riccione (1859-1967)

- Ombra delle cose future. Esegesi laica delle lettere paoline

- Umano e Politico. Biografia demistificata del Cristo

- Le diatribe del Cristo. Veri e falsi problemi nei vangeli

- Ateo e sovversivo. I lati oscuri della mistificazione cristologica

- Risorto o Scomparso? Dal giudizio di fatto a quello di valore

- Cristianesimo primitivo. Dalle origini alla svolta costantiniana

- Le parabole degli operai. Il cristianesimo come socialismo a metà

- I malati dei vangeli. Saggio romanzato di psicopolitica

- Gli apostoli traditori. Sviluppi del Cristo impolitico

- Grammatica e Scrittura. Dalle astrazioni dei manuali scolastici alla scrittura creativa

- La svolta di Giotto. La nascita borghese dell'arte moderna

- Poesie: Nato vecchio; La fine; Prof e Stud; Natura; Poesie in strada; Esistenza in vita; Un amore sognato

Indice

www.ingramcontent.com/pod-product-compliance
Lightning Source LLC
Chambersburg PA
CBHW061340250726
48657CB00004B/1252